A Prescrição e o Direito do Trabalho

Francisco Rossal de Araújo

Desembargador Federal do Trabalho (TRT — 4ª Região). Professor de Direito do Trabalho e Direito Processual do Trabalho da Universidade Federal do Rio Grande do Sul (UFRGS).

Rodrigo Coimbra

Advogado. Professor de Direito do Trabalho e Direito Processual do Trabalho da Universidade Federal do Rio Grande do Sul (UFRGS). Pós-Doutor, Doutor e Mestre em Direito.

A Prescrição e o Direito do Trabalho

- De acordo com a Lei n. 13.467/17 — Reforma Trabalhista;
- De acordo com o CPC de 2015;
- De acordo com a LC n. 150/2015 (empregado doméstico);
- De acordo com a decisão do STF no ARE-709212/DF sobre a prescrição do FGTS.

EDITORA LTDA.
© Todos os direitos reservados

Rua Jaguaribe, 571
CEP 01224-003
São Paulo, SP — Brasil
Fone (11) 2167-1101
www.ltreditora.com.br
Abril, 2018

Produção Gráfica e Editoração Eletrônica: R. P. TIEZZI
Projeto de Capa: FABIO GIGLIO
Impressão: BOK2

Versão impressa — LTr 6057.1 — ISBN 978-85-361-9629-9
Versão digital   — LTr 9365.5 — ISBN 978-85-361-9671-8

**Dados Internacionais de Catalogação na Publicação (CIP)
(Câmara Brasileira do Livro, SP, Brasil)**

Araújo, Francisco Rossal de

  A prescrição e o direito do trabalho / Francisco Rossal de Araújo, Rodrigo Coimbra. — São Paulo : LTr, 2018.

  Bibliografia.

  1. Direito do trabalho — Brasil 2. Prescrição (Direito) — Brasil I. Coimbra, Rodrigo. II. Título.

18-14196   CDU-347.143:331(81)

Índice para catálogo sistemático:

1. Brasil : Prescrição : Direito do trabalho
   347.143:331(81)

Às minhas filhas Mariana, Natália e Alexandra.
Francisco Rossal de Araújo

Aos meus filhos Ana, Arthur e Henrique.
Rodrigo Coimbra

Sumário

Prefácio 11

Introdução 15

1. Fundamentos da Tutela de Direitos no Tempo 17

2. Objeto da Prescrição e da Decadência. Critérios Distintivos. Terminologia. A Teoria de Amorim Filho e seus Reflexos na Doutrina e na Legislação Posterior 24

3. Crítica à Teoria de Amorim Filho à Luz do Processo no Estado Constitucional. Relação entre Direito e Processo 44

4. A Prescrição na CLT Antes e Depois da Reforma Trabalhista (Lei n. 13.467/17). Introdução 58

5. Regra Geral dos Prazos Prescricionais Trabalhistas. Trabalhadores Urbanos e Rurais. Início da Contagem. Art. 7º, inciso XXIX, da CF e Art. 11, *caput*, da CLT, com Redação dada pela Lei n. 13.467/17 62

6. Prescrição e o FGTS 66

    6.1. Prescrição da pretensão do não recolhimento dos depósitos do FGTS (principal). STF-ARE-709212/DF 67

    6.2. Prescrição da pretensão dos reflexos do FGTS verbas de natureza remuneratória (acessório) 69

7. Prescrição sobre Pretensões Meramente Declaratórias 70

8. Prescrição das Pretensões Trabalhistas dos Empregados Domésticos. Lei Complementar n. 150/2015 71

9. Início da Contagem dos Prazos Prescricionais. Aviso-Prévio. Períodos Descontínuos de Trabalho 73

10. Fim do Prazo Prescricional em Feriado, Recesso ou em Férias Forenses 75

11. Renúncia, Contraditório e Indisponibilidade dos Prazos Prescricionais 77

12. Interrupção da Contagem dos Prazos Prescricionais. Art. 11, § 3º, da CLT, com Redação dada pela Lei n. 13.467/17 78

13. Causas Impeditivas, Suspensivas e Interruptivas da Prescrição 83

14. Prescrição Intercorrente. Art. 11-A da CLT, com Redação dada pela Lei n. 13.467/17 98

    14.1. Principais argumentos favoráveis a incidência de prescrição intercorrente na execução trabalhista 103

    14.2. Principais argumentos contrários a incidência de prescrição intercorrente na execução trabalhista 104

    14.3. Prescrição intercorrente dos executivos fiscais para cobrança de multa administrativa aplicada pela auditoria fiscal do Ministério do Trabalho e Emprego e da execução dos créditos previdenciários na Justiça do Trabalho 107

15. Prescrição da Pretensão de Indenização por Acidente do Trabalho e Casos Equiparados 109

16. Momento para a Arguição da Prescrição 113

17. Legitimidade para Arguição da Prescrição 116

18. Declaração da Prescrição de Ofício Pelo Juiz — Na Fase de Conhecimento 117

19. Prescrição Total e Parcial. Prescrição das Prestações Sucessivas. Art. 11, § 2º, da CLT, com Redação dada pela Lei n. 13.467/17 123

    19.1. Prescrição total 126

    19.2. Alguns casos de prescrição total 127

        19.2.1. Prescrição total: supressão ou alteração de comissões 127

        19.2.2. Prescrição total: supressão de realização e de pagamento de horas extras 127

19.2.3. Prescrição total: planos econômicos 128

19.2.4. Prescrição total: horas extras pré-contratadas 130

19.2.5. Prescrição total: reenquadramento funcional 130

19.3. Alguns casos de prescrição parcial 131

19.3.1. Prescrição parcial: equiparação salarial 132

19.3.2. Prescrição parcial: desvio de função 133

19.3.3. Prescrição parcial: gratificação semestral — congelamento 134

19.3.4. Prescrição parcial: diferenças salariais decorrentes de plano de cargos e salários 134

19.4. Prescrição parcial: estudo de caso 135

19.5. Esquema 136

20. Ação Rescisória. Prazo Prescricional. Prescrição Total ou Parcial. Matéria Infraconstitucional 137

21. Prescrição da Pretensão de Indenização por Danos Morais 139

22. Prescrição das Pretensões de Complementação de Aposentadoria 141

22.1. Complementação dos proventos de aposentadoria. Parcela nunca recebida. Prescrição total 142

22.2. Complementação dos Proventos de Aposentadoria. Diferenças. Prescrição Parcial 143

23. Prescrição da Pretensão de Parcelas Oriundas de Sentença Normativa 144

24. Prescrição e Mudança de Regime Jurídico de Celetista para Estatutário 145

25. Complementação da Pensão e Auxílio-Funeral 147

26. Prescrição e os Direitos Trabalhistas com Objeto Difuso. Novas Bases para Compreensão do Problema 148

26.1. Os conceitos tradicionais de relação jurídica e de direito subjetivo 148

26.1.1. Relação jurídica 148

26.1.2. Direito subjetivo e direito potestativo 151

26.2. A gênese do conceito de *interessi legitimi* na doutrina italiana como tentativa de fundamentar *interessi colletivi* e *diffusi*. A transposição desse conceito para o ordenamento jurídico brasileiro. Direitos com objeto difuso 157

26.3. A dupla perspectiva dos direitos fundamentais. Direitos e deveres com objeto difuso a partir da perspectiva objetiva. Aplicação do Direito objetivo. O exemplo do Direito Coletivo do Trabalho. Pretensão de direito material 166

26.4. Direitos com objeto difuso no tempo: incidência ou não de prescrição 184

Referências Bibliográficas 203

PREFÁCIO

A Prescrição e o Direito do Trabalho é a nova obra de Francisco Rossal de Araújo e Rodrigo Coimbra, ambos professores da Universidade Federal do Rio Grande do Sul e de reconhecida reputação no meio jurídico trabalhista.

Este tormentoso tema da prescrição no Direito do Trabalho vem sofrendo adaptações jurisprudenciais ao longo das últimas décadas, desde os anos oitenta. Certo que, no início daquela década, a regra geral era a incidência da prescrição parcial às prestações reclamadas judicialmente, fruto do Enunciado de Súmula n. 168, editado em 1982, até que, em 1985, sofre a primeira revisão para inserir a prescrição da pretensão a partir da caracterização do "ato único do empregador", como exceção à regra geral da contagem parcial. Daí em diante, a jurisprudência recrudesce na ampliação dos casos de configuração de "ato único do empregador" para reverter a regra geral até então sedimentada. Estabeleceu-se, por meio de Enunciado da Súmula n. 294, que a prescrição é total das pretensões decorrentes das alterações daquilo que fora contratualmente pactuado, exceto quando a parcela tivesse previsão ou fosse assegurada em lei. O sinal inverteu-se.

Todavia, como o direito é dinâmico e a jurisprudência reflete estágios da sociedade e da relação capital-trabalho, inclinou-se contra a inversão da regra geral para estabelecer que, se a alteração decorresse de descumprimento de norma regulamentar, não se cogitaria da prescrição total, pois a inércia recai sobre a própria ausência de ação do empregador, que se perpetuava no tempo.

Em síntese, buscava-se na relação assimétrica entre o capital e o trabalho um ponto de equilíbrio, sobretudo considerando a inexistência de direitos que assegurassem a proteção à indenidade do trabalhador que, diante da prática de qualquer ato ilícito empresarial, não tem como reagir durante a vigência da relação de emprego. Mas durou pouco a reação jurisprudencial, pois com a edição da controvertida Lei n. 13.467/17, novamente se ampliou a regra relativa à prescrição total das pretensões decorrentes da alteração do pactuado (§ 2º do artigo 11 alterado), garantindo-se, assim, a impunidade aos atos ilícitos patronais, ainda que fruto da reiterada omissão dos próprios agentes.

Luiz da Cunha Gonçalves (Tratado de direito civil. In: *Comentário ao Código Civil Português*. Adaptação ao direito brasileiro por Orozimbo Nonato, Laudo de Camargo e Vicente

Ráo, v. XIII, t. II, p. 605), nos primórdios da discussão acerca dos prazos prescricionais nas relações de trabalho nos ensinava que:

> Segundo o Código Civil, a prescrição do direito ou da ação só poderia operar-se após o decurso do longo prazo de 20 ou 30 anos, se a obrigação patronal fosse considerada, apenas, como responsabilidade civil. Com efeito, de um lado, a maioria das empresas têm pouca duração e muitos contratos de trabalho são efêmeros, quer pelas facilidades que a lei concede à sua extinção, designadamente pelo despedimento, quer pela própria natureza dos serviços, por exemplo, a construção dum edifício, a abertura duma estrada, o transporte duma carga. De outro lado, os acidentes de trabalho e seus efeitos só podem ser provados por testemunhas e pelos exames periciais imediatos. Ora, a prova testemunhal é, neste caso, mais débil do que em nenhum outro, sobretudo dada a situação de permanente conflito entre o capital e o trabalho. E os periciais, não sendo imediatamente feitos, não têm valor algum para a apreciação, quer das condições do acidente, quer da incapacidade laborativa do sinistrado, a qual pode ser causada ou agravada por outros sinistros, no decurso do prazo ordinário da prescrição. Além disto, não se concebe sequer que a vítima, pertencendo, geralmente à classe proletária e estando privada do salário, possa adiar durante muitos anos o pedido de indenização.

Mesmo que passado quase um século, como podemos constatar, as questões envolvendo a prescrição continuam a se repetir de forma tormentosa e problemática, exigindo permanentemente a arte dos juristas na busca de uma justa solução.

É sobre isso que trata o livro ora prefaciado, pois os autores Francisco Rossal e Rodrigo Coimbra debruçaram-se minuciosamente sobre o tema em seus aspectos ontológicos, fundamentos e objeto da prescrição, distinção entre prescrição e decadência e as respectivas críticas às principais teorias, além de cuidadoso tratamento das diferentes hipóteses de incidência da prescrição trabalhista, ou seja, caso a caso, como a prescrição do FGTS, das pretensões declaratórias, dos períodos descontínuos, dos domésticos etc., além da severa questão entre prescrição total e parcial, a que já aludimos.

Não olvidam também as repercussões processuais do tema da prescrição, como aquelas que dizem respeito ao fim dos prazos processuais, legitimidade e momento para a arguição, além da declaração de ofício e da prescrição nas hipóteses de rescisória.

Prescrição intercorrente, reparação por danos morais, pretensões relativas à complementação da aposentadoria, parcelas decorrentes de sentença normativa e de acidente de trabalho são outros dos vários assuntos tratados na obra à luz da mais recente doutrina e, em especial, da nova lei vigente.

Mas há algo especial na última parte da divisão do trabalho: a inédita abordagem da prescrição nos direitos difusos. A perspectiva muda, pois, o enfoque da prescrição sob o prisma tradicional dos direitos individuais recebendo o tratamento à luz dos direitos fundamentais e complementando a leitura com a inafastável inserção do tema sob os influxos da constitucionalização do direito, em um Estado Democrático.

Muito falei sobre a temática, e não sobre os autores. Rossal, como me refiro a ele pessoalmente, é disciplinado, estudioso contumaz, laborioso juiz e sempre à frente de seu tempo, embora se utilize da técnica do "fichamento" como orientador de toda a sua obra. Editou várias obras recentemente pela LTr, tais como *O Novo CPC e o Processo do Trabalho* e é um jurista sofisticado e ao mesmo tempo clássico, porque não se descuida dos institutos jurídicos e suas origens. Além disso, é um grande companheiro e um rigoroso magistrado, cujo talento pude reconhecer quando de sua atuação no Tribunal Superior do Trabalho, na minha turma. Ficamos amigos, no meu caso, pela imensa admiração pela sua trajetória e pelo seu competente trabalho e inteligência.

Não obstante, aliou-se a Rodrigo Coimbra, advogado, professor, mestre, doutor e pós-doutor, cuja participação nesta obra deixa indelével contribuição, em inédita e imprescindível abordagem do tema da prescrição à luz dos direitos fundamentais.

Não tenho dúvida de que essa parceria frutuosa trouxe a lume indispensável obra para juízes, procuradores, advogados e estudantes que militam a jurisdição trabalhista. Mormente em períodos de tanta incerteza e insegurança, a obra será porto seguro para todos nós, além de resgatar historicamente esse importante instituto em uma relação ainda exageradamente assimétrica.

Novamente, meus cumprimentos à editora pela iniciativa, com a certeza do seu sucesso!

Luiz Philippe Vieira de Mello Filho
Ministro do TST

Introdução

Nada mais ingênuo do que pensar que um problema difícil e complexo possa ter uma solução simples. Problemas difíceis e complexos exigem estudos profundos, que explorem sua complexidade em diferentes graus e prospecções. Dentro dos temas jurídicos relevantes, a Prescrição e a Decadência são temas destacados, difíceis e complexos. Têm imensa aplicação prática e uma série de nuances que justificam a atenção que o legislador e a jurisprudência dedicam ao assunto. No Direito do Trabalho, o problema tem especial importância em face de uma característica específica das relações de trabalho e de emprego: a dimensão temporal de continuidade.

O tempo afeta particularmente as relações de trabalho, marcadas pela continuidade, com prestações e adimplementos recíprocos que se projetam no tempo e que, como consequência, geram expectativas, alterações contratuais, repactuações e ajustes. Estas, por sua vez, podem caracterizar lesões, com eventual discussão no futuro em lides futuras. O efeito da passagem do tempo trará consequências, por sua natureza "jurígena" (gênese de direitos), capaz de criar, modificar e extinguir direitos.

Também deve ser considerado que o Direito do Trabalho tem uma fonte peculiar de normas jurídicas, as normas coletivas. Por definição, as normas coletivas têm sua vigência limitada no tempo, mesmo considerando as teorias que defendem a sua ultraeficácia. Dito de outra forma, o tempo afeta as relações jurídicas laborais nas questões de fato, no plano da formação e execução contratual, mas também afeta no plano normativo, com o estudo dos efeitos da vigência das normas no seu decorrer.

O objetivo do presente trabalho é estudar um dos aspectos desse fenômeno: em que medida o transcurso do tempo pode extinguir direitos e/ou pretensões no âmbito das relações de emprego. Trata-se do aspecto extintivo da passagem do tempo e sua força jurígena. Para tanto, foi utilizado o método tradicional dos trabalhos jurídicos, com consulta ao texto lega, doutrina e jurisprudência sobre a matéria. Toda essa análise visa a elucidar os problemas práticos sobre o tema e oferecer argumentos para sua análise do dia a dia dos profissionais que atuam na área.

A obra é o resultado do esforço intelectual de dois profissionais que atuam no âmbito do Direito do trabalho, mas com matizes distintos: um com a visão da magistratura e o outro com a visão da advocacia. O que une ambos, além da paixão pelo tema, é a experiência comum do magistério na Universidade Federal do Rio Grande do Sul (UFRGS). Essa particular circunstância dá para a obra um sentido prático muito mais amplo, pois é o resultado do diálogo entre duas visões do mesmo fenômeno.

O trabalho se divide em três grandes partes. A primeira parte trata das noções gerais sobre prescrição e decadência (capítulos 1 a 3), com a análise da evolução dos institutos, a terminologia e a sua natureza jurídica. A segunda parte trata dos temas especiais (capítulos 4 a 25), abrangendo os efeitos da prescrição nos direitos individuais, como o tempo para arguição, contagem de prazos, principais situações concretas e o tormentoso tema da prescrição total e prescrição parcial, entre outros. A terceira e última parte (capítulo 26) trata da prescrição nos direitos difusos. Este capítulo específico foi objeto da tese de doutoramento de um dos autores, prof. Rodrigo Coimbra, na PUC — RS, sendo uma abordagem inédita sobre o tema. Dedica-se ao estudo da prescrição sob o enfoque dos direitos fundamentais, inovando em relação ao enfoque tradicional e individualista sobre a questão.

Os autores almejam que o presente estudo possa colaborar na evolução do tema, em especial depois da chamada "Reforma Trabalhista" (Lei n. 13.467/2017), que trouxe importantes modificações e levantou novas polêmicas sobre o tema.

Boa leitura!

Porto Alegre, fevereiro de 2018.

Francisco Rossal de Araújo

Rodrigo Coimbra

1. Fundamentos da Tutela de Direitos no Tempo

Preceituavam os romanos um conhecido brocardo: *dormientibus non succurrit ius*, ou seja, o direito não socorre quem dorme, quem é inerte, quem deixa o tempo passar sem tomar atitudes. O tempo tem grande relevância para o Direito, pois, ainda que não seja um fato jurídico, por ser de outra dimensão, o seu transcurso integra, com muita frequência, suportes fáticos, como ocorre com a prescrição e a decadência, sendo que, quando previsto expressamente pela norma, é considerado elemento de suficiência para a configuração do fato jurídico respectivo.[1] Portanto, o tempo tem força "jurígena": pode criar, modificar e extinguir direitos. É um fato do mundo físico que, pela sua significação para os seres humanos, é absorvido pelas relações sociais e juridicização por meio de normas jurídicas, que disciplinam em que circunstâncias sua consideração é importante.

Cumprindo a missão da regulação social, da qual o Direito é instrumento[2], cabe ao ordenamento de um Estado, querendo, limitar o exercício das pretensões no tempo, com o escopo de evitar as incertezas jurídicas e a instabilidade social, para que não fiquem pendentes indefinidamente, justificativa para o surgimento de institutos de natureza extintiva, como a prescrição e a decadência. Portanto, por detrás da prescrição e da decadência, como institutos de direito material, está o princípio da segurança jurídica, como sustentáculo do próprio Estado, visando a assegurar a paz social, mediante a estabilidade da ordem jurídica. A criação de direitos pelo transcurso do tempo pode ser exemplificada pela usucapião, que transforma a posse por determinado tempo em propriedade. Mais recentemente, outro exemplo de enorme repercussão social, no direito de família, é a união estável, que cria inúmeros direitos e deveres relacionados ao transcurso do tempo.

---

(1) MELLO, Marcos Bernardes de. *Teoria do fato jurídico:* plano da existência. 8. ed. São Paulo: Saraiva, 1998. p. 44; TUCCI, José Rogério Cruz e. *Tempo e processo:* uma análise empírica das repercussões no tempo na fenomenologia processual (civil e penal). São Paulo: Revista dos Tribunais, 1997. p. 57.
(2) O direito é instrumento de regulação da vida social, ainda que não seja o único, conforme TESHEINER, José Maria Rosa. Reflexões politicamente incorretas sobre direito e processo. *Revista da Ajuris,* Porto Alegre: Ajuris, n. 110, p. 187, jun. 2008.

A segurança jurídica é um problema recorrente na história do Direito. Os romanos não tratam da prescrição no período das *legis actiones* e nem mesmo no período clássico. A regra era a imprescritibilidade das ações. Somente no período tardio é que houve tratamento legislativo para a prescrição, em especial com Teodósio II, por meio da *praescriptio longi temporis*.[3] Mas o Direito Romano clássico conhecia os efeitos da passagem do tempo nas relações jurídicas obrigacionais, família, sucessões e coisas.

A partir de meados do século XVII, com o Leviatã, de Thomas Hobbes, que se incorporou à teoria política a convicção de que, sem segurança, não pode existir vida social organizada, razão pela qual se passou a entender que a segurança constitui um dos valores em que se assenta o pacto fundante da sociedade estatal. Pode-se encontrar referência ao tema na parte II do *Leviatã*, que cuida da República (traduzida também como Estado), na qual o autor diz que a finalidade do Estado é a segurança dos indivíduos que o compõem: "A causa final, finalidade e desígnio dos homens (que amam naturalmente a liberdade e domínio sobre outros) ao introduzir aquela restrição sobre si mesmos sob a qual o vemos viver em repúblicas, é a preocupação com a sua própria conservação e uma vida mais satisfeita".[4] Hobbes constrói as bases iniciais da noção de segurança jurídica por meio da lei, sob a forma de absolutismo monárquico, entendendo o direito como expressão da vontade do soberano.[5]

Atualmente, o princípio da segurança jurídica traduz a proteção da confiança que se deposita na subsistência de um dado modelo legal, sobretudo, em face da doutrina de Canotilho[6], que associa o princípio da segurança jurídica ao da proteção da confiança, a ponto de conceituá-los de uma só vez.

---

(3) IGLESIAS, Juan. *Derecho romano*. 5. ed. Barcelona: Ariel, 1965. p. 496. No mesmo sentido, THEODORO JUNIOR, Humberto. *Comentários ao novo Código Civil:* dos defeitos do negócio jurídico ao final do livro III. Rio de Janeiro: Forense, 2003. v. 3, t. 2.
(4) HOBBES, Thomas. *Leviatã ou matéria, forma e poder de uma república eclesiástica e civil.* São Paulo: Matins Fontes, 2008. p. 143-148.
(5) Ovídio Baptista, ao analisar "o racionalismo moderno e a ciência do processo", chama a atenção para a influência de Hobbes na Europa Continental (e nos países de *civil law*), chamando-o de "paladino máximo do ideal de segurança jurídica", advertindo que, na Inglaterra (e nos países de *common law*), as ideias de Hobbes não foram bem aceitas, sendo preservada a magistratura de forma independente, com a natural função criadora de sua jurisprudência, formando "polaridades antagônicas" na constituição da ideia de Direito (BAPTISTA DA SILVA, Ovídio Araújo. *Jurisdição e execução na tradição romano-canônica*. 2. ed. São Paulo: Revista dos Tribunais, 1997. p. 104-107). Destaca Barroso que as teorias democráticas acerca da origem e da justificação do Estado, de base contratualista, assentam-se sobre uma cláusula comutativa: recebe-se em segurança aquilo que se concede em liberdade (BARROSO, Luís Roberto. Em algum lugar do passado. Segurança jurídica, direito intertemporal e o novo Código Civil. In: *Temas de direito constitucional.* Rio de Janeiro: Renovar, 2005. t. 3, p. 132).
(6) Nesse contexto de integração entre a segurança e a confiança no Direito, Canotilho diz que: "O cidadão deve poder confiar em que aos seus actos ou às decisões públicas incidentes sobre os seus direitos, posições jurídicas e relações, praticados ou tomadas de acordo com as normas jurídicas vigentes, se ligam os efeitos jurídicos duradouros previstos ou calculados com base nessas mesmas normas. Estes princípios apontam basicamente para: (1) a proibição de leis retroactivas; (2) a inalterabilidade do caso julgado; (3) a tendencial irrevogabilidade de actos administrativos constitutivos de direitos". (CANOTILHO, José Joaquim Gomes. *Direito constitucional.* 5. ed. Coimbra: Almedina, 1991. p. 378).

No Brasil, o princípio da segurança está previsto no preâmbulo e no *caput* do art. 5º da Constituição Federal de 1988, e o Supremo Tribunal Federal tem explicitado a natureza constitucional do princípio da segurança jurídica destacando-o como "um valor ímpar no sistema jurídico, cabendo-lhe papel diferenciado na realização da própria ideia de justiça material".[7]

Para além do seu aspecto formal de certeza a respeito do direito positivo (perspectiva objetiva) e de proteção da confiança e das expectativas legítimas do indivíduo (perspectiva subjetiva), a segurança jurídica possui também uma faceta material de certeza sobre a inexistência de arbitrariedade na aplicação do direito. O princípio da segurança jurídica exige a segurança por meio do Direito, traduzida na prévia definição dos instrumentos jurídicos pelos quais serão solucionados os conflitos de interesses na sociedade, mas também demanda a segurança no próprio Direito, mesmo que haja ocasiões em que a segurança jurídica seja assegurada mediante a preservação de situações aparentemente injustas.[8]

Assim, a partir do princípio da confiança, eventual posição delimitadora no âmbito de posições jurídicas sociais exige, portanto, uma ponderação (hierarquização) entre a agressão (dano) provocada pela lei restritiva à confiança individual e a importância do objetivo almejado pelo legislador para o bem da comunidade.[9]

Desse modo, a visão estática de segurança, que se baseava na garantia do devido processo legal (art. 5º, inciso LVI, da Constituição Federal de 1988), deve ser substituída por uma visão dinâmica, ligada à concretização da Constituição e dos direitos fundamentais.[10]

Ainda que a nossa Constituição não contenha previsão expressa à segurança jurídica no plano processual, um dos fundamentos do Estado Constitucional é a segurança jurídica e o ordenamento constitucional arrola, expressamente, a segurança jurídica entre os direitos fundamentais (art. 5º, *caput*), razões pela qual Marinoni e Mitidiero[11] apontam a segurança jurídica no processo como um direito fundamental.

---

(7) SUPREMO TRIBUNAL FEDERAL. 2ª Turma, QO Pet (MC) n. 2.900/RS, Relator Ministro Gilmar Mendes, julgado em 27.5.2003.
(8) CANOTILHO, José Joaquim Gomes. *Direito constitucional*. 5. ed. Coimbra: Almedina, 1991. p. 378.
(9) SARLET, Ingo Wolfgang. *A eficácia dos direitos fundamentais*. 5. ed. Porto Alegre: Livraria do Advogado, 2005. p. 437.
(10) Nesse sentido é a proposta de Zagrebelky, reconduzindo o Estado Constitucional ao direito "miite", "dúctil", maleável, moldável, fluido, a fim de que se encontre a solução mais justa para o caso concreto (ZAGREBELSKY, Gustavo. *Il diritto mite*. Torino: Einaudi, 1992. p. 20-56); Nesse sentido também: MITIDIERO, Daniel; ÁlvaRO DE OLIVEIRA, Carlos Alberto. *Curso de processo civil*: teoria geral do processo civil e parte geral do direito processual civil. São Paulo: Atlas, 2010. p. 62-63.
(11) SARLET, Ingo Wolfgang; MARINONI, Luiz Guilherme; MITIDIERO, Daniel. *Curso de direito constitucional*. São Paulo: Revista dos Tribunais, 2012. p. 671.

Em termos processuais, de acordo com Mitidiero[12], na dimensão da Constituição, não há propriamente colisão entre segurança e efetividade, pois a segurança é um elemento do conceito de efetividade.

O direito à segurança jurídica no processo, destacam Marinoni e Mitidiero[13], constitui direito "à certeza, à estabilidade, à confiabilidade das situações jurídicas processuais", determinando "não apenas a segurança no processo, mas também a 'segurança pelo processo'", isto é, segurança no resultado da prestação jurisdicional.

Se as pretensões fossem perpétuas, como ocorreu em boa parte do direito romano, ou se tivessem prazos muito longos, poderia o prescribente ser surpreendido com demandas com as quais não mais contava e para as quais não se encontrava preparado. Os fundamentos da prescrição transcendem as análises puramente individualistas, focadas nos interesses do polo ativo de uma relação jurídica, para encontrar justificação no "interesse social".[14]

A estabilidade das relações sociais e a segurança jurídica compõem, portanto, os principais fundamentos da prescrição, ao visar a impedir que o exercício de uma pretensão fique pendente de forma indefinida. Então, o ordenamento jurídico estabelece um lapso temporal para que a pretensão seja exercida (prazo prescricional). Transcorrido esse prazo sem qualquer diligência por parte do seu titular, o próprio ordenamento jurídico que tutela a pretensão concede ao devedor a possibilidade de limitar o seu exercício no tempo, em nome da estabilidade das relações sociais e da segurança jurídica.[15]

Dentro da concepção de segurança do próprio Direito, aliada à noção de estabilidade das relações sociais e na trilha atual de reaproximação entre o direito material e processual[16],

---

(12) MITIDIERO, Daniel. *Antecipação de tutela:* da tutela cautelar à técnica antecipatória. São Paulo: Revista dos Tribunais, 2013. p. 62-63; Segundo Álvaro de Oliveira, o princípio da segurança jurídica sempre anda em contraponto com o princípio da efetividade e ambos "devem ser postos em relação de adequada proporcionalidade, por meio de uma delicada escolha dos fins a atingir e de uma atenta valoração dos interesses a tutelar" (ÁLVARO DE OLIVEIRA, Carlos Alberto. O processo civil na perspectiva dos direitos fundamentais. *Revista de Processo*, São Paulo: Revista dos Tribunais, n. 113, p. 21, fev. 2004).
(13) SARLET, Ingo Wolfgang; MARINONI, Luiz Guilherme; MITIDIERO, Daniel. *Curso de direito constitucional*. São Paulo: Revista dos Tribunais, 2012. p. 671 e 674; Nesse sentido, Marder aponta que "o núcleo essencial do princípio da segurança jurídica é composto pela necessidade de se alcançar estabilidade e previsibilidade" (MARDER, Alexandre Salgado. *Das invalidades no direito processual civil*. São Paulo: Malheiros, 2010. p. 85).
(14) TEPEDINO, Gustavo; BARBOZA, Heloisa Helena; MORAES, Maria Celina Bodin de. *Código Civil interpretado conforme a Constituição da República*. Rio de Janeiro: Renovar, 2004. p. 354. A prevalência do interesse público no instituto da prescrição também é destacada por PATTI, Salvatore. Certezza e giustizia nel diritto della prescrizione in Europa. *Rivista Trimestrale di Diritto e Procedura Civile*, Milano: Giuffrè, v. 64, n. 1, p. 21-36, em especial p. 28, mar. 2010.
(15) TEPEDINO, Gustavo; BARBOZA, Heloisa Helena; MORAES, Maria Celina Bodin de. *Código Civil interpretado conforme a Constituição da República*. Rio de Janeiro: Renovar, 2004. p. 354.
(16) CAPPELLETTI, Mauro. *Juízes legisladores?* Tradução de Carlos Alberto Álvaro de Oliveira. Porto Alegre: Fabris, 1993. p. 13. Bedaque esclarece que essa aproximação, reduzindo a distância dos polos do binômio, "não implica retorno às fases já ultrapassadas da ciência processual" (BEDAQUE, José Roberto dos Santos. *Direito e processo:* influência do direito material sobre o processo. 4. ed. São Paulo: Malheiros, 2006, em especial p. 23); TESHEINER, José Maria Rosa. Reflexões politicamente incorretas sobre direito e processo. *Revista da Ajuris*,

a prescrição e a decadência são institutos de direito material, embora gerem consequências importantes também no direito processual.[17]

Em atenção à priorização do interesse social de estabilidade das relações sociais e da segurança jurídica, as normas sobre prescrição assumem caráter de ordem pública, não podendo, assim, ser derrogadas pela mera vontade das partes[18], entendimento que aparece instrumentalizado no Código Civil de 2002 no que diz respeito à impossibilidade de renúncia à prescrição[19] e de alteração de prazos prescricionais pelos particulares.[20]

Nesse sentido, Savigny[21] apregoava que a prescrição é uma das instituições "mais importantes e mais saudáveis" para o Direito. A riqueza do instituto da prescrição deve-se a uma exigência de natureza prática, e não de ordem moral ou de rigor lógico: a sua utilidade para as relações jurídicas.[22] Aliás, essa é uma abordagem um pouco diferente da tradicional sob o prisma da segurança jurídica: o viés da utilidade. Nesse sentido, a prescrição parte de um critério de utilidade, ao escolher o que é mais importante entre a possibilidade de eternização das demandas e a pacificação social. A passagem do tempo é um ônus para todos os seres humanos e para as coisas. O ser humano envelhece e as coisas se depreciam pelo simples transcurso do tempo. O tempo exige custos de manutenção e preservação. Passado muito tempo sem que o direito tenha sido reclamado por seu prenso titular, para a sociedade, é menos custoso que a situação permaneça como está, ainda que tenha sido originada em uma situação injusta, do que a possibilidade de eternizar as discussões jurídicas. Esse segundo esforço, depois de tanto tempo, seria menor do que o esforço de rediscutir uma determinada situação transcorrida em tempo longínquo.

Porto Alegre: Ajuris, n. 110, p. 192, jun. 2008. MARINONI, Luiz Guilherme. *Tutela inibitória:* individual e coletiva. 2. ed. São Paulo: Revista dos Tribunais, 2000. p. 395-396.
(17) Entre outros efeitos, quando o juiz pronunciar a prescrição ou a decadência, haverá resolução de mérito (art. 269, IV, CPC).
(18) TEPEDINO, Gustavo; BARBOZA, Heloisa Helena; MORAES, Maria Celina Bodin de. *Código Civil interpretado conforme a Constituição da República*. Rio de Janeiro: Renovar, 2004. p. 355.
(19) De acordo com Câmara Leal, "renúncia da prescrição é a desistência, expressa ou tácita, do direito de invocá-la, feita por aquêle a quem ela beneficia" (CÂMARA LEAL, Antônio Luís da. *Da prescrição e da decadência*. 2. ed. Rio de Janeiro: Forense, 1959. p. 63). Dispõe o art. 191 do Código Civil de 2002: "A renúncia da prescrição pode ser expressa ou tácita, e só valerá, sendo feita, sem prejuízo de terceiro, depois que a prescrição se consumar; tácita é a renúncia quando se presume de fatos do interessado, incompatíveis com a prescrição". O Código Civil de 1916 já continha essa previsão no art. 161, salvo pela incorporação do antigo § 1º, que dispunha sobre renúncia tácita no corpo do *caput*.
(20) Dispõe o art. 192 do Código Civil de 2002: "Os prazos de prescrição não podem ser alterados por acordo das partes". O Código Civil de 1916 era omisso a respeito dessa importante questão. Acerca da relação entre a imprescritibilidade e a autonomia da vontade, Tepedino esclarece que "os imperativos da ordem pública também se fazem sentir na proibição de que os particulares convencionem que determinada pretensão seja imprescritível. Da mesma forma que a alteração para aumentar ou reduzir o prazo prescricional é vedada, a declaração de imprescritibilidade também se encontra excluída da esfera de autonomia das partes contratantes" (TEPEDINO, Gustavo; BARBOZA, Heloisa Helena; MORAES, Maria Celina Bodin de. *Código Civil interpretado conforme a Constituição da República*. Rio de Janeiro: Renovar, 2004. p. 358).
(21) SAVIGNY, M. F. C. de. *Sistema de derecho romano actual*. 2. ed. Madrid: Centro Editorial de Góngora, [s.d.]. v. 1,. p. 180.
(22) AMELOTTI, Mario. Prescrizione (dir. rom.). *Enciclopedia del Diritto*, Milano: Giuffrè, XXXV, p. 36-46, em especial p. 45-46, 1986.

Os institutos da prescrição e da decadência, mesmo que tenham em comum a tutela de direitos no tempo, por meio da fixação de períodos de tempo (prazos) para o exercício de pretensões ou direitos, respectivamente, de forma que não possam ser eternamente pleiteados, possuem conceituação, elementos, características e efeitos jurídicos diversos. Os critérios distintivos desses institutos, todavia, são historicamente controvertidos.

No direito comum, reuniam-se sob o nome de prescrição fatos de nascimento, ou terminação, ou desvirtuamento de direitos, pretensões, ou ações, devido à continuação de exercício ou não exercício continuado.[23] Daí se distinguirem a prescrição aquisitiva e a extintiva: a primeira é meio de aquisição de propriedade, pela posse mansa e pacífica de bem móvel ou imóvel durante certo período de tempo, em relação à qual permanece inerte o titular do domínio, também chamada de positiva, representa força criadora de direitos, consistindo na conhecida usucapião; a segunda tem efeito de liberar o devedor da obrigação que lhe foi imposta diante do não exercício de pretensão dentro de determinado período de tempo, também denominada negativa ou liberatória.

Adverte Pontes de Miranda[24] que, "nas fontes, prescrição nunca se refere à aquisição ou à perda do direito", só é exceção. Essa advertência também é feita por Savigny[25], que sustenta ser inadequada a subdivisão da prescrição em aquisitiva e extintiva. Todavia, Zimmermann[26] sustenta que tanto a prescrição aquisitiva (usucapião) quanto a prescrição liberatória (objeto do presente trabalho) têm sua origem na *longi temporis praescriptio*, que será abordada a seguir.

Durante muito tempo, o instituto da prescrição foi completamente estranho ao direito romano, ou seja: as ações civis eram imprescritíveis. Quando os pretores inseriram ações inteiramente novas, no período formulário[27], condicionaram seu uso a que fossem exercitadas dentro do ano (*intra annum judicium dabo*), constituindo uma exceção à antiga regra de duração perpétua desse exercício.[28]

O caráter de generalidade da prescrição deu-se, pela primeira vez, com o surgimento da *longi temporis praescriptio*.[29] Contra toda ação nascida da propriedade ou de um *jus*

---

(23) PONTES DE MIRANDA, Francisco Cavalcanti. *Tratado de direito privado*. Rio de Janeiro: Borsoi, 1955. t. 6, p. 98.
(24) PONTES DE MIRANDA, Francisco Cavalcanti. *Tratado de direito privado*. Rio de Janeiro: Borsoi, 1955. t. 6, p. 98.
(25) SAVIGNY, M. F. C. de. *Sistema de derecho romano actual*. 2. ed. Madrid: Centro Editorial de Góngora, [s.d.]. v. 1, p. 177.
(26) ZIMMERMANN, Reinhard. *Comparative foundations of a European Law of set-off and prescription*. Cambridge: Cambridge University, 2002. p. 69.
(27) AMELOTTI, Mario. Prescrizione (dir. rom.). *Enciclopedia del Diritto*, Milano: Giuffrè, XXXV. p. 36-46, em especial p. 38, 1986.
(28) SAVIGNY, M. F. C. de. *Sistema de derecho romano actual*. 2. ed. Madrid: Centro Editorial de Góngora, [s.d.]. v. 1, p. 181 e 185.
(29) Observando o pioneirismo da ampliação de outros casos de prescrição, acrescenta Amelotti que a *longi temporis praescriptio* (surgida no período da *extraordinaria cognitio*) constitui o precedente que será desenvolvido na prescrição teodosiana (AMELOTTI, Mario. Prescrizione (dir. rom.). *Enciclopedia del Diritto*, Milano: Giuffrè, XXXV, p. 36-46, em especial p. 40, 1986).

inre (speciales in rem actiones) poderia o possuidor opor uma prescrição (exceção) de dez anos, algumas vezes, de vinte, provando os requisitos da usucapião, especialmente, o título e a boa-fé, além do período de tempo.

A *longi temporis praescriptio* ampliou-se durante o reinado de Constantino, no qual a ausência de título e de boa-fé poderia ser suprida por uma posse mais longa, cujo tempo parece ter variado entre trinta e quarenta anos. Todavia, isso não se estendia aos demais tipos de ações e as ações pessoais, principalmente, permaneciam imprescritíveis. No caminhar da história do direito romano, novos tipos de ações passaram a ter prazo prescricional, chegando-se ao ponto de inverter-se a regra geral da imprescritibilidade para a prescritibilidade das ações. A prescritibilidade das pretensões deixa de ser a exceção e passa a ser a regra geral.[30]

Nesse contexto, da origem remota da *praescriptio temporis*, também chamada de *temporalis praescriptio*, chegou-se à concepção da prescrição como exceção de tempo[31], como meio de defesa. Tinha por fonte o *ius honorarium*. Foi introduzida pelo pretor para abrandar os rigores da aplicação estrita do *ius civile*. Ao estabelecer a fórmula, se a ação fosse temporária, primeiramente, havia uma parte introdutória, na qual o pretor deveria absolver o réu, se estivesse extinto o prazo de duração da a*ctio*, sendo a preliminar da fórmula chamada de *praescriptio*.[32]

De acordo com Patti[33] o tema da prescrição, negligenciado por décadas pela doutrina europeia, tem despertado grande interesse na última parte do século passado e início do novo.

---

(30)   SAVIGNY, M. F. C. de. *Sistema de derecho romano actual*. 2. ed. Madrid: Centro Editorial de Góngora, [s.d.]. v. 1,. p. 181.
(31)   PONTES DE MIRANDA, Francisco Cavalcanti. *Tratado de direito privado*. Rio de Janeiro Borsoi, 1955. t. 6, p. 3 e 104. Para Savigny, a expressão romana *temporis praescritio* não designa adequadamente a prescrição, mas o direito concedido outras vezes ao demandado de rechaçar, por meio de uma exceção, o exercício da ação (SAVIGNY, M. F. C. de. *Sistema de derecho romano actual*. 2. ed. Madrid: Centro Editorial de Góngora, [s.d.]. v. 1,. p. 177).
(32)   CAMARA LEAL, Antônio Luiz da. *Da Prescrição e da Decadência*. Rio de Janeiro: Forense, 1982.
(33)   PATTI, Salvatore. Certezza e giustizia nel diritto della prescrizione in Europa. *Rivista Trimestrale di Diritto e Procedura Civile*, Milano: Giuffrè, v. 64, n. 1, p. 21-36, em especial p. 26, mar. 2010.

2. Objeto da Prescrição e da Decadência. Critérios Distintivos. Terminologia. A Teoria de Amorim Filho e seus Reflexos na Doutrina e na Legislação Posterior

Em 1961, Amorim Filho escreveu o artigo intitulado "Critério científico para distinguir a prescrição da decadência e para identificar as ações imprescritíveis".[34] Os critérios distintivos propostos por ele logo se tornaram os mais aceitos no Brasil, sendo utilizados quase que unanimente na doutrina e na jurisprudência brasileiras, culminando com sua utilização no Código Civil brasileiro atual (publicado em 2002).

O ponto de partida do critério de Amorim Filho é a "moderna classificação dos direitos desenvolvida por Chiovenda e, particularmente, a categoria dos direitos potestativos"[35], valendo-se da parte final do ensaio de Chiovenda (item 14), no qual o autor italiano refere a importância que essa matéria tem no campo da prescrição[36], observação que é fundamental para o presente trabalho, pois revela a razão pela qual se optou por pesquisar as origens da divisão dessa classificação e, fundamentalmente, as relações entre direito e processo na época da formulação dessa teoria, com toda a ideologia liberal que a permeia.

---

(34) AMORIM FILHO, Agnelo. Critério científico para distinguir a prescrição da decadência e para identificar as ações imprescritíveis. *Revista Forense,* Rio de Janeiro: Forense, n. 193, p. 30-49, jan./fev./mar. 1961.
(35) AMORIM FILHO, Agnelo. Critério científico para distinguir a prescrição da decadência e para identificar as ações imprescritíveis. *Revista Forense,* Rio de Janeiro: Forense, n. 193, p. 30-49, jan./fev./mar. 1961. Esse critério rapidamente assumiu uma ampla aceitação na doutrina e na jurisprudência pátria e, posteriormente, foi adotado pelo Código Civil de 2002, segundo destaca Theodoro Junior, ao comentar essa parte do novo Código Civil, conforme THEODORO JUNIOR, Humberto. *Comentários ao novo Código Civil:* dos defeitos do negócio jurídico ao final do livro III. Rio de Janeiro: Forense, 2003. v. 3, t. 2, p. 350-351.
(36) CHIOVENDA, Giuseppe. L'azione nel sistema del diritti. *Saggi di Dirittto Processuale Civile* (1894-1937), Milano: Giuffrè, v. 1, p. 25, 1993.

Para Savigny[37], a prescrição ocorre quando perece o direito de ação, porque o titular descuida de exercitá-lo em certo prazo e gera a extinção do direito. Frise-se: para Savigny, a prescrição extingue o direito.

Note-se que esse entendimento de que a prescrição extingue o próprio direito foi suplantado pela compreensão de que a prescrição extinguiria a *actio*. Todavia, não havia consenso acerca do significado da expressão *actio* nas fontes romanas, que, até então, compreendia, em unidade, o direito material e o direito processual.

Muther e Windscheid travaram um histórico debate sobre o tema do significado da expressão *actio* no direito romano, nos anos 1856 e 1857, conhecido como "polêmica sobre a *actio*". Em síntese: para Muther[38], o termo romano *actio* significa ação, no sentido de "pretensão do titular do direito contra o Pretor à concessão de uma fórmula, na hipótese de que seu direito seja violado"; para Windscheid, significa pretensão jurídica, "o que se pode exigir de outrem".[39]

---

(37) SAVIGNY, M. F. C. de. *Sistema de derecho romano actual*. 2. ed. Madrid: Centro Editorial de Góngora, [s.d.]. v. 1, p. 177; "Para Savigny, o direito de ação (KLAGERECHT) era considerado como uma forma especial assumida pelo direito material depois da lesão, uma espécie de metamorfose extensível a todo direito. Já na visão de Puchta, Arndts e outros, tratava-se de um acessório do direito material, uma 'faculdade colada ao direito, a permitir o pedido de tutela jurisdicional se este fosse violado'. Como se vê, conquanto diferentes as visualizações, tanto no direito romano, quanto no direito comum, o direito processual e o direito material formavam uma unidade, o que embaraçava distinção nítida entre os planos", conforme esclarece ÁLVARO DE OLIVEIRA, Carlos Alberto. Efetividade e tutela jurisdicional. In: MACHADO, Fábio Cardoso; AMARAL, Guilherme Rizzo (orgs.). *Polêmica sobre a ação:* a tutela jurisdicional na perspectiva das relações entre direito e processo. Porto Alegre: Livraria do Advogado, 2006. p. 86.
(38) MUTHER, Theodor. Sobre la doctrina de la *"actio"* romana, del derecho de accionar actual, de la 'litiscontestatio' y de la sucesión singular en las obligaciones. In: *Polemica sobre la "actio"*. Buenos Aires: Europa-América, 1974. p. 236-240. Destacando a importância dessa célebre polêmica para a autonomia do direito procesual, Álvaro de Oliveira afirma que "foi principalmente a crítica de Muther, depois incorporada por Windscheid, que propiciou a criação dos elementos necessários para uma nova concepção, na medida em que distingue claramente um direito à tutela do Estado, direito de agir, a que se atribui natureza pública, restando intocado o direito material apesar da lesão" (ÁLVARO DE OLIVEIRA, Carlos Alberto. Efetividade e tutela jurisdicional. In: MACHADO, Fábio Cardoso; AMARAL, Guilherme Rizzo (orgs.). *Polêmica sobre a ação:* a tutela jurisdicional na perspectiva das relações entre direito e processo. Porto Alegre: Livraria do Advogado, 2006. p. 87).
(39) WINDSCHEID, Bernard. La *actio* del derecho romano, desde el punto de vista del derecho actual. In: *Polemica sobre la "actio"*. Buenos Aires: Europa-América, 1974. p. 11. Igualmente ressaltando a "famosíssima" polêmica entre os romanistas alemães para a autonomia do Direito procesual civil, Dinamarco esclarece que Windscheid se empenhou, antes de tudo, em demonstrar como os sistemas jurídicos romanos e moderno são fundamentalmente diversos, "pois o primeiro, em vez de seu sistema de *jura*, era um sistema de *actiones*, não se chegando ao direito senão através da *actio*. Windscheid propôs-se a traduzir em termos modernos a terminologia romana, em primeiro lugar contestando o paralelismo entre *actio* e a ação moderna (KLAGERECHT) e depois chegando à conclusão de que aquela expressão latina representa um fenômeno que no Direito moderno é representado pelo nome de *Anspruch* (palavra que, no mundo latino, é traduzida por *pretensão*, ou *razão*) —, o qual é uma situação jurídica substancial, distinta da ação e do Direito subjetivo, ou seja, seria a faculdade de impor a própria vontade em via judiciária" (DINAMARCO, Cândido Rangel. *Fundamentos do processo civil moderno*. 6. ed. São Paulo: Malheiros, 2010. t. 1, p. 67-68).

Consequentemente, de um lado, para Windscheid[40], a prescrição extingue a pretensão de direito material:

> La actio se extingue también por el transcurso del tempo. El titular que no se ha valido de ella dentro de cierto lapso, no podrá hacerlo luego. En el lenguaje jurídico moderno se dice: la actio está sujeta a prescripción, y, como actio se traduce también aquí por acción, se habla de prescripción de las aciones.
>
> Pero si actio es efectivamente, como resulta de lo antedicho, el término romano para designar la pretensión jurídica, cuando los romanos dicen que algo es judicialmente perseguirle, nosotros décimos que está jurídicamente fundado, y, por lontanto, no debemos relacionar la prescripción con las acciones, sino con las pretensiones. La expresión: prescripción de las acciones, por arraigada que este, debe abandonarse.

De outro lado, para Muther[41], a prescrição extingue a ação (no plano processual), rebatendo, inclusive, Windscheid, expressamente, *in verbis*:

> También cuando se trata de la extinción de las *actiones* por prescripción, el autor quiere reemplazar la palabra 'acciones' por el impreciso vocablo 'pretensiones'. [...] Podríamos estimar aceptable si en vez de 'prescripción de la acción' el autor hubiese dicho 'prescripción de la pretensión a la asistencia estatal por lesión de un derecho', pero no podemos admitir la mera prescripción de las pretensiones. Nuestra terminología no permite dudar que la *naturalis obligatio* es una 'pretensión'. (Grifos do autor)

O entendimento de Windscheid integra o Código Civil alemão — BGB — (art. 194). Esclarece Monache[42] que tal dispositivo do BGB continua, como no passado, a conceituar o objeto da Verjährung (prescrição) por meio da particular posição subjetiva designada pelo nome de Anspruch (pretensão), que consiste no poder de exigir de outrem que faça ou deixe de fazer alguma coisa.

Essa polêmica europeia em torno do objeto da prescrição refletiu, de forma rápida, na doutrina brasileira, estabelecendo-se uma divisão entre as teses de que a prescrição extinguia os direitos[43],

---

(40) WINDSCHEID, Bernard. La "actio" del derecho romano, desde el punto de vista del derecho actual. In: *Polemica sobre la "actio"*. Buenos Aires: Europa-America, 1974. p. 58.
(41) MUTHER, Theodor. Sobre la doctrina de la "actio" romana, del derecho de accionar actual, de la 'litiscontestatio' y de la sucesión singular en las obligaciones. In: *Polemica sobre la "actio"*. Buenos Aires: Europa-America, 1974. p. 266-267.
(42) MONACHE, Stefano Delle. Profili dell'attuale normativa del codice civile tedesco in tema di prescrizione. *Rivista Trimestrale di Diritto e Procedura Civile*, Milano: Giuffrè, v. 49, n. 2, p. 179-199, em especial p. 180-181, mar./apr. 2003.
(43) Caio Mário da Silva Pereira fala em prescrição dos direitos e de que seriam apenas os patrimoniais atingidos pela prescrição, sendo que aos não patrimoniais incidiriam decadência (PEREIRA, Caio Mário da Silva. *Instituições de direito civil*. 5.ed. Rio de Janeiro: Forense, 1980. v. 1, p. 595-597); Nessa linha, também: AMARAL, Francisco. *Direito civil*: introdução. 3. ed. Rio de Janeiro: Renovar, 2000. p. 563; GOMES, Orlando. *Introdução ao direito civil*. 18. ed. Rio de Janeiro: Forense, 2001. p. 496.

as ações de direito material[44] *e as pretensões de direito material.*[45] Pontes de Miranda[46] defendia que a prescrição atingia as pretensões ou as ações (de direito material), conforme a sua definição de prescrição que se tornou clássica no direito brasileiro: "prescrição é a exceção, que alguém tem contra o que não exerceu, durante certo tempo, que alguma regra jurídica fixa, a sua pretensão ou ação. Serve à segurança e à paz públicas, para limite temporal à eficácia das pretensões e das ações".

Essa definição enfrenta a discussão do que a prescrição efetivamente atinge. Atendendo à conveniência de que não perdure por demasiado tempo a pretensão de direito material, os prazos prescricionais limitam a exigibilidade de direitos no tempo, servindo à paz social e à segurança jurídica. De acordo com Pontes de Miranda[47], os prazos prescricionais não fulminam o direito (que persiste), apenas "encobrem a eficácia da pretensão", e critica a comum utilização da expressão "prescreveu o direito":

> Quando se diz 'prescreveu o direito' emprega-se elipse reprovável, porque em verdade se quis dizer que 'o direito teve prescrita a pretensão (ou a ação), que dêle irradiava, ou teve prescritas tôdas as pretensões (ou ações) que dêle irradiavam'. [...] O direito não se encobre por exceção de prescrição; o que se encobre é a pretensão, ou a ação, ou são as pretensões, ou ações que dêle se irradiam.[48]

A tese de Windscheid de que a prescrição atinge tão somente a pretensão de direito material exerceu grande influência na família de direito romano-germâmica, todavia, há de se registrar que ainda não há um entendimento uníssono sobre essa matéria nos países dessa família de direito. O direito alemão e o suíço evoluíram para a extinção da pretensão, como sendo o efeito do transcurso do prazo prescricional. O direito italiano, todavia, fez declarar, literalmente, em seu Código de 1942, que a prescrição era causa de extinção do próprio direito, conforme Theodoro Junior.[49]

Note-se que, no direito romano, a prescrição sempre foi um fenômeno processual[50], que afetava a *actio*, exercida por meio de exceção, embora, nessa época, não houvesse ainda a distinção entre o direito processual e o direito material.[51]

---

(44) CÂMARA LEAL, Antônio Luís da. *Da prescrição e da decadência.* 2. ed. Rio de Janeiro: Forense, 1959. p. 22 e 26; MONTEIRO, Washington de Barros. *Curso de direito civil:* parte geral. 39. ed. São Paulo: Saraiva, 2003. v. 1, p. 335.
(45) Pontes de Miranda defendia que a prescrição atingia as pretensões ou as ações (PONTES DE MIRANDA, Francisco Cavalcanti. *Tratado de direito privado.* Rio de Janeiro: Borsoi, 1955. t. 6, p. 100).
(46) PONTES DE MIRANDA, Francisco Cavalcanti. *Tratado de direito privado.* Rio de Janeiro: Borsoi, 1955. t. 6, p. 100.
(47) *Ibidem*, p. 101 e 106.
(48) *Ibidem*, p. 103.
(49) Conforme THEODORO JUNIOR, Humberto. *Comentários ao novo Código Civil:* dos defeitos do negócio jurídico ao final do livro III. Rio de Janeiro: Forense, 2003. v. 3, t. 2, p. 149.
(50) THEODORO JUNIOR, Humberto. *Comentários ao novo Código Civil:* dos defeitos do negócio jurídico ao final do livro III. Rio de Janeiro: Forense, 2003. v. 3, t. 2, p. 149.
(51) PONTES DE MIRANDA, Francisco Cavalcanti. *Tratado de direito privado.* Rio de Janeiro: Borsoi, 1955. t. 6, p. 104 e 3-6, em especial p. 6.

O entendimento de que a prescrição atinge a pretensão — "a posição subjetiva de poder exigir de outrem alguma prestação positiva ou negativa"[52] —, a partir do acolhimento da tese de Windscheid[53], no sentido de que a expressão *actio* significa pretensão aliado à consagração das teorias abstratas do direito de ação, remete a matéria para o plano de direito material.

Essa teoria foi consagrada no dispositivo do art. 189 do Código Civil de 2002[54], utilizando-se de linguagem mais técnica e atualizada em torno do objeto da prescrição, em comparação com a do Código de 1916, segundo a qual a prescrição provocaria a perda da ação, em face dos percalços em torno do significado da expressão *actio*.

Nesse novo quadrante, o titular do direito cuja pretensão prescreveu não perde o direito processual de ação, nem o direito (subjetivo), quando a ação é julgada improcedente por acolhimento da prescrição, importando uma sentença de mérito (CPC, art. 269, IV), extinguindo tão somente o direito de exigir em juízo uma determinada prestação inadimplida (pretensão de direito material).[55]

Acolhida a exceção de prescrição, o direito subjetivo a uma prestação permanece, embora de maneira débil, uma vez que agora desguarnecido do direito de forçar o seu cumprimento (pretensão de direito material), todavia tanto resta incólume o direito subjetivo material do credor que, se o devedor resolver pagar a pretensão declarada prescrita, espontaneamente, a qualquer tempo, o pagamento será válido e eficaz, não autorizando repetição de indébito ao devedor (restituição do valor pago), por força do art. 882 do Código Civil de 2002.[56]

Pode haver direito subjetivo — outorgado pelo Direito objetivo — sem que haja ainda, ou não mais exista, pretensão ou ação, assim como pode haver ação sem que haja direito subjetivo. Na lição de Ovídio Baptista[57]:

---

(52) PONTES DE MIRANDA, Francisco Cavalcanti. *Tratado de direito privado*. Rio de Janeiro: Borsoi, 1955. t. 5, p. 451. A pretensão também é conceituada como: "a faculdade de se poder exigir a satisfação do direito", conforme BAPTISTA DA SILVA, Ovídio Araújo. Direito subjetivo, pretensão de direito material e ação. In: MACHADO, Fábio Cardoso; AMARAL, Guilherme Rizzo (orgs.). *Polêmica sobre a ação*: a tutela jurisdicional na perspectiva das relações entre direito e processo. Porto Alegre: Livraria do Advogado, 2006. p. 17-18; Artigo publicado originalmente: BAPTISTA DA SILVA, Ovídio Araújo. Direito subjetivo, pretensão de direito material e ação. *Revista da Ajuris*, Porto Alegre: Ajuris, n. 29, p. 99-126, nov. 1983.
(53) WINDSCHEID, Bernard. La *"actio"* del derecho romano, desde el punto de vista del derecho actual. In: *Polemica sobre la "actio"*. Buenos Aires: Europa-America, 1974. p. 58.
(54) TEPEDINO, Gustavo; BARBOZA, Heloisa Helena; MORAES, Maria Celina Bodin de. *Código Civil interpretado conforme a Constituição da República*. Rio de Janeiro: Renovar, 2004. p. 349. Nesse sentido também: THEODORO JUNIOR, Humberto. *Comentários ao novo Código Civil*: dos defeitos do negócio jurídico ao final do livro III. Rio de Janeiro: Forense, 2003. v. 3, t. 2, p. 152.
(55) THEODORO JUNIOR, Humberto. *Comentários ao novo Código Civil*: dos defeitos do negócio jurídico ao final do livro III. Rio de Janeiro: Forense, 2003. v. 3, t. 2, p. 152.
(56) Código Civil de 2002, art. 882: "Não se pode repetir o que se pagou para solver dívida prescrita ou cumprir obrigação judicialmente inexigível". O art. 970 do Código Civil de 191 também continha essa previsão.
(57) BAPTISTA DA SILVA, Ovídio Araújo. Direito subjetivo, pretensão de direito material e ação. In: MACHADO, Fábio Cardoso; AMARAL, Guilherme Rizzo (orgs.). *Polêmica sobre a ação*: a tutela jurisdicional na perspectiva das relações entre direito e processo. Porto Alegre: Livraria do Advogado, 2006. p. 17.

Se sou titular de um direito de crédito ainda não vencido, tenho já direito subjetivo, estou na posição de credor. Há *status* que corresponde a tal categoria de Direito das Obrigações, porém, não disponho ainda da faculdade de *exigir* que meu devedor cumpra o dever correlato, satisfazendo meu crédito. Nesse momento, diz-se que o direito subjetivo, que se mantinha em estado de latência, adquire dinamismo, ganhando uma nova potência a que se dá o nome de *pretensão*. A partir do momento em que posso exigir o cumprimento do dever que incumbe ao sujeito passivo da relação jurídica, diz-se que o direito subjetivo está dotado de pretensão. Contudo, a partir daí, se meu direito de crédito não é efetivamente exigido do obrigado, no sentido de compeli-lo ao pagamento, terei, pelo decurso do tempo e por minha inércia, prescrita essa faculdade de exigir o pagamento. Haverá, a partir de então, direito subjetivo, porém, não mais pretensão e, consequentemente, não mais ação, que como logo veremos, é um momento posterior na vida do direito subjetivo. (Grifos do autor)

Direito subjetivo e pretensão são categorias do direito material.[58] "Enquanto pretendo, exijo, mas ainda não ajo", esclarece Pontes de Miranda.[59] A pretensão é meio para um fim, mas esse fim, na medida em que apenas se exige o cumprimento da obrigação extrajudicialmente, é obtido mediante conduta voluntária.[60]

Outros temas relacionados são a renúncia da prescrição (art. 191, CC) e a exceção (art. 190, CC). Se a prescrição atinge apenas a pretensão, o réu pode renunciar a alegá-la e preferir enfrentar a discussão se é devida, ou não, a pretensão do autor. Até mesmo porque, dependendo da natureza do direito alegado pelo autor, o réu pode formular contrapedido. Ou simplesmente desejar que a questão de fundo seja definitivamente resolvida. Se tivesse alegado a prescrição, não poderia ter uma solução de fundo para seu interesse. Por este motivo, renuncia a alegá-la e pretende levar o processo até o final.

O Código Civil brasileiro de 2002 tomou posição nesse debate e optou por conceituar a prescrição como a perda da pretensão (art. 189[61]), ideia que se aproxima do entendimento de Windscheid acerca do significado da *actio* romana (= pretensão jurídica), na linha do Direito alemão e suíço.

---

(58) No plano de direito material, Ovídio Baptista trabalha ainda com a categoria "ação de direito material", na linha de Pontes de Miranda (PONTES DE MIRANDA, Francisco Cavalcanti. *Tratado de direito privado*. Rio de Janeiro: Borsoi, 1955. t. 5, p. 478). Comparando-a com a pretensão (material), o autor diz que "o exigir, que é o conteúdo da pretensão, não prescinde do agir voluntário do obrigado, ao passo que ação de direito material é o agir do titular do direito para a realização, independentemente da vontade daquele". Seria o agir, não mais tão somente exigir o cumprimento mediante ato voluntário do devedor. Esse agir material raramente é facultado sem que se imponha ao titular a necessidade veiculá-lo por meio da ação processual, em decorrência do monopólio da jurisdição pelo Estado (p. 19-20).
(59) PONTES DE MIRANDA, Francisco Cavalcanti. *Tratado de direito privado*. Rio de Janeiro: Borsoi, 1955. t. 5, p. 460.
(60) BAPTISTA DA SILVA, Ovídio Araújo. Direito subjetivo, pretensão de direito material e ação. In: MACHADO, Fábio Cardoso; AMARAL, Guilherme Rizzo (orgs.). *Polêmica sobre a ação:* a tutela jurisdicional na perspectiva das relações entre direito e processo. Porto Alegre: Livraria do Advogado, 2006. p. 15-39, em especial, p. 18.
(61) Código Civil de 2002, art. 189: "Violado o direito, nasce para o titular a pretensão, a qual se extingue, pela prescrição, nos prazos a que aludem os arts. 205 e 206".

A redação atual da CLT (art. 11), dada pela Lei n. 13.467/17, avançou no que tange a teoria geral e a adequação da terminologia ao dispor que prescreve a "pretensão", veja-se:

> Art. 11. A pretensão quanto a créditos resultantes das relações de trabalho prescreve em cinco anos para os trabalhadores urbanos e rurais, até o limite de dois anos após a extinção do contrato de trabalho.

A redação original da CLT (1943) falava em prescrição do "direito". O texto era:

> Art. 11. Não havendo disposição legal em sentido contrário nesta Consolidação, prescreve em dois anos o direito de pleitear a reparação de qualquer ato infringente de dispositivo nela contido.

A redação da CLT, dada pela Lei n. 9.658/98, dispunha que prescrevia o "direito de ação", veja-se:

> Art. 11. O direito de ação quanto a créditos resultantes das relações de trabalho prescreve.

Nesse contexto, no sentido técnico, terminológico e de adequação a evolução histórica da matéria a redação da CLT avançou.

Para que exista a prescrição, faz-se necessária a presença dos seguintes elementos caracterizadores: a) a existência de uma prestação a ser exercida; b) a prescritibilidade da pretensão pelo ordenamento jurídico; c) o não exercício pelo titular da pretensão (inércia) dentro de período de tempo (transcurso do prazo prescricional); d) a ausência de causas legais de interrupção, suspensão ou impedimento do transcurso do prazo prescricional.[62]

Diferentemente do que acontece com a prescrição, a expressão decadência não é aceita de forma uníssona na doutrina[63], ainda que os efeitos desses fenômenos sejam amplamente admitidos e entendidos como diversos da prescrição.

---

(62) Câmara Leal entende que são quatro os elementos integrantes da prescrição, quais sejam: a existência de uma ação exercitável (*actio* nata); inércia do titular da ação pelo seu não exercício; continuidade dessa inércia durante certo período de tempo e ausência de algum fato ou ato a que a lei atribua eficácia impeditiva, suspensiva ou interruptiva do curso prescricional (CÂMARA LEAL, Antônio Luís da. *Da prescrição e da decadência*. 2. ed. Rio de Janeiro: Forense, 1959. p. 25). Para Pontes de Miranda, o suporte fático da prescrição é composto dos seguintes elementos: a) a possibilidade para pretensão ou ação; b) a prescritibilidade da pretensão ou da ação; c) o não exercício do titular da pretensão ou da ação dentro do *tempus*, sem interrupção, suspensão ou impedimentos legais. Note-se que, para o autor, a prescrição incide sobre a pretensão ou a ação (PONTES DE MIRANDA, Francisco Cavalcanti. *Tratado de direito privado*. Rio de Janeiro: Borsoi, 1955. t. 6, p. 111). No entender de Tepedino, a prescrição exige a reunião de três requisitos: a) a existência de uma ação a ser exercida; b) a inércia continuada do seu titular pelo período fixado em lei; c) a ausência de causas que impeçam o transcurso do lapso temporal (TEPEDINO, Gustavo; BARBOZA, Heloisa Helena; MORAES, Maria Celina Bodin de. *Código Civil interpretado conforme a Constituição da República*. Rio de Janeiro: Renovar, 2004. p. 356).

(63) Pontes de Miranda, por todos, repele o termo decadência, afirmando que o termo técnico adequado seria preclusão, pois "o direito cai, não decai" (PONTES DE MIRANDA, Francisco Cavalcanti. *Tratado de direito privado*. Rio de Janeiro: Borsoi, 1955. t. 6, p. 133). Vilson Rodriguez Alves também reprova o uso da expressão decadência, em vez de preclusão, e apresenta um estudo do direito comparado (21 países) acerca das terminologias que ele denomina de "Elementos Perturbadores da Investigação Científica: o Direito Comparado" (ALVES, Vilson Rodrigues. *Da prescrição e da decadência do novo Código Civil*. 2. ed. Campinas: Bookseller, 2003. p. 37-51).

Câmara Leal[64], um dos primeiros autores brasileiros a se dedicar ao estudo desse tema, usa o termo "decadência" e o conceitua como "a extinção do direito pela inércia de seu titular, quando sua eficácia foi, de origem, subordinada à condição de seu exercício dentro de um prazo prefixado, e este se esgotou sem que esse exercício se tivesse verificado". Larenz, por exemplo, denomina o fenômeno de prazos de exclusão.[65]

Tedeschi[66], fazendo referência aos arts. 2.964 e seguintes do Código Civil italiano[67], conceitua a decadência como: "*la estinzione di un diritto (in senso lato), disposta per il mancato esercizio entro un dato termine, al fine che l'esercizio medesimo, se abbia luogo, si avveri nel termine prefisso*".

Repare-se estar presente, na concepção italiana, a qual a brasileira segue a ideia de perda da possibilidade do exercício de um direito (extinção do direito) em decorrência da inércia do seu exercício em um determinado período de tempo. Por exemplo, caso um empregador deseje promover inquérito para apuração de falta grave contra empregado estável, deverá ajuizar reclamação por escrito, dentro de 30 (trinta) dias, contados da data da suspensão do empregado, exercendo o empregador tal direito (previsto no art. 853 da CLT), sem a necessidade de qualquer ação ou omissão da contraparte. Comprovando esse raciocínio, o Supremo Tribunal Federal pronunciou-se no sentido de que tal prazo é de decadência — Súmula n. 403: "É de decadência o prazo de trinta dias para instauração do inquérito judicial, a contar da suspensão, por falta grave, de empregado estável".

De acordo com Tedeschi[68], são elementos da *decadenza*: a) um objeto, que é o direito (em sentido amplo); b) um fato concreto de não atividade (inércia) do titular do direito e de término do período de tempo (prazo); c) um efeito jurídico, que é a extinção do direito; d) uma relação entre dado efeito e o caso concreto.

Pontes de Miranda[69], por sua vez, não aceita a nomenclatura decadência, sustentando que preclusão seria a expressão mais adequada para o fenômeno jurídico: "a cada momento fala-se de prazo de decadência, para se nomear prazo de preclusão. O *terminus technicus* é prazo preclusivo. O direito cai, não decai".

Essa frase clássica de que "o direito cai, não decai" está na definição que o autor faz de preclusão: "Preclui o que deixa de estar incluído no mundo jurídico. Preclusão é extinção de

---

(64) CAMARA LEAL, Antônio Luiz da. *Da prescrição e da decadência*. Rio de Janeiro: Forense, 1982. p. 110.
(65) LARENZ, Karl. *Derecho civil* — parte general. Madrid: EDERSA, 1978. p. 311.
(66) TEDESCHI, Vittorio. Decadenza (dir. e proc. civ.). *Enciclopedia del Diritto*, Milano: Giuffrè, XI, p. 770-792, em especial p. 773, 1962.
(67) Codice Civile, Articolo 2964. "Inapplicabilità di regole della prescrizione. Quando un diritto deve esercitarsi entro un dato termine sotto pena di decadenza, non si applicano le norme relative all'interruzione della prescrizione (2943 e seguenti). Del pari non si applicano le norme che si riferiscono alla sospensione (2941 e seguenti), salvo che sia disposto altrimenti (245, 489, 802)".
(68) TEDESCHI, Vittorio. Decadenza (dir. e proc. civ.). *Enciclopedia del Diritto*, Milano: Giuffrè, XI, p. 770-792, em especial p. 773, 1962.
(69) PONTES DE MIRANDA, Francisco Cavalcanti. *Tratado de direito privado*. Rio de Janeiro: Borsoi, 1955. t. 6, p. 135.

efeito — de efeito dos fatos jurídicos, de efeitos *jurídicos* (direito, pretensão, ação, exceção, "ação", em sentido processual). Prescrição é o encobrimento de eficácia, não a extinção dela"[70] (grifo do autor).

Nessa linha, Pontes de Miranda sustenta que a diferença de eficácia entre a prescrição e a preclusão é radical, apontando outras diferenças significativas entre os institutos: a) a pretensão prescreve pelo silêncio do credor; para a preclusão, o que importa é o tempo, independentemente da atividade ou da inércia, e se dá tanto para o credor como para o devedor (o direito pode existir sem se exercer, por isso, não prescreve); b) direito preclui, pretensão preclui, ação preclui, exceção preclui; só pretensões e ações prescrevem; c) os prazos prescritivos estão sujeitos a causas interruptivas, suspensivas e impeditivas, enquanto os prazos preclusivos, em regra, não estão sujeitos a interrupção e suspensão, ainda que se possa, de acordo com a técnica legislativa, permitir a suspensão ou a interrupção do prazo preclusivo, como acontece com os feriados e os recessos forenses, desde que expressamente previstos em lei; d) a prescrição é mais fato, com efeitos jurídicos (leva mais em conta o que acontece dentro do período de tempo), ao passo que o prazo preclusivo é mais determinação temporal; e) prescrição é conceito do plano da eficácia, preclusão é do plano da existência do direito; f) na prescrição, considera-se o objeto e, na preclusão, o sujeito; g) a pretensão à cobrança prescreve, a rescindibilidade de vício redibitório preclui, por exemplo.[71]

A doutrina alemã fala em *Werwirkung*, instituto relacionado com a criação jurisprudencial que, com base no princípio da boa-fé (art. 242, BGB), tem servido para impedir o exercício de direito em face da expectativa que o titular, por sua inércia, havia criado na contraparte, conforme Patti[72], em estudo sobre a prescrição na Europa.

Procurando distinguir a prescrição da decadência, Câmara Leal, após dizer que se trata de uma das tarefas mais difíceis da Teoria Geral do Direito, afirmou que: a) a prescrição é a perda, decorrido um lapso de tempo, da possibilidade de pleitear um direito, por meio da ação judicial competente (o autor fala em prescrição da ação), enquanto a decadência extingue o próprio direito; b) o prazo de decadência começa a correr desde o momento em que o direito nasce; o prazo prescricional, desde o momento em que o direito é violado ou ameaçado; c) a decadência supõe um direito que, embora nascido, não se tornou efetivo pela falta de exercício; a prescrição supõe um direito nascido e efetivo, mas que pereceu pela falta de proteção, pela ação, contra a violação sofrida.[73]

---

(70) PONTES DE MIRANDA, Francisco Cavalcanti. *Tratado de direito privado*. Rio de Janeiro: Borsoi, 1955. t. 6, p. 135.
(71) *Ibidem*, p. 135-136, 139, 142 e 160.
(72) No original: "*Werwirkung*, cioè all'istituto tedesco di creazione giurisprudenziale che, sulla base del principio di buona fede (242, BGB), è servito a impedire l'esercizio del diritto dopo che l'inerzia del titolare aveva creato un affidamento nella controparte" (PATTI, Salvatore. Certezza e giustizia nel diritto della prescrizione in Europa. *Rivista Trimestrale di Diritto e Procedura Civile*, Milano: Giuffrè, v. 64, n. 1, p. 21-36, em especial p. 28, mar. 2010).
(73) CÂMARA LEAL, Antônio Luiz da. *Da prescrição e da decadência*. 2. ed. Rio de Janeiro: Forense, 1959. p. 110-115.

Entendendo que esse critério, "além de carecer de base científica, é absolutamente falho e inadequado, pois pretende fazer a distinção pelos efeitos ou consequências", Amorim Filho — que escreveu uma das obras mais importantes sobre a matéria no Brasil — criou o chamado "critério científico para distinguir a prescrição da decadência". Tal critério, que logo se tornou o mais aceito no Brasil, parte de duas grandes premissas: 1ª) da classificação de direito subjetivo, que o divide em direitos subjetivos a uma prestação e direitos subjetivos potestativos; 2ª) da classificação das ações em condenatórias, declaratórias e constitutivas. O ponto de partida do critério de Amorim Filho é a "moderna classificação dos direitos desenvolvida por Chiovenda"[74], que divide o direito subjetivo em direitos subjetivos a uma prestação e direitos subjetivos potestativos.

Por um lado, direitos subjetivos a uma prestação compreendem aqueles direitos que têm por finalidade um bem da vida a conseguir-se mediante uma prestação negativa ou positiva, de outrem, do sujeito passivo. É o caso dos direitos reais e pessoais, em que há um sujeito passivo obrigado a uma prestação — positiva (dar ou fazer) ou negativa (abster-se). Esses direitos subjetivos são exercidos sobre bens da vida e estão "armados de pretensão" contra o obrigado.

Por outro lado, os direitos subjetivos potestativos (ou direitos de sujeição/formativos) são situações jurídicas que outorgam ao seu titular o poder de alterar, unilateralmente, a ordem jurídica, constituindo, extinguindo ou modificando relações e situações jurídicas. Podem ser definidos como direitos a uma sujeição ("tem como conteúdo um obedecer, em lugar de um deixar fazer", nas palavras de Carnelutti[75]), já que o seu exercício independe de qualquer ação ou omissão por parte do sujeito passivo. Em outras palavras, são poderes que a lei confere a determinadas pessoas de influírem, com uma declaração de vontade, sobre situações jurídicas de outras, sem o concurso da vontade destas, como, por exemplo, o poder do mandante de revogar o mandato, o poder de despedir (empregador) e pedir demissão (empregado), ainda que o exercício possa necessitar de declaração judicial, como o poder dos interessados em promover a invalidação dos atos jurídicos nulos ou anuláveis, ou o inquérito para apuração de falta grave de empregado estável.[76]

Couto e Silva[77] prefere o nome "direitos formativos" e esclarece que a elaboração conceitual dessa expressão se deve a Emil Seckel, que, em sua célebre *Die Gestaltungsrechte dês Burgerlichen Rechts*, em 1903, acrescentou à divisão dos direitos subjetivos em absolutos e relativos, historicamente ligada à classificação romana das ações *in rem* e *in personam*, uma terceira categoria: a dos direitos formativos.

---

(74) AMORIM FILHO, Agnelo. Critério científico para distinguir a prescrição da decadência e para identificar as ações imprescritíveis. *Revista Forense*, Rio de Janeiro: Forense, n. 193, p. 30-49, em especial p. 32, jan./fev./mar. 1961.
(75) CARNELUTTI, Francesco. *Teoria geral do direito*. São Paulo: Lejus, 1999. p. 270.
(76) AMORIM FILHO, Agnelo. Critério científico para distinguir a prescrição da decadência e para identificar as ações imprescritíveis. *Revista Forense*, Rio de Janeiro: Forense, n. 193, p. 30-49, em especial p. 32-33, jan./fev./mar. 1961.
(77) COUTO E SILVA, Almiro do. Atos jurídicos de direito administrativo praticados por particulares e direitos formativos. *Revista de Jurisprudência do Tribunal de Justiça do Estado do Rio Grande do Sul*, Porto Alegre, n. 9, p. 19-37, em especial p. 22, 1968.

De acordo com a clássica definição de Seckel, o direito formativo, no direito privado, é o direito subjetivo "cujo conteúdo é o poder de formar relações jurídicas concretas por meio de negócio jurídico unilateral".[78] O reparo que a essa definição caberia se fazer, segundo Couto e Silva[79], é o de que "nem só negócios jurídicos constituem instrumento de exercício de direitos formativos, embora seja o que mais frequentemente ocorra; também atos jurídicos *stricto sensu* e, em raros casos, até atos-fatos jurídicos desempenham essa função".

Nessa perspectiva, Tesheiner[80], após esclarecer que a análise das transformações produzidas no processo deve, necessariamente, partir do estudo dos estados jurídicos, defende que a categoria dos direitos formativos ou potestativos muito se assemelha ao estado de poder e sujeição (compreendido dentro dos estados jurídicos fundamentais), o qual "indica a relação entre o sujeito ativo do ato e o seu sujeito passivo", sem deveres do sujeito passivo para com o sujeito ativo. A diferença está em que o *estado de poder e sujeição* é gênero de que é espécie o direito formativo. As meras faculdades estão contidas no estado de poder e sujeição, mas são excluídas do âmbito dos direitos formativos.

Dentre as singularidades que caracterizam os direitos formativos, no direito privado, Couto e Silva destaca: a) os direitos formativos ou resultam de lei ou têm origem em negócio jurídico anterior. O direito de alegar compensação, por exemplo, deriva de lei; o direito de opção nasce negociadamente; b) os direitos formativos consomem-se ao serem exercidos, estreitamente ligados à irrevogabilidade da manifestação ou declaração de vontade, que, de regra, lhes serve de meio de exercício; c) diversamente do que ocorre com os outros direitos subjetivos, aos direitos formativos não correspondem deveres, pois seu exercício se traduz em ato unilateral, havendo submissão pura e simples aos efeitos que dele se irradiam, não tendo, por igual, obrigação. Importante notar que "a doutrina alemã estabeleceu a distinção entre *Plicht* (dever) e *Bindung* (vinculação). O proponente está vinculado, juridicamente, à proposta que fez; está exposto a que o destinatário a aceite, sem que haja, contudo, dever jurídico de tolerar a aceitação".[81]

No direito civil, um exemplo de direito potestativo é o direito do mandante de revogar o mandato, pois independe da concordância da outra parte, que se sujeita àquela determinação, mesmo contra a sua vontade. O mandatário tem o direito de receber a remuneração combinada na proporção dos serviços prestados.[82] No direito do trabalho, exemplos de

---

(78) SECKEL, Emil apud COUTO E SILVA, Almiro do. Atos jurídicos de direito administrativo praticados por particulares e direitos formativos. *Revista de Jurisprudência do Tribunal de Justiça do Estado do Rio Grande do Sul*, Porto Alegre, n. 9, p. 19-37, em especial p. 22, 1968.
(79) COUTO E SILVA, Almiro do. Atos jurídicos de direito administrativo praticados por particulares e direitos formativos. *Revista de Jurisprudência do Tribunal de Justiça do Estado do Rio Grande do Sul*, Porto Alegre, n. 9, p. 19-37, em especial p. 22, 1968.
(80) TESHEINER, José Maria Rosa. *Elementos para uma teoria geral do processo*. São Paulo: Saraiva, 1993. p. 3, 15, 16 e 17.
(81) COUTO E SILVA, Almiro do. Atos jurídicos de direito administrativo praticados por particulares e direitos formativos. *Revista de Jurisprudência do Tribunal de Justiça do Estado do Rio Grande do Sul*, Porto Alegre, n. 9, p. 19-37, em especial p. 23, 1968.
(82) Nesse sentido, entre outros: Paraná. Tribunal de Justiça do Estado do Paraná, 7ª Câmara Cível, AI 4533497, Relator José Maurício Pinto de Almeida, DJ 24.6.2008; Tribunal de Justiça do Distrito Federal, 3ª Turma Cível, Acórdão 4361397, Relator Campos Amaral, DJ 5.5.1997.

direito potestativo são o pedido de demissão por parte do empregado e a despedida sem justa causa (imotivada) por parte do empregador[83], pois independem de motivo e de concordância da outra parte.

Com isso, diz-se que os direitos formativos são desprovidos de pretensão — só a direitos formados se ligam pretensões —, razão pela qual Couto e Silva[84] conclui que "da inexistência de pretensão decorre a importante consequência de que os direitos formativos não podem ser atingidos pela prescrição", esclarecendo que "direitos não prescrevem, precluem; apenas pretensões são neutralizáveis pela prescrição".

Existe estreito nexo entre a categoria dos direitos formativos e a das sentenças constitutivas, também chamadas de "sentenças formativas de direito" (*Rechtsgestaltende Ulteile*), cuja designação se deve a Hellwig, que liga a sentença constitutiva aos direitos formativos ou potestativos, consoante a lição de Tesheiner[85], que acresce: "assim como as sentenças constitutivas criam, modificam ou extinguem relação jurídica, assim os direitos formativos que, por isso, dividem-se em direitos formativos geradores, modificativos e extintivos".

A partir das premissas acima descritas, Amorim Filho[86] conclui, em suma, que: a) o efeito extintivo chamado prescrição atinge os direitos armados de pretensão (os direitos subjetivos a uma prestação), a qual, em regra, é veiculada através de uma ação preponderantemente condenatória; b) o efeito extintivo chamado de decadência atinge os direitos sem pretensão (direitos formativos/potestativos), os quais são veiculados, em regra, mediante ação preponderantemente constitutiva (positiva ou negativa); c) todas as ações declaratórias e também aquelas constitutivas para as quais a lei não fixa prazo especial de exercício são imprescritíveis (impropriedade terminológica, querendo referir-se a pretensões perpétuas). Note-se que Amorim Filho fala em prescrição da ação, adotando a definição da *actio* romana como ação, seguindo a concepção de Muther.

Rapidamente, a doutrina de Amorim Filho assumiu uma ampla aceitação na doutrina posterior[87], assim como na jurisprudência pátria[88] e, posteriormente, foi adotada

---

(83) Nesse sentido, entre outros: TRIBUNAL REGIONAL DO TRABALHO. 4ª Região, 6ª Turma, Processo 0000060-10.2010.5.04.0511 (RO); Relatora Maria Inês Cunha Dorneles, DJ 25.4.2012.
(84) COUTO E SILVA, Almiro do. Atos jurídicos de direito administrativo praticados por particulares e direitos formativos. *Revista de Jurisprudência do Tribunal de Justiça do Estado do Rio Grande do Sul*, Porto Alegre, n. 9, p. 19-37, em especial p. 23-24, 1968.
(85) TESHEINER, José Maria Rosa. *Elementos para uma Teoria Geral do Processo*. São Paulo: Saraiva, 1993. p. 15 e 16.
(86) AMORIM FILHO, Agnelo. Critério científico para distinguir a prescrição da decadência e para identificar as ações imprescritíveis. *Revista Forense*, Rio de Janeiro: Forense, n. 193, p. 30-49, em especial p. 35-36, jan./fev./mar. 1961.
(87) Por exemplo: GOMES, Orlando. *Introdução ao direito civil*. 18. ed. Rio de Janeiro: Forense, 2001. p. 508-509. "Interessante critério propõe-se, por último, com fundamento na classificação das *ações* pela eficácia da sentença que suscitam" (p. 509); TEPEDINO, Gustavo; BARBOZA, Heloisa Helena; MORAES, Maria Celina Bodin de. *Código Civil interpretado conforme a Constituição da República*. Rio de Janeiro: Renovar, 2004. p. 351 e 353; GUIMARÃES, Carlos da Rocha. *Prescrição e decadência*. 2. ed. Rio de Janeiro: Forense, 1984. p. 103.
(88) Por exemplo: "Os mais autorizados autores estabelecem o termo inicial da prescrição como sendo o da data da lesão ou da violação de um direito como fato gerador da ação (cf. AMORIM FILHO, Agnelo. Critério científico

pelo Código Civil de 2002, conforme destaca Theodoro Junior, ao comentar essa parte do novo Código Civil: "É nesse rumo que já se encaminhava a doutrina brasileira, mesmo antes do advento do atual Código Civil, que veio, sem dúvida, prestigiar e consolidar o entendimento exposto".[89]

A doutrina de Amorim Filho aparece em vários artigos do Código Civil de 2002, como, por exemplo, no § 1º do art. 206, no qual está arrolada uma vasta gama de pretensões que objetivam obtenção de "pagamento", de "indenizações", "emolumentos", prestações em sociedades. Na mesma linha, nos parágrafos seguintes segue a listagem com outros "pagamentos", "aluguéis", "juros", "restituição de lucros", "ressarcimento", "reparação", "prestações em geral", "dívidas", "honorários". Em todas essas situações, o Código define prazos prescricionais acerca de direitos subjetivos a uma prestação, seguindo, destarte, o critério de Amorim Filho de que as pretensões de tais espécies de direitos subjetivos estão sujeitas à prescrição.[90]

Outrossim, a distinção entre prescrição e decadência baseada na classificação das ações está intimamente relacionada com a distinção que Amorim Filho faz entre direitos subjetivos a uma prestação e direitos potestativos, consagrada por Chiovenda, sendo que o próprio autor menciona, expressamente, ser esse o seu "ponto de partida"[91], a base da sua teoria. Portanto, usar o critério da classificação das ações para distinguir prescrição e decadência de forma pura, sem considerar a classificação dos direitos subjetivos referida, é esfacelar a teoria de Amorim Filho.

Tratando da prescrição e da decadência, na exposição de motivos do Código Civil de 2002, Miguel Reale[92] diz que:

> 18. Menção à parte merece o tratamento dado aos problemas da *prescrição* e *decadência*, que, anos a fio, a doutrina e a jurisprudência tentaram em vão

---

para distinguir a prescrição da decadência e para identificar as ações imprescritíveis. RT, n. 300, p. 19). Na espécie, a data da lesão concreta deu-se com o bloqueio de cada conta, isso no que tange à irresignação contra a retenção de numerário; no entanto, no concernente à exteriorização do respectivo quantum, a lesão só ocorreu a partir da data da última prestação de devolução dos cruzados bloqueados, uma vez que a cada prestação paga a menor, no entender do poupador, dava-se uma nova lesão. Como as prestações eram periódicas e brotavam de um único ato tronco, a última é que se erigiu no marco inicial da prescrição. Quer dizer, apenas consolidou-se a diminuição patrimonial do poupador com o pagamento da parcela derradeira" (SUPERIOR TRIBUNAL DE JUSTIÇA. 2ª Turma, RESP 400563, Relatora: Ministra Eliana Calmon, 6.8.2002).
(89) THEODORO JUNIOR, Humberto. *Comentários ao novo Código Civil*: dos defeitos do negócio jurídico ao final do livro III. Rio de Janeiro: Forense, 2003. v. 3, t. 2, p. 350-351.
(90) Nesse sentido, referindo-se ao anteprojeto de Código Civil, que, em 2002, passaria a ser o Novo Código Civil brasileiro: MARTINS, Mílton dos Santos. Prescrição e decadência no anteprojeto de Código Cvil. *Revista de Direito Civil*, p. 17-22, em especial p. 18, jul./set. 1981.
(91) AMORIM FILHO, Agnelo. Critério científico para distinguir a prescrição da decadência e para identificar as ações imprescritíveis. *Revista Forense*. Rio de Janeiro: Forense, n. 193, p. 30-49, em especial p. 32, jan./fev./mar. 1961.
(92) BRASIL. Item 18 da exposição de motivos. *Bilioteca Digital do Senado Federal*. Disponível em: <http://www2.senado.gov.br/bdsf/item/id/70319>. Acesso em: 12 out. 2017.

distinguir, sendo adotadas, às vezes, num mesmo Tribunal, teses conflitantes, com grave dano para a Justiça e assombro das partes.

Prescrição e decadência não se extremam segundo rigorosos critérios lógico-formais, dependendo sua distinção, não raro, de motivos de conveniência e utilidade social, reconhecidos pela Política legislativa.

Para pôr cobro a uma situação deveras desconcertante, optou a Comissão por uma fórmula que espanca quaisquer dúvidas. *Prazos de prescrição*, no sistema do Projeto, passam a ser, apenas e exclusivamente, os taxativamente discriminados na Parte Geral, Título IV, Capítulo I, sendo de *decadência* todos os demais, estabelecidos, em cada caso, isto é, como complemento de cada artigo que rege a matéria, tanto na Parte Geral como na Especial.

19. Ainda a propósito da prescrição, há um problema terminológico digno de especial ressalte. Trata-se de saber se prescreve a *ação* ou a *pretensão*. Após amadurecidos estudos, preferiu-se a segunda solução, por ser considerada a mais condizente com o Direito Processual contemporâneo, que de há muito superou a teoria da ação como simples projeção de direitos subjetivos. [...]. (Grifos do autor)

Assim, a solução dada teve por base o princípio da operabilidade, ou seja, na realização do Direito, mediante a seguinte metodologia: "Não haverá dúvida nenhuma: ou figura no artigo que rege as prescrições, ou então se trata de decadência".[93]

A escolha do enquadramento em prescrição ou decadência, em última análise, tem sido do legislador, que também define o tamanho do elemento tempo. Cada momento da sociedade determina qual será essa duração temporal. Tal definição não parte de critérios científicos. É uma escolha política e histórica.[94] O prazo é fixado e determinado por lei: "seria de todo contra o interesse público que se deixasse aos juízes a determinação dele", adverte Pontes de Miranda.[95] Uma outra forma de ver o critério que distingue prescrição de decadência é puramente formal: são institutos distintos porque uma norma jurídica específica assim o define. Sob este ponto de vista formal, a distinção se dá pelos efeitos dados pela lei, e não pelas características intrínsecas dos institutos pois ambos, são, basicamente a mesma coisa, ou seja, os efeitos extintivos do transcurso do tempo sobre uma relação jurídica. Cabe mencionar que esse critério formalista não adentra nas razões pelas quais o prazo é prescricional ou decadencial. Apenas faz a separação pelos seus efeitos e as justifica na existência de uma norma jurídica que assim o determina.

---

(93) REALE, Miguel. Visão geral do projeto do Código Civil. *Miguel Reale.com*. [s.l.], [s.d.]. Disponível em: <http://www.miguelreale.com.br/index.html>. Acesso em: 12 out. 2017.
(94) PONTES DE MIRANDA, Francisco Cavalcanti. *Tratado de direito privado*. Rio de Janeiro: Borsoi, 1955. t. 6, p. 113. Por exemplo: na Idade Média, em 523, foi instituída prescrição de 100 anos para ações a favor da Igreja e das instituições de caridade, conforme CAMPITELLI, Adriana. Prescrizione (dir. interm.). *Enciclopedia del Diritto*, Milano: Giuffrè, XI, p. 46-56, em especial p. 50, 1962.
(95) PONTES DE MIRANDA, Francisco Cavalcanti. *Tratado de direito privado*. Rio de Janeiro: Borsoi, 1955. t. 6, p. 113.

Nesse sentido, o Código Civil brasileiro de 2002[96], seguindo o perfil da atual normativa da Europa em termos de prescrição, reduziu sensivelmente os prazos prescricionais, procurando adaptá-los a "velocidade de tráfego" da sociedade.[97]

A omissão de previsão acerca de prescrição ou decadência, a menos que justificadamente proposital, é extremamente danosa à estabilidade das relações sociais e jurídicas, como acontece no contexto da ação civil pública (Lei n. 7.347/85), cuja problemática será abordada no item 3.3.

Tratando desse assunto no direito alemão e no direito italiano, Tedeschi[98], após mencionar que, no direito germânico, o instituto da prescrição tem por objeto somente a pretensão (*anspruch*) e não os direitos potestativos, diz que, no ordenamento italiano, é decisiva a definição do legislador, podendo ele atribuir prescrição a um direito potestativo e decadência a um direito de crédito, não obstante com maior frequência atribui decadência aos direitos potestativos.

Diversamente dessa linha, entende-se que o legislador tem que observar critérios, senão, constitui mero *flatus vocis*, ou seja, palavras esvaziadas de significado.

Os prazos prescricionais começam a correr quando nasce a pretensão, ou seja, a partir do momento em que o titular do direito violado pode exigir o ato ou a omissão. Nesse sentido, dispõe o art. 189 do Código Civil de 2002: "Violado o direito, nasce para o titular a pretensão, a qual se extingue, pela prescrição, nos prazos a que aludem os arts. 205 e 206"). Isso significa que, enquanto não efetivado o prazo prescricional fixado para exercício de determinado direito, a prescrição ainda não nasceu, "nem se pode dizer, sequer, que esteja em gestação, *in fieri*: a exceção nasce em ponto de tempo, exatamente quando se completa o prazo. Antes, tudo se passa no mundo fáctico".[99]

A existência de dano não é pressuposto para o início da contagem do prazo prescricional.[100] Essa observação tem significativa importância no âmbito dos direitos transindividuais, cujas tutelas de direitos, dadas as características específicas, objetivam, precipuamente, impedir que os ilícitos ocorram (tutela inibitória).[101]

---

(96) NEVES, Gustavo Kloh Muller. Prescrição e decadência no Código Civil. In: TEPEDINO, Gustavo (org.). *A parte geral do novo Código Civil*: estudos na perspectiva civil-constitucional. 3. ed. Rio de Janeiro: Renovar, 2007. p. 451-467, em especial p. 462-463.
(97) PATTI, Salvatore. Certezza e giustizia nel diritto della prescrizione in Europa. *Rivista Trimestrale di Diritto e Procedura Civile*, Milano: Giuffrè, v. 64, n. 1, p. 21-36, em especial p. 28, mar. 2010. Monache aduz que o perfil atual do instituto da *Verjährung* (prescrição) no Código Civil Alemão, a partir da Lei tedesca de 26 de novembro de 2001, relativa à modernização dos direitos obrigacionais, procura uniformizar os prazos prescricionais (MONACHE, Stefano Delle. Profili dell'attuale normativa del codice civile tedesco in tema di prescrizione. *Rivista Trimestrale di Diritto e Procedura Civile*, Milano: Giuffrè, v. 49, n. 2, p. 179-199, em especial p. 180, mar./apr. 2003).
(98) "In ogni caso, nel nostro ordinamento giuridico è decisivo che Il legislatore preveda l'operare, per uno stesso diritto, di entrambi gl'istituti" (TEDESCHI, Vittorio. Decadenza (dir. e proc. civ.). *Enciclopedia del Diritto*, Milano: Giuffrè, XI. p. 770-792, em especial p. 774, 1962).
(99) PONTES DE MIRANDA, Francisco Cavalcanti. *Tratado de direito privado*. Rio de Janeiro: Borsoi, 1955. t. 6, p. 113.
(100) *Ibidem*, p. 115-116.
(101) RAPISARDA, Cristina. Premesse allo studio della tutela civile preventiva. *Rivista di Diritto Processuale*, Padova: Cedam, v. 35, 2. serie, p. 92-154, em especial p. 103, 1980; DENTI, Vittorio. Aspetti processuali della

Para que nasça a pretensão, não é pressuposto necessário que o titular conheça a existência de seu direito e pretensão. Também não tem relevância o fato de o devedor estar de má-fé. Esclarece Pontes de Miranda[102] que, "no direito comum, era diferente, por influência canônica (desde o 4º Concílio lateranense, C. 5 e 20, X), entendendo-se que a pretensão a restituição da coisa alheia só ocorreria contra o injusto possuidor (possuidor de má-fé)".

Portanto, não predomina mais, na atualidade, o entendimento proclamado por Savigny[103] de que o fundamento da prescrição está na *poena negligentie*, ou seja, a prescrição seria uma penalização imposta ao titular inerte, motivo que, segundo o autor, está claramente indicado nas fontes romanas.

Igualmente, o aviso não é pressuposto necessário para que a prescrição comece a correr, se não há condição suspensiva ou termo inicial, pois, nesses casos, não há ainda direito e, não havendo direito, não pode haver a pretensão passível de prescrição.[104]

Sendo uma exceção, desde o direito romano, a prescrição sempre precisou ser oposta mediante requerimento da parte interessada, para poder ser declarada pelo juiz.[105] Todavia, por escolha política do legislador, o direito processual civil brasileiro[106] contraria essa característica diferenciada da prescrição que a acompanha desde o seu surgimento nas

---

tutela dell'ambiente. In: *Studi in memória di Salvatore Satta*. Padova: Cedam, 1982. v. 1, p. 445-461, em especial p. 452; MARINONI, Luiz Guilherme. *Tutela inibitória:* individual e coletiva. 2. ed. São Paulo: Revista dos Tribunais, 2000. p. 395-396.

(102) PONTES DE MIRANDA, Francisco Cavalcanti. *Tratado de direito privado*. Rio de Janeiro: Borsoi, 1955. t. 6, p. 117-118.

(103) SAVIGNY, M. F. C. de. *Sistema de derecho romano actual*. 2. ed. Madrid: Centro Editorial de Góngora, [s.d.]. v. 1, p. 179.

(104) PONTES DE MIRANDA, Francisco Cavalcanti. *Tratado de direito privado*. Rio de Janeiro: Borsoi, 1955. t. 6, p. 123.

(105) PONTES DE MIRANDA, Francisco Cavalcanti. *Tratado de direito privado*. Rio de Janeiro: Borsoi, 1955. t. 6, p. 3-4 e 17. De acordo com Monache esse também é o tratamento da atual normativa alemã, na qual a prescrição deve ser arguida como exceção, não podendo ser apreciada de ofício pelo juiz, *verbis*: "In altre parole il decorso del termine prescrizionale, non che riflettersi direttamente sulla sfera del creditore provocando il venir meno dello Anspruch, genera una Einrede a favore del debitore, rendendone legittimo il rifiuto dell'adempimento. Conseguenza di una simile disciplina, anzitutto, è che la prescrizione nom potrà essere rilevata d'ufficio dal giudice" (MONACHE, Stefano Delle. Profili dell'attuale normativa del codice civile tedesco in tema di prescrizione. *Rivista Trimestrale di Diritto e Procedura Civile*, Milano: Giuffrè, v. 49, n. 2, p. 179-199, em especial p. 196-197, mar.-apr. 2003).

(106) No âmbito do processo do trabalho, o Tribunal Superior do Trabalho já se posicionou pela inaplicabilidade da prescrição de ofício no âmbito dessa justiça especializada: "RECURSO DE REVISTA — PRESCRIÇÃO — ART. 219, § 5º, DO CPC — INCOMPATIBILIDADE COM O PROCESSO DO TRABALHO — DESPROVIMENTO — A prescrição é a perda da pretensão pela inércia do titular no prazo que a lei considera ideal para o exercício do direito de ação. Não se mostra compatível com o processo do trabalho a nova regra processual inserida no art. 219, § 5º, do CPC, que determina a aplicação da prescrição, de ofício, em face da natureza alimentar dos créditos trabalhistas. Ao contrário da decadência, onde a ordem pública está a antever a estabilidade das relações jurídicas no lapso temporal, a prescrição tem a mesma finalidade de estabilidade apenas que entre as partes. Deste modo, necessário que a prescrição seja arguida pela parte a quem a aproveita. Recurso de revista conhecido e desprovido (TRIBUNAL SUPERIOR DO TRABALHO — RR 404/2006-028-03-00 — 6ª Turma — Rel. Min. Aloysio Corrêa da Veiga — DJ 28.3.2008)".

fontes romanas[107], determinando que "o juiz pronunciará, de ofício, a prescrição" (Lei n. 11.280/2006, que altera o § 5º do art. 219 do CPC de 1973). O CPC/2015 trata do tema no art. 487, parágrafo único, determinando que o Juiz, quando for se manifestar sobre a prescrição ou decadência de ofício, deverá intimar previamente as partes para apresentarem suas manifestações sobre o tema. Esse artigo está inspirado na vedação da decisão surpresa (art. 9º, CPC) e no princípio da colaboração (art. 6º, CPC).

Essa significativa alteração legislativa aproxima a prescrição da decadência (essa última que tradicionalmente é norma de ordem pública e, por isso, deve ser conhecida de ofício pelo juiz, quando estiver prevista em lei[108]), na contramão do esforço secular de distinguir os institutos e de considerar a prescrição exceção, que, como tal, exige provocação da parte interessada.[109]

Nessa seara, cabe ressaltar a importância da colaboração entre o juiz e as partes, bem como entre as partes e o juiz, inclusive nas questões que o juiz pode apreciar de ofício.[110]

A pronúncia, pelo juiz, de prescrição ou da decadência, sem que esse assunto tenha sido previamente debatido pelas partes, afronta o dever de diálogo, como especial concretização da colaboração no processo, e, ao mesmo tempo, afronta a segurança jurídica e a efetividade do processo[111], pois pode, exemplificativamente, fazer com que a parte prejudicada tenha que interpor recurso para, por exemplo, informar o juiz de que houve renúncia, interrupção, suspensão, ou impedimento da prescrição (arts. 191 e 197 a 204 do Código Civil de 2002), ou impedimento da decadência nos casos dos absolutamente incapazes (art. 208 do Código Civil de 2002), o que poderia ser evitado de forma efetiva e segura[112], se fosse realizado prévio diálogo com as partes.

---

(107) THEODORO JUNIOR, Humberto. Exceção de prescrição no processo civil. Impugnação do devedor e decretação de ofício pelo juiz. *Revista IOB Direito Civil e Processual Civil*, n. 41, p. 71, maio/jun. 2006.
(108) Lei n. 10.406/2002, art. 210: "Deve o juiz, de ofício, conhecer da decadência, quando estabelecida por lei". In: BRASIL. Lei n. 10.406, de 10 de janeiro de 2002. Institui o Código Civil. Coletânea de Legislação e Jurisprudência, Brasília. *Lex*: Legislação Federal e Marginália.
(109) THEODORO JUNIOR, Humberto. *Comentários ao novo Código Civil*: dos defeitos do negócio jurídico ao final do livro III. Rio de Janeiro: Forense, v. 3, t. 2, p. 222-257, em especial p. 231-232, 2003.
(110) MITIDIERO, Daniel. *Colaboração no processo civil*: pressupostos sociais, lógicos e éticos. São Paulo: Revista dos Tribunais, 2009. p. 136. Sobre essa matéria, ver também: ÁLVARO DE OLIVEIRA, Carlos Alberto. Efetividade e processo de conhecimento. In: *Do formalismo no processo civil*. 2. ed. São Paulo: Saraiva, 2003. p. 253; GRADI, Marco. Il principio del contraddittorio e le questioni rilevabili d'ufficio. *Revista de Processo*, São Paulo: Revista dos Tribunais, n. 186, p. 111, ago. 2010; PICARDI, Nicola. *Audiatur et altera pars*: as matrizes histórico-culturais do contraditório. In: *Jurisdição e processo*. Rio de Janeiro: Forense, 2008. p. 140-143.
(111) Nesse sentido, o projeto do novo Código de Processo Civil brasileiro (Projeto n. 166/2010) "é fértil em normas sobre colaboração" (MITIDIERO, Daniel; MARINONI, Luiz Guilherme. *O projeto do CPC*: crítica e propostas. São Paulo: Revista dos Tribunais, 2010. p. 72) e, além da norma geral contida no art. 10 ("[...] ainda que se trate de matéria que tenha de apreciar de ofício"), possui previsão específica sobre prescrição e decadência no art. 469, parágrafo único: "A prescrição e a decadência não serão decretadas sem que antes seja dada às partes oportunidades de se manifestar".
(112) Botelho fala que o "processo qualificado" (representado por três características centrais: tempestividade, justiça e adequação), como "modo de pensar o direito processual civil pelas lentes do Estado Constitucional", consegue manter, em seu conteúdo, a segurança jurídica e a efetividade, "ao unificar as qualidades que devem formar o processo devido à sociedade" (BOTELHO, Guilherme. *Direito ao processo qualificado*: o processo civil na perspectiva do estado constitucional. Porto Alegre: Livraria do Advogado, 2010. p. 15-16).

A prescrição pode ser renunciada de forma expressa ou tácita (desistência do direito de invocá-la, nas palavras de Câmara Leal[113]), desde que seja feita sem prejuízo de terceiro e depois que a prescrição se consumar. Tácita é a renúncia quando se presume de fatos do interessado, incompatíveis com a prescrição (art. 191 do Código Civil de 2002). A renúncia é um ato unilateral que independe do consentimento de terceiro, através do qual se processa a extinção de um direito pelo particular.[114] Esse tema será melhor desenvolvido no item 11 do presente trabalho.

Sendo a prescrição um instituto que reflete diretamente um dos significativos interesses da ordem pública, qual seja, a estabilidade das relações sociais, não é permitido aos particulares alterarem os prazos de prescrição previstos em lei (art. 192 do Código Civil de 2002), tanto aumento quanto redução.[115]

De acordo com o Código Civil (art. 193), a prescrição pode ser alegada, em qualquer grau de jurisdição, pela parte a quem aproveita, todavia as defesas de que dispõe o demandado hão de ser manifestadas na contestação (Princípio da eventualidade — art. 336 do CPC de 2015; art. 300 do CPC de 1973).

Pontes de Miranda entende que a prescrição tem de ser arguida na primeira oportunidade que a parte tivesse para falar nos autos, sob pena de preclusão ("na contestação há de ser alegada, se já existe a *exceptio*"[116]). A tese que prevaleceu, no entanto, não foi a de Pontes de Miranda, mas a de que "a prescrição extintiva pode ser alegada em qualquer fase do processo, nas instâncias ordinárias, mesmo que não tenha sido deduzida na fase própria da defesa ou na inicial dos embargos à execução"[117], portanto, não pode ser alegada, pela primeira vez, em recurso especial, nem em recurso extraordinário.[118] Isso ocorre porque a prescrição decorre de um evento fático, o transcurso do tempo. Portanto, é matéria de fato e, por esta razão, não é objeto de discussão nas instâncias extraordinárias, podendo ser alegada apenas até a instância revisional que, no Processo do Trabalho, corresponde ao Recurso Ordinário, Esse é o motivo pelo qual a prescrição no pode ser alegada em Recurso de Revista, pois esbarra na Súmula n. 126 do TST, que veda a análise de matéria de fato no Recurso de Revista.

---

(113) CÂMARA LEAL, Antônio Luís da. *Da prescrição e da decadência*. 2. ed. Rio de Janeiro: Forense, 1959. p. 63.
(114) TEPEDINO, Gustavo; BARBOZA, Heloisa Helena; MORAES, Maria Celina Bodin de. *Código Civil interpretado conforme a Constituição da República*. Rio de Janeiro: Renovar, 2004. p. 358.
(115) PONTES DE MIRANDA, Francisco Cavalcanti. *Tratado de direito privado*. Rio de Janeiro: Borsoi, 1955. t. 6, p. 278.
(116) *Ibidem*, p. 249.
(117) SUPERIOR TRIBUNAL DE JUSTIÇA. 4ª Turma, REsp. 157.840/SP, Rel. Min. Sálvio de Figueiredo, DJU 7.8.2000. No processo do trabalho, também não é admitida a arguição de prescrição no âmbito do Tribunal Superior do Trabalho e do Supremo Tribunal Federal, nem na fase execução. Nesse sentido, dispõe a Súmula n. 153 do Tribunal Superior do Trabalho: "Não se conhece de prescrição não arguida na instância ordinária", leia-se, até o recurso ordinário, inclusive o adesivo, bem como em contrarrazões, mas não na tribuna, em sustentação oral, quando já houve a preclusão, porque impede a parte contrária de defender-se (CARRION, Valentin. *Comentários à consolidação das leis do trabalho*. 31. ed. São Paulo: Saraiva, 2006. p. 83-84).
(118) "Prescrição não arguida nas instâncias ordinárias não pode ser considerada no grau extraordinário" (SUPERIOR TRIBUNAL DE JUSTIÇA. 2ª Turma, REsp. 5.068, Rel. Min. Peçanha Martins, DJU 22.3.1993).

Contudo, essa questão do momento de arguição da prescrição perdeu motivação, em face da Lei n. 11.280/06, que revogou, expressamente, o art. 194 do Código Civil e incorporou ao Código de Processo Civil regra segundo a qual o julgador deve conhecer de ofício da prescrição (art. 219, § 5º, de 1973), portanto, ainda que a parte não argua prescrição, pela nova disposição legal, o juiz "conhecerá", de ofício, da prescrição.

A sistemática de arguição prevista no CPC/2015 apontou para outro caminho. O próprio Poder Judiciário pode invocar a matéria da prescrição para ser debatida e declarada no processo, mas antes deve ouvir as partes sobre o tema, acaso tenham permanecido silentes (art. 487, parágrafo único, CPC). Tal circunstância pode ocorrer em qualquer grau de jurisdição, inclusive a extraordinária, pois o que motiva tal dispositivo é a prevalência do interesse público sobre o interesse particular. Dito de outro modo, o CPC/2015 exige a manifestação da parte sobre a prescrição e a decadência antes do juiz pronunciá-la, conforme disposto no art. 10 e no parágrafo único do art. 487. Deste modo, o juiz deve conhecer de ofício da prescrição e da decadência, sem necessidade de requerimento das partes, entretanto deve ouvi-las antes de proferir sua decisão (art. 337, § 5º e art. 342, II), por incidência do princípio da colaboração.

A prescrição pode vir a não se consumar ou postergar o início da contagem devido a causas impeditivas, suspensivas e interruptivas, nos casos previstos em lei. Diferentemente da decadência, a prescrição pode ser impedida ou suspensa, ou ainda interrompida, exceto nos casos de incapacidade absoluta do titular do direito potestativo.[119]

Não corre prescrição (causas impeditivas) quando, nas hipóteses legais, embora tenha havido a lesão a um direito subjetivo prestacional, o prazo prescricional não começa a contar imediatamente, tendo o seu termo inicial postergado para algum momento ulterior, pois as causas estabelecidas em leis são preexistentes, motivo pelo qual "se evita o nascimento da prescrição".[120] Desta forma, enquanto não cessar a causa impeditiva, não começará a fluir o prazo de prescrição, sendo que, uma vez cessada, o respectivo prazo começará a correr por inteiro.

Ocorre suspensão, quando se tem um prazo prescricional que já estava em curso no momento em que a lei estabelece que esse não deve correr, ao fim da qual volta a fluir o prazo prescricional, aproveitando-se o tempo anteriormente decorrido, ou seja, a fluência da prescrição fica suspensa até a data em que cessar a causa suspensiva, quando voltará a

---

(119) Código Civil, art. 208: "Aplica-se à decadência o disposto nos arts. 195 e 198, inciso I". Nesse sentido, THEODORO JUNIOR, Humberto. *Comentários ao novo Código Civil*: dos defeitos do negócio jurídico ao final do livro III. 4. ed. Rio de Janeiro: Forense, 2008. v. 3, t. 2, p. 439-440.
(120) TEPEDINO, Gustavo; BARBOZA, Heloisa Helena; MORAES, Maria Celina Bodin de. *Código Civil interpretado conforme a Constituição da República*. Rio de Janeiro: Renovar, 2004. p. 367. Tratando da prescrição na Europa, Patti destaca que a exigência da justiça impõe que o prazo prescricional não inicie se o titular não tem a possibilidade de exercitar o direito (PATTI, Salvatore. Certeza e giustizia nel diritto della prescrizione in Europa. *Rivista Trimestrale di Diritto e Procedura Civile*, Milano: Giuffrè, v. 64, n. 1, p. 21-36, em especial p. 27, mar. 2010).

fluir pelo tempo que faltava para se consumar.⁽¹²¹⁾ São causas que impedem ou suspendem o curso da prescrição as previstas nos arts. 197 a 201 do Código Civil de 2002.

Além disso, os prazos prescricionais em curso podem sofrer interrupção (Código Civil de 2002, arts. 202 a 204). Diferentemente das hipóteses de suspensão, nesse caso, o prazo prescricional transcorrido anteriormente ao momento da interrupção é desprezado e principia-se uma nova contagem do zero.⁽¹²²⁾ Importa salientar que a nova redação do Código Civil de 2002 estabelece que a interrupção da prescrição poderá ocorrer uma única vez (art. 202).

Em outras palavras, nas causas interruptivas, o prazo que estava a correr apaga-se, como se não tivesse iniciado, e inicia novo prazo. Há, todavia, uma exceção no Direito Administrativo (Decreto n. 20.910/32) dispondo que, contra a União, os Estados, Municípios e as respectivas fazendas, a interrupção recomeça a correr pela metade.⁽¹²³⁾

Repare-se que a alegação de prescrição de modo nenhum implica reconhecimento de obrigação, conforme esclarece Pontes de Miranda.⁽¹²⁴⁾

---

(121) Neste sentido, referindo-se ao Código Civil de 1916, é a lição de Pontes de Miranda: "O Código Civil, nos arts. 168 e 170, cogitou de tais fatos, que impedem a composição do suporte fáctico, de modo que o *tempus* não começa de correr, ou, se já estava composto o suporte fáctico, sòmente faltando o *tempus*, se suspende o curso dêsse. Daí o capítulo II do Livro III, Título III, do Código Civil, Parte I, falar de causas 'que impedem ou suspendem a prescrição'. Se alguma pretensão nasceu *depois* de acontecer um dos fatos dos arts. 168 e 169, não começa a correr o prazo. Se antes de qualquer dêles nasceu a pretensão, o curso da prescrição suspende-se: durante a existência dele, não há pensar-se em contagem do tempo; pôsto que se compute o que correu antes. As causas de impedimento e de suspensão podem concorrer ao mesmo tempo, ou sucessivamente" (PONTES DE MIRANDA, Francisco Cavalcanti. *Tratado de direito privado*. Rio de Janeiro: Borsoi, 1955. t. 6, p. 177).
(122) Fazendo alusão ao princípio da separação das pretensões, Pontes de Miranda esclarece que "a interrupção limita-se à pretensão que está em causa, e não se estende a qualquer outra que se irradie da mesma relação jurídica que é *res deducta*; nem se opera a respeito de outra pessoa que aquela que pratica o ato interruptivo" (PONTES DE MIRANDA, Francisco Cavalcanti. *Tratado de direito privado*. Rio de Janeiro: Borsoi, 1955. t. 6, p. 242).
(123) TEPEDINO, Gustavo; BARBOZA, Heloisa Helena; MORAES, Maria Celina Bodin de. *Código Civil interpretado conforme a Constituição da República*. Rio de Janeiro: Renovar, 2004. p. 389.
(124) PONTES DE MIRANDA, Francisco Cavalcanti. *Tratado de direito privado*. Rio de Janeiro: Borsoi, 1955. t. 6, p. 246.

3. Crítica à Teoria de Amorim Filho à Luz do Processo no Estado Constitucional. Relação entre Direito e Processo

Passar-se-á a apresentar algumas críticas à teoria de Amorim Filho à luz do direito material e do processo no Estado Constitucional. Vale dizer que seu ensaio seminal é de 1961 e, portanto, reflete a época em que foi formulado.

Amorim Filho[125] sustenta que a prescrição extingue a ação (no sentido processual), conforme se depreende de várias passagens ao longo de sua obra, tendo como um dos pilares de sua teoria a "classificação segundo a carga de eficácia das ações", de Pontes de Miranda. A passagem abaixo exemplifica que Amorim Filho se refere à ação em sentido processual:

> Assim, com a prescrição, limita-se o prazo para exercício da ação. Esgotado o prazo, extingue-se a ação, mas sòmente a ação, pois o direito correspondente continua a subsistir, se bem que em estado latente, podendo até, em alguns casos, voltar a atuar. A sobrevivência do direito violado (em estado latente) por si só não causa intranquilidade social. O que causa tal intranquilidade é a ação, isto é, a possibilidade de ser ela *proposta* a qualquer momento. Dêste modo, não se faz necessário extinguir o direito para fazer cessar a intranquilidade — basta extinguir a ação. É por isso que se diz comumente, e com procedência, que a prescrição extingue a ação e não o direito. (Grifou-se[126])

---

[125] AMORIM FILHO, Agnelo. Critério científico para distinguir a prescrição da decadência e para identificar as ações imprescritíveis. *Revista Forense*, Rio de Janeiro: Forense, n. 193, p. 30-49, em especial p. 35, 37-38, jan./fev./mar. 1961.
[126] Colocou-se em itálico a expressão "proposta" visando a dar ênfase de que o autor não se refere à ação de direito material, mas à ação em sentido processual.

A concepção de prescrição de Amorim Filho confunde os planos de direito material e de direito processual, a partir do acolhimento, no Brasil, da tese de Windscheid[127] de que a prescrição extingue a pretensão de direito material, que é o significado da *actio* romana, de acordo com o estudo romanista realizado por Windscheid — um dos redatores mais influentes do BGB.[128]

Nesse sentido, o Código Civil de 2002[129] (art. 189), objetivando atualizar-se com linguagem mais adequada tecnicamente no que concerne ao objeto da prescrição, em face dos percalços em torno do significado da expressão *actio*, passou a estabelecer que a prescrição provoca a perda da pretensão de direito material[130].

A redação atual da CLT (art. 11), dada pela Lei n. 13.467/17, avançou no que tange à teoria geral e a adequação da terminologia ao dispor que prescreve a "pretensão".

Assim, do ponto de vista da adequada compreensão do binômio direito e processo, a concepção de prescrição de Amorim Filho confunde os planos de direito material e de direito processual, pois a prescrição pertence ao plano de direito material, e a ação processual está no plano de direito processual. Ademais, a ação em sentido processual[131] não prescreve. O que prescreve é a pretensão de direito material.

Outro apontamento que se faz aos critérios distintivos de prescrição e decadência formulados por Amorim Filho, no seu ensaio de 1961, é de que foram concebidos para tutelar tão somente direitos individuais, partindo de uma classificação de direitos subjetivos, que, historicamente, tem em mente apenas os direitos individuais.

O Direito, nessa época, estava preocupado somente em tutelar direitos subjetivos de indivíduos isolados, "sem preocupação com a vida geral em todas as suas formas".[132] Nessa época, mal se começava a falar, na Itália, em tutela de direitos ou interesses transindividuais, razão pela qual é mais que compreensível que essa teoria não tenha sido pensada para os chamados novos direitos, refletindo uma época na qual, notadamente, os direitos difusos eram considerados matéria pertinente à Administração Pública e, quando muito, ao Direito Administrativo.

---

(127) WINDSCHEID, Bernard. La "actio" del derecho romano, desde el punto de vista del derecho actual. In: *Polemica sobre la "actio"*. Buenos Aires: Europa-America, 1974. p. 58.
(128) Windscheid participou da primeira comissão que redigiu o Código Civil alemão (BGB), em que teve uma influência dominante, conforme WIEACKER, Franz. *História do direito privado moderno*. 2. ed. Lisboa: Calouste Gulbenkian, 1993. p. 510.
(129) TEPEDINO, Gustavo; BARBOZA, Heloisa Helena; MORAES, Maria Celina Bodin de. *Código Civil interpretado conforme a Constituição da República*. Rio de Janeiro: Renovar, 2004. p. 349. Nesse sentido também: THEODORO JUNIOR, Humberto. *Comentários ao novo Código Civil:* dos defeitos do negócio jurídico ao final do livro III. Rio de Janeiro: Forense, 2003. v. 3, t. 2, p. 152.
(130) Para o caminho evolutivo do objeto da prescrição, do direito subjetivo à pretensão de direito material, ver PATTI, Salvatore. Certezza e giustizia nel diritto della prescrizione in Europa. *Rivista Trimestrale di Diritto e Procedura Civile*, Milano: Giuffrè, v. 64, n. 1, p. 21-36, em especial p. 28, mar. 2010.
(131) PORTO, Sérgio Gilberto. Classificação de ações, sentenças e coisa julgada. *Revista de Processo*, São Paulo: Revista dos Tribunais, v. 73, p. 37-46, 1994.
(132) MEROI, Andrea. *Procesos coletivos:* recepciones y problemas. Santa Fe: Rubinzal-Culzoni, 2008. p. 21-22.

Nesse sentido, Mitidiero refere que o individualismo "é patente" no Código de Processo Civil brasileiro, não tendo compromisso com questões de cunho transindividuais, que o espírito dos oitocentos não acudia.[133] Conquanto o chamado Código Buzaid seja de 1973, teve por base a cultura europeia do século XIX e o Código Civil brasileiro de 1916, centrados no binômio indivíduo-patrimônio, sendo que, debaixo da patrimonialidade, pulsa a proteção da liberdade individual[134], reforçando o individualismo como a característica principal do ordenamento.

Não se cogitava sobre tutela de direitos difusos. Direitos ou interesses difusos eram matéria atinente à administração pública — direito público[135], quando era direito —, e o Judiciário apreciava direitos ou interesses difusos apenas em matéria penal e, primordialmente, para resguardar os direitos do acusado.[136]

Os direitos difusos têm como uma de suas características distintivas a indeterminação dos titulares[137], visto que pertencem a uma pluralidade indeterminada ou indeterminável de sujeitos que, potencialmente, podem incluir todos os participantes da comunidade, por isso, chamados de substancialmente anônimos.[138]

A partir dessas noções, não é adequado tratar os direitos ou interesses difusos com a mesma proteção jurídica formulada no modelo individualista do Estado Liberal.[139]

Pertencendo a prescrição e a decadência ao plano de direito material, mas sendo declaradas no processo e com efeitos significativos de extinção do processo com julgamento de mérito, impera a necessidade de adequada compreensão das relações entre direito e processo.

As relações entre direito e processo vêm constituindo, há mais de dois séculos, objeto de constantes debates, evidenciados pelas diversas teorias a respeito da ação.[140]

---

(133) MITIDIERO, Daniel. O processualismo e a formação do código Buzaid. *Revista de Processo*, São Paulo: Revista dos Tribunais, n. 183, p. 165-194, em especial p. 185, maio 2010.
(134) *Idem*.
(135) Nesse sentido, VIGORITI, Vicenzo. *Interessi collettivie processo*: la legittimazione ad agire. Milão: Giuffrè, 1979. p. 34.
(136) TESHEINER, José Maria Rosa. Jurisdição e direito objetivo. *Justiça do Trabalho*, Porto Alegre: HS, n. 325. p. 31.
(137) DENTI, Vittorio. Aspetti processuali della tutela dell'ambiente. In: *Studi in memória di Salvatore Satta*. Padova: Cedam, 1982. v. 1, p. 449. Entre nós: MILARÉ, Edis. Ação civil pública na nova ordem constitucional. São Paulo: Saraiva, 1990. p. 27-28; DELGADO, José Augusto. Interesses difusos e coletivos: evolução conceitual. Doutrina e jurisprudência do STF. *Revista de Processo*, São Paulo: Revista dos Tribunais, n. 98, p. 81, abr./jun. 1999; LEITE, José Rubens Morato. *Dano ambiental*: do individual ao coletivo extrapatrimonial. São Paulo: Revista dos Tribunais, 2000. p. 238.
(138) ANTUNES, Luís Felipe Colaço. *A tutela dos interesses difusos em direito administrativo*: para uma legislação procedimental. Coimbra: Almedina, 1989. p. 19.
(139) DENTI, Vittorio. Valori costituzionali e cultura processuale. *Rivista di Diritto Processuale*, Padova: Cedam, v. 39, 2. Serie, p. 443-464, em especial p. 448-450, 1984.
(140) ÁLVARO DE OLIVEIRA, Carlos Alberto. *Teoria e prática da tutela jurisdicional*. Rio de Janeiro: Forense, 2008. p. 7.

Trata-se de um dos temas "mais sugestivos e mais difíceis" do direito processual no dizer de Buzaid.[141] As relações entre direito e processo são uma *vecchia formula, que combina i due fondamenti* a partir dos quais se pode construir uma teoria do Processo Civil, conforme Carnelutti[142], salientando que o processo serve ao direito, mas também é servido pelo direito[143] e, a partir disso, a relação entre direito e processo é dupla e recíproca.[144]

Nesse sentido, Tesheiner fala que há uma relação de "retroalimentação" entre o processo e o direito material, pois cada um é instrumento do outro e servem ambos à regulação da vida social, constituindo, juntos, o que se chama de Direito. Em semelhante visão, Zaneti[145] destaca que o binômio direito e processo deve ser visto como uma "relação circular" em uma perspectiva de interdependência e complementariedade.

Não obstante a quase[146] unanimidade da doutrina quanto à existência de dois planos distintos, autônomos e relacionados, o mesmo não se pode dizer a respeito das relações que se dão entre eles. Dito de outro modo, a doutrina processual chegou a um consenso de que pode existir ação e jurisdição, independentemente da existência ou inexistência de direito subjetivo material[147], havendo, portanto, clara distinção e autonomia entre os planos de direito material e de direito processual, todavia o nexo que os vincula segue sendo objeto de teorias e debates entre os cultores do direito processual.

Não se pode deixar de abordar, ainda que brevemente, a clássica polêmica em torno da "ação de direito material" (a tutela jurisdicional na perspectiva das relações entre direito e processo), envolvendo Ovídio Baptista[148] (seguindo Pontes de Miranda[149]) — que a admite — e Álvaro de Oliveira — que não a nega, mas a reputa inadequada para servir como ponte

---

(141) BUZAID, Alfredo. *A ação declaratória no direito brasileiro*. São Paulo: Saraiva, 1943. p. 71.
(142) CARNELUTTI, Francesco. *Diritto e processo*. Napoli: Morano, 1958. p. 1.
(143) CARNELUTTI, Francesco. *Instituciones del proceso civil*. Buenos Aires: Europa-America, 1973. v. 1, p. 22.
(144) CARNELUTTI, Francesco. Saggio di una teoria integrale dell'azione. *Rivista di Diritto Processuale Civile*, Padova: Cedam, v. 1, p. 5-18, em especial p. 7, jan./mar. 1946.
(145) ZANETI JÚNIOR, Hermes. A teoria circular dos planos (direito material e direito processual). In: MACHADO, Fábio Cardoso; AMARAL, Guilherme Rizzo (orgs.). *Polêmica sobre a ação:* a tutela jurisdicional na perspectiva das relações entre direito e processo. Porto Alegre: Livraria do Advogado, p. 165-196, em especial p. 168, 2006.
(146) A teoria monista é sustentada por poucos doutrinadores, como, entre outros, Allorio e Satta, e, entre nós, RIBEIRO, Darci Guimarães; RIBEIRO, Darci Guimarães. *La pretensión procesal y la tutela judicial efectiva:* hacia una teoría procesal del derecho. Barcelona: Bosch, 2004.
(147) TUCCI, Rogério Lauria. *Da ação e do processo civil na teoria e na prática*. 2. ed. Rio de Janeiro: Forense, 1985. p. 10.
(148) BAPTISTA DA SILVA, Ovídio Araújo. Direito subjetivo, pretensão de direito material e ação. In: MACHADO, Fábio Cardoso; AMARAL, Guilherme Rizzo (orgs.). *Polêmica sobre a ação:* a tutela jurisdicional na perspectiva das relações entre direito e processo. Porto Alegre: Livraria do Advogado, p. 15-39, em especial p. 18, 2006.
(149) "Quando cobro, amigavelmente, ou dou ao banco para cobrar, ou digo que tenho, ou vou ter ação contra alguém, essa ação é *actio* romana, que ainda está entre nós e existirá em nós enquanto o direito, a cuja concepção ela corresponde, existir", de acordo com PONTES DE MIRANDA. *Comentários ao Código de Processo Civil*. Rio de Janeiro: Forense, 1999. t. 1, p. XIX.

entre o direito e o processo[150] — em face das importantes reflexões que o debate provoca acerca das relações entre direito material e direito processual.

No plano de direito material, Ovídio Baptista[151], além do direito subjetivo e da pretensão, entende importante a categoria da "ação de direito material", na linha de Pontes de Miranda[152], para quem a ação (de direito material) se exerce, principalmente, por meio da "ação" (em sentido processual), sustentando que a coerção jurídica nem sempre é judicial.

Comparando-a com a pretensão (material), o autor diz que "o exigir, que é o conteúdo da pretensão, não prescinde do agir voluntário do obrigado, ao passo que ação de direito material é o agir do titular do direito para a realização, independentemente da vontade daquele". Seria o agir, não mais tão somente exigir o cumprimento mediante ato voluntário do devedor. Esse agir material raramente é facultado sem que se imponha ao titular a necessidade de veiculá-lo por meio da ação processual, em decorrência do monopólio da jurisdição pelo Estado. A pretensão, conforme a lição de Araken de Assis, constitui-se figura intercalar entre o direito subjetivo e a ação (de direito material).[153]

Defende Ovídio Baptista[154] que o juiz, no processo, exerce duas ordens de atividade: a primeira, de certificação do direito, por meio da qual investiga se as afirmações feitas pelo autor coincidem com a realidade e o direito material afirmado; a segunda, se afirmativa a

---

(150) ÁLVARO DE OLIVEIRA, Carlos Alberto. O problema da eficácia da sentença. In: MACHADO, Fábio Cardoso; AMARAL, Guilherme Rizzo (orgs.). *Polêmica sobre a ação:* a tutela jurisdicional na perspectiva das relações entre direito e processo. Porto Alegre: Livraria do Advogado, p. 41-81, em especial p. 50-51, 2006; ÁLVARO DE OLIVEIRA, Carlos Alberto. Efetividade e tutela jurisdicional. In: MACHADO, Fábio Cardoso; AMARAL, Guilherme Rizzo (orgs.). *Polêmica sobre a ação:* a tutela jurisdicional na perspectiva das relações entre direito e processo. Porto Alegre: Livraria do Advogado, p. 83-109, em especial p. 92-97, 2006. Esclarece o autor que "Em nenhum momento neguei à ação de direito material. Ao contrário, reiterei várias vezes esse aspecto, porque exatamente aí habita fraqueza de semelhante elaboração doutrinária: fazer recair no direito privado ou material algo que é próprio do direito constitucional e do direito processual" (ÁLVARO DE OLIVEIRA, Carlos Alberto. Direito material, processo e tutela jurisdicional. In: MACHADO, Fábio Cardoso; AMARAL, Guilherme Rizzo (orgs.). *Polêmica sobre a ação:* a tutela jurisdicional na perspectiva das relações entre direito e processo. Porto Alegre: Livraria do Advogado, 2006. p. 297).
(151) BAPTISTA DA SILVA, Ovídio Araújo. Direito subjetivo, pretensão de direito material e ação. In: MACHADO, Fábio Cardoso; AMARAL, Guilherme Rizzo (orgs.). *Polêmica sobre a ação:* a tutela jurisdicional na perspectiva das relações entre direito e processo. Porto Alegre: Livraria do Advogado, 2006. p. 19-20. Nesse sentido, Fábio Cardoso Machado afirma a importância do conceito de ação de direito material, para restabelecer, dogmaticamente, o perdido vínculo entre o direito material e o processo, sustentando estar na ação de direito material esse vínculo, pois essa seria a razão de ser daquela: "o escopo jurídico do processo é a realização da ação de direito material, e sem ter em vista este escopo o processo perdeu o rumo, como instrumento que não sabe a que fim serve" (MACHADO, Fábio Cardoso. "Ação" e Ações: sobre a renovada polêmica em torno da ação de direito material. In: MACHADO, Fábio Cardoso; AMARAL, Guilherme Rizzo (orgs.). *Polêmica sobre a ação:* a tutela jurisdicional na perspectiva das relações entre direito e processo. Porto Alegre: Livraria do Advogado, 2006. p. 139-164).
(152) PONTES DE MIRANDA, Francisco Cavalcanti. *Tratado de direito privado.* Rio de Janeiro: Borsoi, 1955. t. 6, p. 478.
(153) ASSIS, Araken de. *Cumulação de ações.* 4. ed. São Paulo: Revista dos Tribunais, 2002. p. 75.
(154) BAPTISTA DA SILVA, Ovídio Araújo. Direito subjetivo, pretensão de direito material e ação. In: MACHADO, Fábio Cardoso; AMARAL, Guilherme Rizzo (orgs.). *Polêmica sobre a ação:* a tutela jurisdicional na perspectiva das relações entre direito e processo. Porto Alegre: Livraria do Advogado, 2006. p. 21-22.

primeira, desenvolvendo a ação de direito material que o autor não pôde realizar privadamente, por ser vedada a tutela privada, em regra. O exercício privado da ação de direito material constitui crime.

Fazendo um contraponto, Álvaro de Oliveira[155] rejeita a concepção de que, na ação processual, está embutida a ação de direito material ("a 'ação' exerce-se junto com a ação", de acordo com Pontes de Miranda[156]), sustentando que o plano de direito material em estado puro é a autotutela — vedada pelo nosso ordenamento jurídico — e a declaração de direito, pelo próprio interessado, não passaria de *flatus vocis* (pura nomenclatura), por não haver pretensão atendível independentemente do processo nas ações constitutivas necessárias e, ainda, porque condenação constitui fenômeno tipicamente processual. O autor entende que os conflitos se resolvem no processo e com aplicação de formas de tutelas processuais (não retiradas do direito material): "ora, se não é possível afirmar a existência do direito antes do contraditório, muito menos se poderá admitir a 'ação material' já no início da demanda. Sua existência só poderá ser averiguada no final do processo, com o trânsito em julgado da sentença, quando então se confundirá com a eficácia da própria sentença". Segundo o autor, para os defensores da "ação de direito material", a sentença "haveria de ser sempre favorável".[157]

De acordo com Tesheiner[158], os casos remanescentes de autotutela permitida (acima elencados) demonstram que há casos de ação de direito material, ou seja, casos de satisfação ou acautelamento de direitos subjetivos que prescindem da autoridade judicial, ainda que eventualmente se exija posterior "homologação" ou declaração da conformidade — dos atos praticados — com o Direito. Para o autor, a pergunta que se impõe "não é se existe ação de direito material, mas se ela subsiste mesmo nos casos em que proibida, não havendo outra possibilidade de realização do direito senão através da ação processual". Sustenta Tesheiner que o conceito de ação de direito material "não serve para estabelecer uma ponte entre

---

(155) ÁLVARO DE OLIVEIRA, Carlos Alberto. O problema da eficácia da sentença. In: MACHADO, Fábio Cardoso; AMARAL, Guilherme Rizzo (orgs.). *Polêmica sobre a ação:* a tutela jurisdicional na perspectiva das relações entre direito e processo. Porto Alegre: Livraria do Advogado, 2006. p. 50 e 47. Nesse sentido, Guilherme Rizzo Amaral entende, em suma, que "a vedação à autotutela implica, sim, a extinção da ação de direito material, que sobrevive apenas e justamente quando aquele óbice desaparece, e é dado ao particular tutelar o seu direito, nas raras hipóteses previstas em lei" (AMARAL, Guilherme Rizzo. A polêmica em torno da "ação de direito material". In: MACHADO, Fábio Cardoso; AMARAL, Guilherme Rizzo (orgs.). *Polêmica sobre a ação:* a tutela jurisdicional na perspectiva das relações entre direito e processo. Porto Alegre: Livraria do Advogado, 2006. p. 111-127, em especial p. 127). Para um contraponto das ideias de Guilherme Rizzo Amaral, ver: MITIDIERO, Daniel. Polêmica sobre a teoria dualista da ação (ação de direito material — "ação processual"): uma resposta a Guilherme Rizzo Amaral. In: MACHADO, Fábio Cardoso; AMARAL, Guilherme Rizzo (orgs.). *Polêmica sobre a ação:* a tutela jurisdicional na perspectiva das relações entre direito e processo. Porto Alegre: Livraria do Advogado, 2006. p. 129-135.
(156) PONTES DE MIRANDA, Francisco Cavalcanti. *Tratado das ações.* 2. ed. São Paulo: Revista dos Tribunais, 1972. t. 1, p. 94-95.
(157) ÁLVARO DE OLIVEIRA, Carlos Alberto. *Teoria e prática da tutela jurisdicional.* Rio de Janeiro: Forense, 2008. p. 52.
(158) TESHEINER, José Maria Rosa. Ação de direito material. *Páginas de Direito,* Porto Alegre, 4 nov. 2004. Disponível em: <http://tex.pro.br/tex/listagem-de-artigos/237-artigos-nov-2004/5020-acao-de-direito-material>. Acesso em: 20 set. 2012.

o direito material e o processual. Essa ponte existe e se encontra na causa de pedir ou no bem da vida pretendido pelo autor e com a vantagem de se prescindir de sua procedência ou improcedência. Uma ação acidentária ou de divórcio não deixa de ser tal, porque julgada improcedente. Mas para isso será preciso abandonar a ideia de que a ação processual seja una, ou seja, sempre idêntica, qualquer que seja o pedido ou a causa de pedir".

Para Álvaro de Oliveira[159], a adequada compreensão do binômio direito e processo passa por se entender que "o direito material constitui a matéria-prima com que irá trabalhar o juiz, mas sob uma luz necessariamente diversa", pois o provimento jurisdicional (tutela jurisdicional), refletido na eficácia da sentença, "já não apresenta o direito material em estado puro, mas transformado em outro nível qualitativo". O provimento jurisdicional, embora certamente se apoie no direito material, "apresenta outra força, outra eficácia, e com ele não se confunde, porque, além de constituir resultado de trabalho de reconstrução e até de criação por parte do órgão judicial, exibe o selo da autoridade estatal, proferida a decisão com as garantias do devido processo legal".

Conforme esclarece Mitidiero[160], "o direito à declaração, o direito à constituição, a pretensão à condenação, a pretensão ao mandamento e o direito à execução estão no plano de direito material e preenchem a eficácia dos provimentos jurisdicionais". Entretanto, prolatada determinada decisão judicial, a ordem nela contida não é fruto tão somente do direito material, mas resultado do exercício do poder jurisdicional, apresentando outra eficácia, que não se confunde com o direito material.

Marinoni[161] entra nesse debate com formulação original. Sustenta que as formas de tutela dos direitos estão no direito material e constituem atributo indispensável à própria existência dos direitos. Assim, mesmo que proibida a ação de direito material (o autor não a nega de forma geral[162], todavia entende que ela não é adequada para servir de ponte entre

---

(159) ÁLVARO DE OLIVEIRA, Carlos Alberto. O problema da eficácia da sentença. In: MACHADO, Fábio Cardoso; AMARAL, Guilherme Rizzo (orgs.). *Polêmica sobre a ação:* a tutela jurisdicional na perspectiva das relações entre direito e processo. Porto Alegre: Livraria do Advogado, 2006. p. 50-51.
(160) MITIDIERO, Daniel. *Colaboração no processo civil:* pressupostos sociais, lógicos e éticos. 2. ed. São Paulo: Revista dos Tribunais, 2011. p. 159-160. Em outra obra, Daniel Mitidiero contrapõe-se ao entendimento de Guilherme Rizzo Amaral de que "não encontramos, no plano de direito material, pretensão à declaração, constituição ou condenação" (AMARAL, Guilherme Rizzo. A polêmica em torno da "ação de direito material". In: MACHADO, Fábio Cardoso; AMARAL, Guilherme Rizzo (orgs.). *Polêmica sobre a ação:* a tutela jurisdicional na perspectiva das relações entre direito e processo. Porto Alegre: Livraria do Advogado, 2006. p. 123), sustentando que "é manifesto que se está a confundir o 'plano de direito material' e a 'ausência de vedação à autotutela'", em MITIDIERO, Daniel. Polêmica sobre a teoria dualista da ação (ação de direito material — "ação processual"): uma resposta a Guilherme Rizzo Amaral. In: MACHADO, Fábio Cardoso; AMARAL, Guilherme Rizzo (orgs.). *Polêmica sobre a ação:* a tutela jurisdicional na perspectiva das relações entre direito e processo. Porto Alegre: Livraria do Advogado, 2006. p. 133.
(161) MARINONI, Luiz Guilherme. Da ação abstrata e uniforme à ação adequada à tutela de direitos. In: MACHADO, Fábio Cardoso; AMARAL, Guilherme Rizzo (orgs.). *Polêmica sobre a ação:* a tutela jurisdicional na perspectiva das relações entre direito e processo. Porto Alegre: Livraria do Advogado, 2006. p. 197-252, em especial p. 209-210, 211 e 214.
(162) Em relação aos direitos difusos, Marinoni nega a existência de pretensão e de ação de direito material. MARINONI, Luiz Guilherme. Da ação abstrata e uniforme à ação adequada à tutela de direitos. In: MACHADO,

o direito e o processo), o direito material é acompanhado de alguma forma de tutela, e a não aceitação da teoria da ação de direito material implica a necessidade da construção de outra que possa explicar, de forma coerente, as relações entre direito material e processo. A partir daí, defende que a tutela jurisdicional dos direitos deve ser buscada nas formas de tutela do direito material segundo o caso concreto.

Talvez mais relevante que a discussão acerca da existência ou não da ação de direito material, seja saber onde se deve buscar as formas de tutela, se no direito material ou no direito processual. Por um lado, para a corrente capitaneada por Álvaro de Oliveira, o processo deve promover a tutela jurisdicional adequada para a consecução dos fins almejados pelo direito material, buscando-a no direito processual — as formas de tutela estão no direito processual. Nas palavras do próprio autor:

> Todavia, como antes procurei demonstrar, a tutela material (inibitória, ressarcitória etc.) é prevista em abstrato no plano do direito material e só se concretiza *depois* de esgotada a função jurisdicional, num retorno qualificado ao plano do direito material, configurando-se então não mais como tutela jurisdicional, e sim como tutela do direito. Não obstante, o que importa no plano do direito processual é a tutela jurisdicional, fenômeno próprio desse plano, regida pelos elementos inerentes ao processo, especialmente a imperativa adequação ao direito material, os sobreprincípios da efetividade e da segurança, e o princípio dispositivo em sentido material.
>
> [...] A postura metodológica adotada por Luiz Guilherme Marinoni transfere para o plano de direito material o que é ínsito ao direito processual, com o grave inconveniente de afastar os princípios próprios desse plano. Além disso, tende a retirar todo elemento axiológico do direito processual, que passa a ser visto mais como técnica, do que realmente é: fenômeno cultural e positivação do poder, necessariamente embebido em valores (justiça, segurança, efetividade etc.).[163] (Grifos do autor)

Por outro lado, para a corrente capitaneada por Marinoni[164], o processo deve se estruturar de maneira tecnicamente capaz de permitir a prestação das formas de tutela prometidas pelo direito material, buscando-as no direito material: as formas de tutela estão no direito material. Veja-se uma passagem que traduz a suma desse pensamento:

Fábio Cardoso; AMARAL, Guilherme Rizzo (orgs.). *Polêmica sobre a ação:* a tutela jurisdicional na perspectiva das relações entre direito e processo. Porto Alegre: Livraria do Advogado, 2006. p. 197-252, em especial p. 248.
(163) ÁLVARO DE OLIVEIRA, Carlos Alberto. Direito material, processo e tutela jurisdicional. MACHADO, Fábio Cardoso; AMARAL, Guilherme Rizzo (orgs.). *Polêmica sobre a ação:* a tutela jurisdicional na perspectiva das relações entre direito e processo. Porto Alegre: Livraria do Advogado, 2006. p. 285-319, em especial p. 291 e 315-316.
(164) MARINONI, Luiz Guilherme. Da ação abstrata e uniforme à ação adequada à tutela de direitos. In: MACHADO, Fábio Cardoso; AMARAL, Guilherme Rizzo (orgs.). *Polêmica sobre a ação:* a tutela jurisdicional na perspectiva das relações entre direito e processo. Porto Alegre: Livraria do Advogado, 2006. p. 197-252, em especial p. 209-215.

As *formas de tutela* são garantidas pelo *direito material,* mas não equivalem aos direitos ou às suas necessidades. É possível dizer, considerando-se um desenvolvimento linear lógico, que as *formas de tutela* estão em um local mais avançado: é preciso partir dos direitos, passar pelas suas necessidades, para então encontrar as formas capazes de atendê-las.

[...] O processo deve se estruturar de maneira tecnicamente capaz de permitir a prestação das *formas de tutela* prometidas pelo direito material. De modo que, entre as *tutelas dos direitos* e as *técnicas processuais,* deve haver uma relação de adequação. Essa relação de adequação, porém, não pergunta mais sobre as *formas de tutela,* mas sim a respeito das *técnicas processuais.*

[...] A legislação processual tem apenas o dever de instituir técnicas processuais que sejam capazes de viabilizar a obtenção da tutela do direito prometida pelo direito material. Ou seja, a legislação processual deve se preocupar com as técnicas processuais — p. ex., técnica antecipatória e sentença mandamental — e não com as tutelas dos direitos — p. ex., tutela inibitória.[165] (Grifos do autor)

Marinoni e Álvaro de Oliveira discordam acerca de onde estão as formas de tutela, se no direito material (para o primeiro) ou no direito processual (para o segundo), conforme acima exposto, mas convergem em relação ao entendimento de que o direito processual do Estado Constitucional exige uma adequada compreensão das relações entre direito e processo e das novas necessidades de tutela jurisdicional, e, atualmente, a ponte pela qual pode passar a mais adequada relação entre o direito material e o direito processual é a teoria dos direitos fundamentais[166], perspectiva que "remete imediatamente o problema do direito à tutela jurisdicional ao problema da concretização das normas constitucionais".[167]

Para Tesheiner[168], é claro que o processo deve visar à concretização da Constituição, porém a ponte entre o direito material e o direito processual não se encontra aí, mas "na causa de pedir ou no bem da vida pretendido pelo autor". Ademais, sustenta que "poder-se-ia

---

(165) MARINONI, Luiz Guilherme. Da ação abstrata e uniforme à ação adequada à tutela de direitos. In: MACHADO, Fábio Cardoso; AMARAL, Guilherme Rizzo (orgs.). *Polêmica sobre a ação:* a tutela jurisdicional na perspectiva das relações entre direito e processo. Porto Alegre: Livraria do Advogado, 2006. p. 197-252, em especial p. 213-214 e 216.
(166) MARINONI, Luiz Guilherme. O direito à efetividade da tutela jurisdicional na perspectiva da teoria dos direitos fundamentais. *Gênesis Revista Direito Processual Civil,* Curitiba: Gênesis, n. 28, 2003. p. 298-337; ÁLVARO DE OLIVEIRA, Carlos Alberto. O processo civil na perspectiva dos direitos fundamentais. *Revista de Processo,* São Paulo: Revista dos Tribunais, n. 113, p. 9-21, fev. 2004.
(167) MITIDIERO, Daniel. *Processo civil e estado constitucional.* Porto Alegre: Livraria do Advogado, 2007. em especial p. 89-90; MITIDIERO, Daniel; ZANETI JÚNIOR, Hermes; *Processo constitucional:* relações entre processo e constituição. Porto Alegre: Fabris, 2004. em especial p. 23-62.
(168) TESHEINER, José Maria Rosa. Ação de direito material. *Páginas de Direito,* Porto Alegre, 4 nov. 2004. Disponível em: <http://tex.pro.br/tex/listagem-de-artigos/237-artigos-nov-2004/5020-acao-de-direito-material>. Acesso em: 20 set. 2012.

apontar como finalidade do processo a concretização da Constituição, fórmula que, porém, padece do defeito de reduzir o todo do Direito a um dos seus elementos".[169]

No contexto de um Estado Constitucional que visa a proteger e a dar efetividade aos direitos fundamentais, encontram guarida os direitos transindividuais. Diante disso, a tutela dos direitos transindividuais precisa ser vista em nova perspectiva: a partir da colocação do problema das relações entre direito material transindividual e processo coletivo e dos contornos dessa tutela jurisdicional no plano constitucional, uma vez que é nesse plano que se situa o núcleo do direito fundamental à jurisdição, desde que o Estado chamou a si o monopólio de prestá-la.[170]

A tutela jurisdicional do Estado Constitucional deve ser adequada e efetiva; tem de ser adequada à tutela dos direitos. O processo tem de ser capaz de promover a realização do direito material.[171] O direito processual atual não pode aceitar mais a tão objetivada neutralidade da ciência processualística e da tutela jurisdicional, que tiveram sua importância na construção da autonomia do direito processual, todavia sem contato com a realidade econômica e social do seu tempo.[172] O apego às premissas individualistas[173], as quais, durante tempo, reinaram soberanas no direito processual, dificulta a evolução do direito processual e de uma nova classe de direitos que, visivelmente, pedem passagem: os direitos transindividuais.

Nesse sentido, Cappelletti[174] refere que as teorias da ação (conceito-chave para o processo) são elaboradas no século XIX em uma perspectiva liberal e individualista, não sendo pensadas para direitos transindividuais.

A concepção de tutela jurisdicional neutra se opõe à concepção de tutela jurisdicional adequada exigida pelos direitos transindividuais num contexto de um Estado Constitucional.

---

(169) TESHEINER, José Maria Rosa. Reflexões politicamente incorretas sobre direito e processo. *Revista da Ajuris*, Porto Alegre: Ajuris, n. 110, p. 187-194, em especial p. 193, jun. 2008.
(170) Conforme ÁLVARO DE OLIVEIRA, Carlos Alberto. *Teoria e prática da tutela jurisdicional*. Rio de Janeiro: Forense, 2008. p. 81-82, esclarecendo que o autor não se refere especificamente aos direitos transindividuais, mas também não os exclui.
(171) SARLET, Ingo Wolfgang; MARINONI, Luiz Guilherme; MITIDIERO, Daniel. *Curso de direito constitucional*. São Paulo: Revista dos Tribunais, 2012. p. 630. Entendem Marinoni e Mitidiero que o direito à tutela jurisdicional adequada determina a previsão: "(i) de *procedimentos com nível de cognição apropriado* à tutela do direito pretendida; (ii) de distribuição adequada do ônus da prova, inclusive com a possibilidade de *dinamização e inversão*; (iii) de *técnicas antecipatórias* idôneas a distribuir isonomicamente o ônus do tempo no processo, seja em face da *urgência*, seja em face da *evidência*; (iv) de *formas de tutela jurisdicional com executividade intrínseca*; (v) de *Standards para valoração probatória* pertinentes à natureza do direito material debatido em juízo", p. 631. (Grifos dos autores)
(172) DENTI, Vittorio. *Processo civile e giustizia sociale*. Milano: Comunità, 1971. p. 17 e 29; BAPTISTA DA SILVA, Ovídio Araújo. *Processo e ideologia:* o paradigma racionalista. Rio de Janeiro: Forense, 2004. p. 302-303.
(173) Procurando explicar o porquê da neutralidade da ciência processual na época do modelo de Estado Liberal clássico, Denti salienta que todos os conceitos-chave do processo civil eram estreitamente ligados às estruturas dos direitos subjetivos, que eram produto principal da codificação dos anos oitocentos, fundadas na concepção individualista do liberalismo econômico clássico (DENTI, Vittorio. *Processo civile e giustizia sociale*. Milano: Comunità, 1971. p. 18).
(174) CAPPELLETTI, Mauro. Formazioni sociali e interessi di grupo davanti alla giustizia civile. *Rivista di Diritto Processuale*, Padova: Cedam, v. 30, 2. serie, p. 361-402, em especial p. 364, 1975.

A tutela jurisdicional neutra, típica do Estado Liberal, parte dos pressupostos de equivalência entre as pessoas e os bens (em decorrência do princípio da igualdade formal[175]) e de que o juiz deve interferir o mínimo possível na esfera dos particulares, a fim de garantir a liberdade dos cidadãos. Assim, a lei não deveria tomar em consideração as diferentes posições sociais, pelo contrário, deveria ser indiferente acerca das desigualdades sociais e econômicas, pois visava a dar tratamento igual às pessoas apenas no sentido formal.[176]

A igualdade material entre as pessoas e entre as situações substanciais carentes de tutela por elas titularizadas só pode ser alcançada à medida que se possibilite a tutela jurisdicional diferenciada aos direitos.[177]

A ideologia da equivalência de bens e necessidades foi sedimentada pela porta da uniformidade dos procedimentos processuais[178], que, mais uma vez, remonta ao princípio da igualdade formal, base de sustentação do modelo de Estado Liberal. A tutela jurisdicional diferenciada do Estado Constitucional exige a participação na estrutura social e no poder mediante procedimentos judiciais aptos à tutela dos direitos transindividuais.

O Poder Judiciário pode ser um importante canal de participação democrática, para dar curso a debates relevantes de cunho transindividual, destaca Oteiza.[179] Nessa linha de participação, no âmbito constitucional, Paulo Bonavides[180] defende a democracia participativa como "direito constitucional progressivo e vanguardeiro".

Observe-se: a participação popular, em um Estado Constitucional, é muito importante na busca de concretização dos direitos transindividuais, justamente porque se trata de direitos que ultrapassam a individualidade, pertencendo a uma comunidade, ou mesmo a uma sociedade inteira, razão pela qual a participação dessa comunidade é fundamental, inclusive na exigência de procedimentos judiciais aptos à tutela dos direitos transindividuais.

A tutela jurisdicional do Estado Constitucional também tem de ser efetiva. Para tanto, é imprescindível a fiel identificação da tutela do direito pretendida pela parte. Trata-se de

---

(175) MARINONI, Luiz Guilherme. *Técnica processual e tutela dos direitos*. São Paulo: Revista dos Tribunais, 2004. p. 59.
(176) MARINONI, Luiz Guilherme. *Técnica processual e tutela dos direitos*. São Paulo: Revista dos Tribunais, 2004. p. 35-36 e 57; TEPEDINO, Gustavo. A tutela da personalidade no ordenamento civil-constitucional brasileiro. In: TEPEDINO, Gustavo (org.). *Temas de direito civil*. 3. ed. Rio de Janeiro: Renovar, 2004. p. 25; DE CUPIS, Adriano. *Os direitos da personalidade*. Lisboa: Morais, 1961. p. 25.
(177) TROCKER, Nicolò. *Processo civile e costituzione* — problemi di diritto tedesco e italiano. Milano: Giuffrè, 1974. p. 701; PISANI, Andrea Proto. Sulla tutela giurisdicionale differenziata. *Rivista di Diritto Processuale*, Padova: Cedam, v. 34, n. 4, p. 537, out./dez. 1979; TARZIA, Giuseppe. Il giusto proceso di esecuzione. *Rivista di Diritto Processuale*, Padova: Cedam, v. 57, n. 2, p. 329-350, em especial p. 340, abr. 2002; COMOGLIO, Luigi Paolo. Tutela differenziata e pari effetivà nella giustizia civile. *Rivista di Diritto Processuale*, Padova: Cedam, v. 63, n. 6, p. 1059-1534, nov./dez. 2008.
(178) PICARDI, Nicola. La vocazione del nostro tempo per la giurisdizione. *Rivista Trimestrale di Diritto e Procedura Civile*, Milano: Giuffrè, v. 58, n. 1, p. 41-71, em especial p. 43, mar. 2004.
(179) OTEIZA, Eduardo. La constitucionalización de los derechos colectivos y la ausência de un proceso que los "ampare". In: OTEIZA, Eduardo (coord.). *Procesos colectivos*. Santa Fe: Rubinzal-Culzoni, 2006. p. 54-55.
(180) BONAVIDES, Paulo. *Teoria constitucional da democracia participativa*. São Paulo: Malheiros, 2001. p. 33.

consectário dos próprios fundamentos do Estado Constitucional[181], em face da necessária efetivação do direito como condição para o reconhecimento de sua própria existência.[182]

Nesse quadro, Tesheiner[183] diz que o Direito existe à medida que se realiza. A efetividade da tutela jurisdicional diz respeito ao resultado do processo, mais precisamente, à necessidade de o resultado do processo espelhar o máximo possível o direito material[184], propiciando às partes tutela específica (ou tutela pelo resultado prático equivalente), em detrimento da tutela pelo equivalente monetário.[185] Na síntese de Marinoni e Mitidiero[186], "O direito à efetividade da tutela jurisdicional, portanto, implica necessidade: (i) de encarar o processo *a partir do direito material* — especialmente, a partir da *teoria da tutela dos direitos*; e (ii) de viabilizar não só *tutela repressiva*, mas também e fundamentalmente a *tutela preventiva* aos direitos". (grifos dos autores)

Durante muito tempo, foi suficiente pensar em tutelas repressivas contra o dano para prestar tutela jurisdicional. Ocorre que o aparecimento dos novos direitos, dentre os quais, os direitos difusos (espécie do gênero direitos transindividuais), "obrigou o Estado a reconhecer o direito à *tutela preventiva contra o ilícito*"[187] (grifos dos autores). Em outras palavras: a tutela jurisdicional contemporânea não pode se resignar a ressarcir danos e com ênfase na forma do equivalente em dinheiro, "lavando as mãos" em relação à ocorrência dos ilícitos.

Em decorrência da necessidade de adequada compreensão do binômio direito e processo a partir da Constituição e dos direitos fundamentais e das novas necessidades de tutela jurisdicional exigidas pelos direitos transindividuais, cabe refletir e debater acerca da problemática derivada da falta de precisão conceitual que resulta do tratamento técnico empregado de maneira equivocada por quem utiliza ou aceita a utilização[188], por exemplo, da expressão "prescreve a execução".

---

(181) MITIDIERO, Daniel. *Processo civil e estado constitucional*. Porto Alegre: Livraria do Advogado, 2007. em especial p. 93.
(182) É o que Ferrajoli chama de atualidade do Direito (FERRAJOLI, Luigi. *Principia iuris:* teoria del diritto e della democrazia. Roma: Laterza, 2007. v. 1, p. 321).
(183) TESHEINER, José Maria Rosa. Reflexões politicamente incorretas sobre direito e processo. *Revista da Ajuris*, Porto Alegre: Ajuris, n. 110, p. 187-194, em especial p. 192, jun. 2008.
(184) AMARAL, Guilherme Rizzo. *Cumprimento e execução da sentença sob a ótica do formalismo-valorativo*. Porto Alegre: Livraria do Advogado, 2008. p. 56.
(185) MARINONI, Luiz Guilherme. *Técnica processual e tutela dos direitos*. São Paulo: Revista dos Tribunais, 2004. p. 146; Sobre a pessoalização dos direitos, com a conseguinte expansão da tutela pelo equivalente monetário: BAPTISTA DA SILVA, Ovídio Araújo. *Jurisdição e execução na tradição romano-canônica*. 3. ed. Rio de Janeiro: Forense, 2007, em especial p. 117-128.
(186) SARLET, Ingo Wolfgang; MARINONI, Luiz Guilherme; MITIDIERO, Daniel. *Curso de direito constitucional*. São Paulo: Revista dos Tribunais, 2012. p. 637.
(187) Idem.
(188) Por exemplo, Washington de Barros Monteiro não só incorre no mesmo equívoco conceitual, como utiliza a Súmula n. 151 do Supremo Tribunal Federal, sem fazer qualquer reparo. Comentando os arts. 189 e 190 do Código Civil, argui que, "tendo cuidado da aquisição dos direitos, que subsistem pelo exercício pelo respectivo titular, o legislador preferiu, nesse ponto, tratar da sua violação e de suas consequências, como alertar o titular de que integra o exercício do direito a sua defesa, a ser exercitada dentro de determinado tempo, sob pena de extinção. Completando essas disposições, não é demais mencionar a Súmula n. 150 do Supremo Tribunal Federal, segundo a qual prescreve a execução no mesmo prazo de prescrição da ação" (MONTEIRO, Washington de Barros. *Curso de direito civil*: parte geral. 39. ed. São Paulo: Saraiva, 2003. v. 1, p. 335).

Exemplificando a problemática, dispõe a Súmula n. 150 do Supremo Tribunal Federal assim: "Prescreve a execução no mesmo prazo de prescrição da ação".[189] Essa Súmula foi editada na sessão plenária de 13 de dezembro de 1963, porém segue mantida. Veja-se a passagem abaixo, do primeiro precedente jurisprudencial (RE 34944, DJ 19.9.1957) que originou essa Súmula: "A sentença de fls. 353 a 357 julgou prescrita a execução, porque não há em nosso direito o instituto da perpetuação da ação por efeito da *litiscontestatio*, e a execução prescreve no mesmo prazo em que prescreve a ação".

Pela leitura dessa passagem do precedente, pode-se constatar que, nessa época, o Supremo Tribunal Federal segue a linha de Câmara Leal, cuja primeira edição de sua obra "Da prescrição e da decadência" é de 1939, para quem o objeto da prescrição é a ação. Viu-se, no presente trabalho, que esse não é o entendimento mais adequado, porquanto a prescrição extingue a pretensão (não a ação, nem o direito), a partir da aceitação do entendimento de Windscheid acerca do significado da *actio* romana como sendo pretensão jurídica.

Saliente-se que as observações ora realizadas acerca da Súmula n. 150 do Supremo Tribunal Federal não se dirigem ao mérito da decisão, mas tão somente à sua técnica redacional.

No que tange às relações entre direito e processo, verifica-se que, na Súmula n. 150, o Supremo Tribunal Federal confunde os planos de direito material e de direito processual, uma vez que condenação e execução são formas de tutela jurisdicional e, portanto, ligadas ao plano do direito processual, ainda que as tutelas de direito material e as tutelas de direito processual sejam complementares.[190]

Frise-se o ponto: de uma parte, a prescrição situa-se no plano de direito material, uma vez que seu objeto é pretensão de direito material. De outra parte, a execução pertence ao plano de direito processual, pois promana e só pode promanar do poder estatal, de órgão imparcial, revestido de autoridade e soberania. Assim, mostra-se impensável a possibilidade de a execução ser emitida por qualquer indivíduo despido de autoridade estatal, conforme explica Álvaro de Oliveira.[191] Portanto, a execução é ato típico do juiz, pertencente ao plano de direito processual.

Dessas observações, verifica-se que, por detrás da falta de precisão conceitual da Súmula n. 150 do Supremo Tribunal Federal, está uma significativa demonstração de confusão dos planos de direito material e de direito processual e, com isso, uma forma inadequada de conceber as relações entre direito e processo. A prescrição pertence ao plano de direito material, uma vez que seu objeto é pretensão de direito material.

Os fenômenos do plano de direito material e do plano de direito processual, embora inter-relacionados, apresentam caráter diverso e, por consequência, não há como equiparar

---

(189) Precedentes: RE 34944, DJ 19.9.1957; RE 49434, DJ 24.5.1962; RE 52902, DJ 19.7.1963.
(190) Conforme MITIDIERO, Daniel. *Colaboração no processo civil:* pressupostos sociais, lógicos e éticos. São Paulo: Revista dos Tribunais, 2009. p. 144.
(191) ÁLVARO DE OLIVEIRA, Carlos Alberto. *Teoria e prática da tutela jurisdicional.* Rio de Janeiro: Forense, 2008. p. 58.

a eficácia do direito material com a eficácia jurisdicional. O direito processual é instrumental, mas não é meramente instrumental, visto ter substância própria e engendrar meios próprios de atuação.[192] Daí a importância do reconhecimento e da clareza da existência de dois planos distintos, embora em "retroalimentação" constante.

---

(192) ÁLVARO DE OLIVEIRA, Carlos Alberto. *Teoria e prática da tutela jurisdicional*. Rio de Janeiro: Forense, 2008. p. 57.

4. A Prescrição na CLT Antes e Depois da Reforma Trabalhista (Lei n. 13.467/17). Introdução

A Reforma Trabalhista trouxe algumas alterações no tratamento legislativo da prescrição no Direito do Trabalho. Os pontos que tiveram alteração e/ou inclusão legislativa pela Lei n. 13.467/17, podem ser percebidos pelo quadro comparativo abaixo:

Texto atual (Lei n. 13.467/17)	Texto original
"Art. 11. A pretensão quanto a créditos resultantes das relações de trabalho prescreve em cinco anos para os trabalhadores urbanos e rurais, até o limite de dois anos após a extinção do contrato de trabalho. I — (revogado); II — (revogado). [...] § 2º Tratando-se de pretensão que envolva pedido de prestações sucessivas decorrente de alteração ou descumprimento do pactuado, a prescrição é total, exceto quando o direito à parcela esteja também assegurado por preceito de lei. § 3º A interrupção da prescrição somente ocorrerá pelo ajuizamento de reclamação trabalhista, mesmo que em juízo incompetente, ainda que venha a ser extinta sem resolução do mérito, produzindo efeitos apenas em relação aos pedidos idênticos." (NR)	Art. 11. O direito de ação quanto a créditos resultantes das relações de trabalho prescreve: (Redação dada pela Lei n. 9.658, de 5.6.1998) I — em cinco anos para o trabalhador urbano, até o limite de dois anos após a extinção do contrato; (Incluído pela Lei n. 9.658, de 5.6.1998) (*Vide* Emenda Constitucional n. 28 de 25.5.2000) II — em dois anos, após a extinção do contrato de trabalho, para o trabalhador rural. (Incluído pela Lei n. 9.658, de 5.6.1998) (*Vide* Emenda Constitucional n. 28 de 25.5.2000) § 1º O disposto neste artigo não se aplica às ações que tenham por objeto anotações para fins de prova junto à Previdência Social. (Incluído pela Lei n. 9.658, de 5.6.1998)

"Art. 11-A. Ocorre a prescrição intercorrente no processo do trabalho no prazo de dois anos. § 1º A fluência do prazo prescricional intercorrente inicia-se quando o exequente deixa de cumprir determinação judicial no curso da execução. § 2º A declaração da prescrição intercorrente pode ser requerida ou declarada de ofício em qualquer grau de jurisdição."	Sem correlação na CLT

A nova redação do *caput* do art. 11 da CLT além de alterar a terminologia anterior sobre o objeto da prescrição (referindo que a pretensão dos créditos trabalhistas prescreve nos prazos fixados), revogou o incisos I e II e trouxe seus conteúdos para o *caput*, ficando muito próxima da redação do art. 7º, XXIX, da Constituição Federal, com a alteração realizada pela EC n. 28/2000, que equiparou a prescrição dos trabalhadores rurais com a prescrição dos trabalhadores urbanos.

Um breve histórico de tais alterações será relatado em ponto próprio, a seguir.

O § 1º do art. 11 não teve alterações significativas, continuando a tratar da não aplicabilidade do *caput* às ações que tenham por objeto anotações para fins de prova junto à Previdência Social.

O § 2º do art. 11 trata do tema da prescrição total e prescrição parcial, envolvendo prestações sucessivas. Essa matéria não era prevista em lei e foi construída pela jurisprudência do Tribunal Superior do trabalho ao longo de muitos tendo sido objeto do Prejulgado n. 48 e de três de suas Súmulas ns. 168, 198 e 294.

A redação § 2º do art. 11 da CLT incorpora na CLT a Súmula n. 294 do TST, que dispõe no sentido de que, em se tratando de pretensão que envolva pedido de prestações sucessivas decorrente de alteração ou descumprimento do pactuado (quando a origem do direito a prestação for contratual), a prescrição é total e, quando a origem do direito a prestação esteja assegurada por lei (quando a origem do direito a prestação for normativa), a prescrição é parcial.

Imagine-se que a mais de 5 anos do ajuizamento da ação tenha nascido o direito à equiparação salarial (suponha-se que estejam presentes todos os requisitos do art. 461 da CLT) situação que perdurou até a extinção do contrato de trabalho e que na mesma época o seu empregador passou a não mais pagar comissões (que pagou desde o início da contratualidade até então). Essa é a problemática que o § 2º do art. 11 da CLT procura resolver cuja complexa matéria será detalhada em ponto específico (item 18).

O § 3º do art. 11 da CLT, inserido pela Lei n. 13.467/17, trata da interrupção da prescrição por ajuizamento de reclamatória trabalhista e os efeitos com relação aos pedidos. A matéria estava tratada na Súmula n. 268 do TST, cujo texto é o seguinte:

Súmula n. 268 do TST. PRESCRIÇÃO. INTERRUPÇÃO. AÇÃO TRABALHISTA ARQUIVADA (nova redação) — Res. n. 121/2003, DJ 19, 20 e 21.11.2003. A ação trabalhista, ainda que arquivada, interrompe a prescrição somente em relação aos pedidos idênticos.

A Reforma Trabalhista de 2017 traz para a CLT o entendimento da Súmula n. 268 do TST, mas faz algumas alterações: a) trocou a expressão "ainda que arquivada" por "ainda que venha a ser extinta sem resolução de mérito", que é mais técnica e de acordo com a sistemática do CPC/2015; b) faz referência expressa à circunstância de que a prescrição é interrompida por ação ajuizada em juízo ainda que incompetente, nos termos do art. 202, I, do Código Civil e art. 240, § 1º, do CPC; c) dispõe que a interrupção da prescrição "somente" ocorrerá pelo ajuizamento de reclamação trabalhista; d) trocou a expressão "ação trabalhista" por "reclamação trabalhista".

A expressão "somente", contida no *caput* do artigo, não estava na redação da Súmula n. 268 do TST. Em interpretação literal, ela parece excluir outras formas de interrupção da prescrição, ou seja, a leitura literal do § 3º do art. 11 da CLT sugere que a única forma de interrupção da prescrição é o ajuizamento de reclamação trabalhista. Quanto à expressão "ação trabalhista", a correção trazida pela nova lei é bem-vinda, pois sabe-se que a reclamação trabalhista é apenas umas das espécies de ações cabíveis no Processo do Trabalho.

O art. 11-A da CLT, inserido pela Lei n. 13.467/17, prevê expressamente na legislação trabalhista a prescrição intercorrente, nos processos em que a parte permanecer inerte no prazo de dois anos na fase de execução.

Até então, não havia dispositivo legal expresso sobre o tema no Direito do Trabalho, havendo grande controvérsia doutrinária e jurisprudencial sobre o tema.

O STF tem uma antiga súmula (de 1963, portanto anterior às Constituições de 1967 e 1988) admitindo a compatibilidade da prescrição intercorrente com o Direito do Trabalho, que embora não tenha sido cancelada estava em desuso, porquanto a matéria não tem alcance constitucional. O TST firmou entendimento contrário, pela não aplicação de prescrição intercorrente no Direito do Trabalho. Esse posicionamento pode ser encontrado na Súmula n. 114, cujo texto é o seguinte:

Súmula n. 114 do TST — PRESCRIÇÃO INTERCORRENTE (mantida) — Res. n. 121/2003, DJ 19, 20 e 21.11.2003. É inaplicável na Justiça do Trabalho a prescrição intercorrente.

Tal posicionamento do TST foi reafirmado na Instrução Normativa n. 39/2016, que trata da aplicação subsidiária do CPC/2015 ao Processo do Trabalho, art. 2º, VIII. O dispositivo menciona que não são aplicáveis ao Processo do Trabalho os arts. 921, §§ 4º e 5º, e 924, V, do CPC/2015, que tratam da prescrição intercorrente no Processo Civil. Como se sabe, a IN n. 39/2016 — TST dispõe sobre a compatibilidade de inúmeros dispositivos do CPC/2015 com o Processo do Trabalho. O novo CPC disciplina a prescrição intercorrente nos arts. 921 e 924, antes mencionados. O TST manteve-se fiel ao posicionamento assumido na Súmula 114, segundo o qual, por ter o Juiz do Trabalho o poder de tocar de ofício a execução trabalhista, em virtude do art. 878 da CLT, nunca haveria inércia na promoção da execução e, portanto, não haveria prescrição intercorrente. Essa é a justificativa do art. 2º, VIII, da IN n. 39/2016 — TST, ter afastado os dispositivos do CPC que tratam da matéria.

Entretanto, a Reforma Trabalhista de 2017 trouxe um posicionamento diametralmente oposto ao adotado ao TST até então (Súmula n. 114 do TST e IN n. 39/2016, art. 2º, VIII, do TST). Para tanto foi necessário o legislador da Reforma alterar o art. 878 da CLT, que dava poderes de promover a execução de ofício por parte do Juiz do Trabalho em todas as ações e determinar que ocorre a prescrição intercorrente no processo do trabalho no prazo de dois anos (art. 11-A). Veja-se, não era viável falar em prescrição no curso do processo, na fase de execução, se a execução continuasse sendo promovida de ofício pelo Juiz do Trabalho. Por isso, para o legislador da Lei n. 13.467/17 estipular a prescrição intercorrente (art. 11-A), foi necessário alterar a regra geral da forma em que a execução trabalhista deverá ser impulsionada passando a ser, em regra, pelo credor. Somente de forma excepcional poderá ser promovida de ofício pelo juiz, quando o reclamante não tiver advogado regularmente constituído no processo (conhecido por *jus postulandi*), conforme a redação dada ao art. 878 da CLT.

Com a Reforma Trabalhista de 2017 a prescrição intercorrente poderá ser declarada nos processos em que a parte permanecer inerte no prazo de 2 anos na fase de execução. A fluência do prazo prescricional intercorrente inicia-se quando o exequente deixa de cumprir determinação judicial no curso da execução (art. 11-A, § 1º, CLT).

A declaração da prescrição intercorrente pode ser requerida pela parte interessada (executada) ou declarada de ofício pelo juiz (sem postulação da parte interessada) em qualquer grau de jurisdição (art. 11-A, § 2º, CLT).

Esses dispositivos do art. 11-A da CLT são inovadores e se aplicam apenas a prescrição intercorrente (na fase de execução). Por ocasião da abordagem das matérias que sofreram alteração (item 13) serão esclarecidas as novidades da reforma, tratando-se os pontos com a redação dada pela Lei n. 13.467/17.

5. Regra Geral dos Prazos Prescricionais Trabalhistas. Trabalhadores Urbanos e Rurais. Início da Contagem. Art. 7º, inciso XXIX, da CF e Art. 11, *caput*, da CLT, com Redação dada pela Lei n. 13.467/17

A CLT dispôs, na redação original de 1943, que "não havendo disposição legal em sentido contrário nesta Consolidação, prescreve em dois anos o direito de pleitear a reparação de qualquer ato infringente de dispositivo nela contido". Até a promulgação da Constituição Federal de 1988 a regra geral do prazo prescricional para a tutela das pretensões trabalhistas foi de dois anos, contados do ajuizamento da ação.

Na Assembleia Nacional Constituinte de 1987/1988 os movimentos ligados aos trabalhadores e seus sindicatos trabalharam para ampliar esse prazo para cinco anos, de modo que se equiparasse ao prazo prescricional das prestações de serviço em geral que na época era de cinco anos. A redação original que foi para a comissão de sistematização previa simplesmente o prazo de cinco anos. Entretanto, isso provocou a reação de parlamentares constituintes mais conservadores, em um movimento político conhecido como "Centrão", que colocou como condição para aceitar essa ampliação de prazo prescricional das pretensões trabalhistas individuais (de dois para cinco anos), que as ações trabalhistas deveriam ser ajuizadas dentro de dois anos da extinção do contrato. Fruto de negociação política, acabou resultando na redação original do inciso XXIX do art. 7º da Constituição de 1988 que contempla esses dois prazos sucessivamente, para os trabalhadores urbanos. Dois anos para propor a ação após a despedida do trabalhador e podendo postular os direitos dos últimos cinco anos, contados a partir da propositura da ação.

A redação original desse dispositivo constitucional também distinguia o prazo prescricional entre trabalhadores urbanos e rurais. Para os trabalhadores urbanos o prazo era de cinco anos, desde que ajuizada a ação em dois após a extinção do contrato de trabalho e para os rurais o prazo prescricional era apenas de até dois anos contados da extinção contratual (não havia prescrição quinquenal para o trabalhador rural). A Emenda Constitucional n. 28/2000 alterou a redação do art. 7º, inciso XXIX, da CF, unificando os prazos prescricionais o para os trabalhadores urbanos e rurais em relação aos créditos resultantes das relações de trabalho, no âmbito do direito individual do trabalho[193]: "cinco anos, para trabalhadores urbanos e rurais, até o limite de dois anos após a extinção do contrato de trabalho".

A nova redação do *caput* do art. 11 da CLT além de alterar a terminologia anterior sobre o objeto da prescrição, revogou o incisos I e II acompanhando seus conteúdos no próprio *caput*, ficando muito próxima da redação do art. 7º, XXIX, da Constituição Federal, com a alteração realizada pela EC n. 28/2000, que equiparou a prescrição dos trabalhadores rurais com a prescrição dos trabalhadores urbanos, cujo texto é o que segue:

Art. 7º São direitos dos trabalhadores urbanos e rurais, além de outros que visem à melhoria de sua condição social:

[...]

XXIX — ação, quanto aos créditos resultantes das relações de trabalho, com prazo prescricional de cinco anos para os trabalhadores urbanos e rurais, até o limite de dois anos após a extinção do contrato de trabalho. (Redação dada pela Emenda Constitucional n. 28, de 25.5.2000)

Sobre o tema, o TST tem a OJ n. 271 — SBDI — I e a OJ n. 417 — SBDI — I, cujos textos são os que seguem:

271 — RURÍCOLA. PRESCRIÇÃO. CONTRATO DE EMPREGO EXTINTO. EMENDA CONSTITUCIONAL N. 28/2000. INAPLICABILIDADE (alterada) — DJ 22.11.2005

O prazo prescricional da pretensão do rurícola, cujo contrato de emprego já se extinguira ao sobrevir a Emenda Constitucional n. 28, de 26.5.2000, tenha sido ou não ajuizada a ação trabalhista, prossegue regido pela lei vigente ao tempo da extinção do contrato de emprego.

417. PRESCRIÇÃO. RURÍCOLA. EMENDA CONSTITUCIONAL N. 28, DE 26.5.2000. CONTRATO DE TRABALHO EM CURSO. (DEJT divulgado em 14, 15 e 16.2.2012)

Não há prescrição total ou parcial da pretensão do trabalhador rural que reclama direitos relativos a contrato de trabalho que se encontrava em curso à época da promulgação da Emenda Constitucional n. 28, de 26.5.2000, desde que ajuizada a demanda no prazo de cinco anos de sua publicação, observada a prescrição bienal.

---

(193) Sustenta-se que esse dispositivo legal aplica-se apenas aos direitos trabalhistas individuais e não aos direitos trabalhistas transindividuais (dentre os quais os mais comuns no processo do trabalho, são os direitos coletivos), pois o critério mais utilizado no Brasil para distinguir prescrição e decadência foi formulado com base numa classificação de direitos subjetivos e pensado para direitos individuais. Nessa linha, Tesheiner esclarece que "[...] o direito subjetivo era necessariamente individual [...]", demonstrando a clara presença do individualismo, "porque dependente a ação da vontade do interessado", destacando o autor que nessa concepção "[...] não havia espaço para a tutela jurisdicional de interesses difuso, matéria cometida à Administração Pública [...]", conforme TESHEINER, José Maria. Jurisdição e direito objetivo. *Justiça do Trabalho*, n. 325, p. 30-31, jan. 2011.

A primeira OJ, trata de uma regra de direito intertemporal, a respeito da aplicação no tempo da EC n. 28/2000. A segunda, também de direito intertemporal, sobre o tema da prescrição total e prescrição parcial, aplicadas ao tema dos trabalhadores rurais.

A Lei n. 13.467/17 perdeu a oportunidade de esclarecer na redação de qual momento inicia a contagem do prazo quinquenal. A nova redação do *caput* do art. 11 da CLT segue referindo (assim como art. 7º, XXIX, da Constituição Federal) que os dois anos são contados da data de extinção (término) do contrato de trabalho, mas continua sem indicar o início da contagem da prescrição quinquenal.

De acordo com a Súmula n. 308, I, do TST, o prazo de 5 (cinco) anos é contado da data de ajuizamento da ação trabalhista. O texto é o seguinte:

> Súmula n. 308. PRESCRIÇÃO QUINQUENAL (incorporada a Orientação Jurisprudencial n. 204 da SBDI-1) — Res. n. 129/2005, DJ 20, 22 e 25.4.2005.
>
> I. Respeitado o biênio subsequente à cessação contratual, a prescrição da ação trabalhista concerne às pretensões imediatamente anteriores a cinco anos, contados da data do ajuizamento da reclamação e, não, às anteriores ao quinquênio da data da extinção do contrato.

Esses prazos não se somam, mas se excluem, pois não há como invocar crédito residual de três anos após o decurso de um biênio da extinção do contrato[194], por isso tratam-se de prazos não foi observado todas as pretensões trabalhistas individuais estão prescritas e, com isso, resta prejudicada a análise da prescrição quinquenal, visto que fulminadas as pretensões pela incidência da prescrição bienal.

Há, portanto, que há dois prazos prescricionais que incidem sobre as pretensões trabalhistas individuais e ambos os prazos devem ser observados, sucessivamente. É importante deixar claro que tais prazos iniciam suas contagens de momentos diferentes:

a) dois anos, contados da data de extinção (término) do contrato de trabalho, conforme expresso na própria redação da norma constitucional.

Sublinhe-se que a prescrição bienal só incide sobre contratos de trabalho extintos. Nas ações ajuizadas com a permanência do empregado trabalhando (contratos que continuam em vigor) não incide prescrição bienal, apenas a quinquenal.

Após as alterações impostas pela Constituição Federal de 1988 em matéria de prescrição trabalhista ganhou nova força a controvérsia sobre a natureza desse prazo, ou seja, se o mesmo seria prescricional ou decadencial[195]. Independente da controvérsia doutrinária,

---

(194) SÜSSEKIND, Arnaldo et al. *Instituições de direito do trabalho*. 19. ed. São Paulo: LTr, 2000. v. 1.
(195) Sergio Pinto Martins, por exemplo, entende que esse prazo de dois anos é decadencial (MARTINS, Sergio Pinto *Direito do trabalho*. 21. ed. São Paulo: Atlas, 2005. p. 692); Já Carmem Camino, por exemplo, entende que esse prazo é prescricional, pois "o prazo bienal constitucional não está adstrito a um direito ainda por exercer, mas a todo direito lesado no curso do contrato findo. Portanto, o biênio fixado no inciso XXIX do art. 7º da CF/88 não pode ser definido como decadencial, pela elementar circunstância de não nascer, no ato da extinção do contrato de trabalho qualquer direito, sujeito a prazo de exercício, para o empregado" (CAMINO, Carmem. *Direito individual do trabalho*. 4. ed. Porto Alegre: Síntese, 2003. p. 151).

na prática a jurisprudência trabalhista maciça, inclusive o Tribunal Superior do Trabalho, tem denominado esse prazo de prescricional. Entretanto, como se trata de prazo vinculado ao exercício de direito potestativo (entrar em juízo), é forte o argumento de que a natureza desse prazo seria decadencial. Dois prazos semelhantes são considerados decadenciais: o prazo pra ajuizar a ação rescisória (dois anos) e o prazo para impetrar mandado de segurança (120 dias). No Processo do Trabalho, também é decadencial o prazo para ajuizar inquérito de apuração de falta grave de empregado estável.

Observe-se ainda que a prescrição bienal começa a fluir no final da data do término do aviso-prévio[196], conforme orientação firmada pelo Tribunal Superior do Trabalho, contida na OJ 83, SDI-I[197].

b) cinco anos, contados da data de ajuizamento da ação trabalhista, conforme disposto na Súmula n. 308, I, do TST[198]. O marco de início da contagem da prescrição quinquenal é, portanto, o ajuizamento da ação. Aqui verifica-se a punição diária pela inércia do reclamante.

Dito de outro modo, não incidindo a prescrição bienal, ou "respeitado o biênio subsequente à cessação contratual", nas palavras do Tribunal Superior do Trabalho, a reclamada deverá postular que o juiz da causa declare a prescrição das pretensões imediatamente anteriores a cinco anos, contados da data do ajuizamento da reclamação[199] (e, não, às anteriores ao quinquênio da data da extinção do contrato, como na contagem da prescrição bienal).

Em síntese, há dois prazos prescricionais que incidem sobre as pretensões trabalhistas e ambos os prazos devem ser observados, sucessivamente: a) dois anos, contados da data de extinção (término) do contrato de trabalho, conforme disposição legal expressa; b) cinco anos, contados da data de ajuizamento da ação trabalhista, conforme disposto na Súmula n. 308, I, do TST.

Trata-se de matéria prejudicial de mérito, que, uma vez acolhidas, dispensam o exame da questão de fundo do processo, prejudicando o enfrentamento do mérito em sentido estrito (pedidos e causas de pedir). Daí, portanto, o ponto intermediário de sua invocação na contestação: entre as preliminares processuais e o mérito[200].

---

(196) Consolidação das Leis do Trabalho, art. 487, § 1º.
(197) Tribunal Superior do Trabalho, Orientação Jurisprudencial n. 83 da Seção de Dissídios Individuais n. 1.
(198) PRESCRIÇÃO QUINQUENAL (incorporada a Orientação Jurisprudencial n. 204 da SBDI-1) — Res. n. 129/2005, DJ 20, 22 e 25.4.2005
I. Respeitado o biênio subsequente à cessação contratual, a prescrição da ação trabalhista concerne às pretensões imediatamente anteriores a cinco anos, contados da data do ajuizamento da reclamação e, não, às anteriores ao quinquênio da data da extinção do contrato.
II. A norma constitucional que ampliou o prazo de prescrição da ação trabalhista para 5 (cinco) anos é de aplicação imediata e não atinge pretensões já alcançadas pela prescrição bienal quando da promulgação da CF/1988.
(199) Tribunal Superior do Trabalho, Súmula n. 308, item I.
(200) FISCHER, Brenno. *A prescrição nos tribunais*. Rio de Janeiro: Konfino, 1957. v. 1, t. 1, p. 318; PRUNES, José Luiz Ferreira. *Tratado sobre prescrição e a decadência no direito do trabalho*. São Paulo: LTr, 1998. p. 29.

6. Prescrição e o FGTS

O Fundo de Garantia do Tempo de Serviço (FGTS) nasceu de uma ideia de relativizar estabilidade decenal prevista originalmente na CLT para aqueles trabalhadores que permanecessem empregados pelo mesmo empregador por mais de 10 anos (art. 492, CLT).

Sob o ponto de vista dos empregadores, havia muitas críticas ao regime de estabilidade decenal, pois limitava de forma significativa o poder de despedir. Por este motivo, muitos empregadores faziam dispensas "obstativas", antes de se completar o período de dez anos, de forma a impedir o direito de estabilidade no emprego.

A Lei n. 5.107/1966, instituiu o FGTS e foi regulamentada pelo Decreto n. 59.820, de 20 de dezembro de 1966. A vigência da Lei n. 5.107/66 iniciou-se em 1º de janeiro de 1967. Trouxe o sistema do FGTS como uma "opção" para os trabalhadores, em relação ao regime de estabilidade. Na prática, porém, tal "opção" era muito relativa pois, se o empregado não escolhesse o regime do FGTS, provavelmente não conseguiria emprego. De qualquer forma, a Constituição de 1967 (art. 158, XIII) trazia como direito dos trabalhadores a "estabilidade, com indenização ao trabalhador despedido, ou fundo de garantia equivalente". A redação foi mantida pela Emenda Constitucional n. 1/69 (art. 165, XIII).

A Constituição de 1988, por sua vez, estabeleceu o FGTS como um direito dos trabalhadores urbanos e rurais, previsto no inciso III do art. 7º. Desapareceu a opção entre estabilidade e FGTS, respeitando-se, evidentemente, os direitos adquiridos. No Ato das Disposições Constitucionais Transitórias (art. 10, I), foi estabelecido que, até que seja promulgada a lei complementar a que se refere o art. 7º, inciso I, da Constituição "fica limitada a proteção nele referida ao aumento, para quatro vezes, da porcentagem prevista no art. 6º, *caput* e § 1º, da Lei n. 5.107, de 13 de setembro de 1966". Portanto, a indenização decorrente de despedida do trabalhador sem justa causa foi majorada de 10% (previsto na Lei n. 5.107/66) para 40%; e a decorrente de dispensa por culpa recíproca ou força maior passou a ser de 20%.

Após a CF/88, foi editada a Lei n. 7.839/1989, regulamentada pelo Decreto n. 98.813/1990. Essa Lei revogou a Lei n. 5.107/1966, passando a regular o FGTS. Posteriormente, foi editada a Lei n. 8.036/1990, revogando expressamente a Lei n. 7.839/1989. A Lei n. 8.036/1990, foi regulamentada pelo Decreto n. 99.684, de 8 de novembro de 1990.

Atualmente regido pela Lei n. 8.036/90, o FGTS é constituído por saldos de contas vinculadas aos trabalhadores e ainda de outros recursos incorporados. Os recursos arrecadados pelo Fundo se destinam tanto ao trabalhador quanto ao fomento de programas governamentais que visam ao desenvolvimento econômico e social do país. As contribuições devidas ao FGTS estão descritas nos arts. 15 e 18, §§ 1º e 2º, da Lei n. 8.036/90. O art.15 descreve a contribuição mensal que é correspondente a 8% da remuneração paga ou devida, no mês anterior, a cada trabalhador. O art. 18 descreve a contribuição devida no caso de rescisão de contrato de trabalho, que é de 40% sobre o saldo da conta vinculada no caso de dispensa sem justa causa e 20% no caso de dispensa por culpa recíproca ou força maior.

Como o contrato de trabalho pode ter longa duração em relação ao mesmo empregador, as contribuições para o sistema do FGTS foram pensadas a longo prazo, caracterizando uma espécie de "poupança" que o trabalhador tem a sua disposição em momentos especiais, como a a despedida sem justa causa, doenças graves ou a aquisição de imóvel próprio, entre outros. Por esta razão, a prescrição dessa parcela tinha um prazo prescricional extremamente longo: 30 anos (art. 23, § 5º, Lei n. 8.036/1990).

Entretanto, em decisão de grande repercussão, o STF modificou seu entendimento a respeito da matéria e estabeleceu o prazo quinquenal para a prescrição do FGTS. A seguir, o tema será abordado sob o ponto de vista dos depósitos em si e dos reflexos de outras parcelas em relação ao FGTS.

6.1. Prescrição da pretensão do não recolhimento dos depósitos do FGTS (principal). STF-ARE-709212/DF

A situação fática diz respeito à pretensão de recolhimento incorreto ou inexistente dos depósitos do FGTS, que devem ser feitos pelos empregadores todos os meses, na razão de 8% sobre a remuneração (salvo algumas exceções legais) e que ficam em conta vinculada em nome do empregado. As hipóteses estão estabelecidas no art. 18 da Lei n. 8.306/90.

Sobre tais pretensões (FGTS como pedido principal) até 2014 incidia prazo prescricional diferenciado, com base no § 5º do art. 23 da Lei n. 8.036/90: 30 anos (prescrição trintenária). O prazo era contado data de ajuizamento da ação trabalhista.

Entretanto, em julgamento realizado em 13.11.2014 o Plenário do STF declarou a inconstitucionalidade das normas que previam prazo prescricional de 30 anos para ações relativas a valores não depositados no FGTS (§ 5º do art. 23 da Lei n. 8.036/90).

O principal fundamento desta decisão é de que o FGTS está expressamente definido na Constituição da República (art. 7º, inciso III) como direito dos trabalhadores urbanos e rurais e, portanto, deve se sujeitar à prescrição trabalhista de cinco anos (ARE 709212/DF, Rel. Min. Gilmar Mendes, DJ 13.11.2014, com repercussão geral reconhecida), prevista no art. 7º, XXIX, da mesma Carta Constitucional. Tal decisão é correta sob o ponto de vista formal, mas enseja duas críticas de parte da doutrina trabalhista: primeiro, despreza o fato de que o FGTS é uma parcela de longa duração, o que torna difícil o controle de seu correto adimplemento durante o curso da relação de emprego; segundo, como consequência do primeiro argumento, obrigaria o empregado a demandar contra seu empregador no caso de eventual inadimplemento, ainda estão em curso sua relação de emprego, o que poderia levar à sua despedida como forma de retaliação.

Tal decisão do STF teve modulação de efeitos: para os casos cujo termo inicial da prescrição — ou seja, a ausência de depósito no FGTS — ocorra após a data do julgamento, aplica-se, desde logo, o prazo de cinco anos. Para aqueles em que o prazo prescricional esteja em curso, aplica-se o que ocorrer primeiro: 30 anos, contados do termo inicial, ou cinco anos, a partir do julgamento.

Para os contratos de trabalho extintos, também deve ser observado também prazo de 2 anos, contados da data de extinção dos mesmos.

Em razão da decisão do STF, com repercussão geral, o TST alterou a Súmula n. 362 que passou a ter a seguinte redação:

> TST, Súmula n. 362. FGTS. PRESCRIÇÃO (nova redação) — Res. n. 198/2015. DEJT divulgado em 12, 15 e 16.6.2015.
>
> I — Para os casos em que a ciência da lesão ocorreu a partir de 13.11.2014, é quinquenal a prescrição do direito de reclamar contra o não recolhimento de contribuição para o FGTS, observado o prazo de dois anos após o término do contrato;
>
> II — Para os casos em que o prazo prescricional já estava em curso em 13.11.2014, aplica-se o prazo prescricional que se consumar primeiro: trinta anos, contados do termo inicial, ou cinco anos, a partir de 13.11.2014 (STF-ARE-709212/DF).

A interpretação majoritária no âmbito do TRT da 4ª Região é de que a declaração do STF de inconstitucionalidade tem aplicabilidade somente naquelas ações cujo termo inicial da prescrição é posterior à data de publicação da decisão do ARE 709.212 — DF, não tendo efeitos retroativos. Assim, não transcorridos cinco anos após 13.11.2014, e tampouco dois anos após o encerramento do contrato, é permitido ao trabalhador pleitear diferenças de FGTS pertinentes aos últimos trinta anos.

Para os casos em que o prazo prescricional já estava em curso em 13.11.2014, aplica-se o prazo prescricional que se consumar primeiro: trinta anos, contados do termo inicial, ou cinco anos, a partir de 13.11.2014. Em síntese: a) ajuizada a ação antes de ultrapassados cinco anos do julgamento do ARE 709.212/DF, que ocorrerá em 13.11.2019, a prescrição quanto à pretensão de FGTS é trintenária; b) o ajuizamento de ação a partir de 14.11.2019 acarreta a prescrição quinquenal em relação à pretensão de FGTS do contrato.

Nesse sentido, foi o entendimento do Pleno do TRT da 4ª Região ao julgar, em 30.10.2017, o Incidente de Uniformização de Jurisprudência (Acórdão — Processo 0000221-54.2017.5.04.0000 IUJ, Relator Des. João Batista De Matos Danda), aprovando por maioria absoluta, o enunciado da Súmula n. 130 deste Tribunal com o seguinte teor:

> FGTS. CRITÉRIO DE CONTAGEM DO PRAZO PRESCRICIONAL. ITEM II DA SÚMULA N. 362 DO TST. Não transcorridos cinco anos após a data do julgamento do STF (ARE-709212/DF, em

13.11.2014), e, observado o prazo de dois anos após a extinção do contrato de trabalho para o ajuizamento da ação, aplica-se a prescrição trintenária para pleitear diferenças de FGTS.

Como se percebe, a posição jurisprudencial modula os efeitos quanto ao tempo da mencionada declaração de inconstitucionalidade do STF.

6.2. Prescrição da pretensão dos reflexos do FGTS verbas de natureza remuneratória (acessório)

Situação distinta ocorre quando o FGTS é verba acessória, o que se dá, por exemplo, quando o empregador é condenado judicialmente a pagar horas extras com o adicional e reflexos dessas verbas principais em FGTS.

Nesse caso, a prescrição sempre foi a quinquenal (e essa matéria não foi objeto do julgamento ARE n. 709.212/DF pelo STF), pois aqui os depósitos do FGTS são acessórios, incidindo a prescrição que atinge a pretensão principal (horas extras, no exemplo). Nesse sentido, permanece sendo a redação da Súmula n. 206 do TST:

> A prescrição da pretensão relativa às parcelas remuneratórias alcança o respectivo recolhimento da contribuição para o FGTS.

O TST entendia, por meio da Súmula n. 206, que a prescrição aplicável aos reflexos de parcelas nos depósitos devidos ao FGTS era a prescrição aplicável à parcela em si (5 anos) e não a prescrição aplicável ao FGTS (30 anos). Assim, sempre que o valor devido ao FGTS for reflexo de um valor devido em outra parcela, a prescrição será quinquenal.

7. Prescrição sobre Pretensões Meramente Declaratórias

Como a prescrição trata de direitos disponíveis de natureza condenatória ou constitutiva, sobre pretensões puramente declaratórias não incide prescrição. Ações puramente declaratórias não prescrevem porque a prescrição está associada ao efeito condenatório ou constitutivo da sentença, de natureza disponível. Como a pretensão declaratória leva a uma sentença dessa mesma natureza, não há direito disponível. A aplicação da lei para declarar um direito, em si mesmo, é indisponível e, portanto, imprescritível. No célebre artigo de 1961, Agnelo Amorim Filho[201] conclui que não há prescrição em todas as "ações" declaratórias.

Nesse sentido, a Lei n. 9.658/1998 inseriu o § 1º ao art. 11 da CLT, dispondo que a prescrição trabalhista "não se aplica às ações que tenham por objeto anotações para fins de prova junto à Previdência Social". Esse dispositivo não foi alterado pela Reforma Trabalhista (Lei n. 13.467/2017).

Ações contendo pretensões meramente declaratórias não são muito comuns no âmbito da Justiça do Trabalho, pois normalmente o pedido de declaração da existência de relações (notadamente a declaração de relação de emprego), vem geminado com pedidos de créditos trabalhistas daí decorrentes. De toda forma, quando a pretensão tiver escopo meramente declaratório não há prescrição.[202]

Um exemplo desta situação ocorre quando se move ação puramente declaratória para reconhecimento de vínculo de emprego, com o objetivo de comprovar tempo de serviço e postular aposentadoria junto ao INSS. Esta situação é bastante controversa, pois existe certa resistência da autarquia federal ao reconhecimento deste tempo de serviço. Pode-se cogitar, inclusive, da participação do INSS como terceiro interessado nesse tipo de lide, a fim de evitar fraude.

---

(201) De acordo Amorim Filho, "são perpétuas (ou imprescritíveis) tôdas as ações declaratórias, e também aquelas ações constitutivas para as quais a lei não fixa prazo especial de exercício" (AMORIM FILHO, Agnelo. Critério científico para distinguir a prescrição da decadência e para identificar as ações imprescritíveis. *Revista Forense*, Rio de Janeiro: Forense, n. 193, p. 30-49, em especial p. 47, jan./fev./mar. 1961). Note-se que Amorim Filho fala em prescrição da ação, adotando a definição da *actio* romana como ação, seguindo a concepção de Muther, que conforme acima estudado não é a opção mais aceita.

(202) PRUNES, José Luiz Ferreira. *Tratado sobre prescrição e a decadência no direito do trabalho*. São Paulo: LTr, 1998. p. 355-356; COSTA, Coqueijo. *Direito judiciário do trabalho*. Rio de Janeiro: Forense, 1978. p. 83.

8. Prescrição das Pretensões Trabalhistas dos Empregados Domésticos. Lei Complementar n. 150/2015

Por muitos anos a Consolidação das Leis do Trabalho não se aplicava aos empregados domésticos por expressa determinação legal (art. 7º, a, CLT). Por outro lado, quando a Constituição de 1988 estendeu vários direitos dos trabalhadores em geral aos empregados domésticos (art. 7º, parágrafo único, CF), não alcançava aos domésticos o inciso XXIX — que trata da prescrição em relação aos trabalhadores urbanos e rurais —, assim como também nada referira a respeito a Lei n. 5.859/72 e o Decreto n. 3.361/2000.

Além disso, a Emenda Constitucional n. 72/2013 que alterou a redação do parágrafo único do art. 7º da Constituição Federal para estabelecer uma série de novos de direitos trabalhistas aos trabalhadores domésticos, não estendeu aos trabalhadores domésticos o inciso XXIX[203], mantendo a situação de omissão legislativa sobre a prescrição nestas circunstâncias.

No entanto, a LC n. 150/2015, dispõe expressamente sobre o tema, transcrevendo o inciso XXIX do art. 7º da Constituição. O texto está no art. 43 do citado dispositivo legal com a seguinte redação:

Art. 43. O direito de ação quanto a créditos resultantes das relações de trabalho prescreve em 5 (cinco) anos até o limite de 2 (dois) anos após a extinção do contrato de trabalho.

---

(203) Constituição Federal, "Art. 7º [...] Parágrafo único. São assegurados à categoria dos trabalhadores domésticos os direitos previstos nos incisos IV, VI, VII, VIII, X, XIII, XV, XVI, XVII, XVIII, XIX, XXI, XXII, XXIV, XXVI, XXX, XXXI e XXXIII e, atendidas as condições estabelecidas em lei e observada a simplificação do cumprimento das obrigações tributárias, principais e acessórias, decorrentes da relação de trabalho e suas peculiaridades, os previstos nos incisos I, II, III, IX, XII, XXV e XXVIII, bem como a sua integração à previdência social". (NR)

Em virtude desse dispositivo legal, os domésticos passaram a ter, de forma expressa, os mesmos prazos prescricionais dos trabalhadores urbanos e rurais, que era a corrente que predominava na jurisprudência pátria nos últimos tempos da omissão legislativa[204].

As observações feitas sobre a regra geral dos prazos prescricionais trabalhistas valem para os trabalhadores domésticos, que, vale dizer, a eles agora se aplicam a CLT e outras leis trabalhistas esparsas, subsidiariamente, conforme disposição do art. 19 da LC n. 150/2015:

> Art. 19. Observadas as peculiaridades do trabalho doméstico, a ele também se aplicam as Leis ns. 605, de 5 de janeiro de 1949, 4.090, de 13 de julho de 1962, 4.749, de 12 de agosto de 1965, e 7.418, de 16 de dezembro de 1985, e, subsidiariamente, a Consolidação das Leis do Trabalho (CLT), aprovada pelo Decreto-Lei n. 5.452, de 1º de maio de 1943.

Com isso, os parágrafos do art. 11 e o art. 11-A da CLT, matérias objetos do presente estudo, se aplicam subsidiariamente aos trabalhadores domésticos, tendo em vista que há omissão destes temas na LC n. 150/2015 e parece, num primeiro momento, haver compatibilidade entre as matérias.

---

(204) Por exemplo: DELGADO, Mauricio Godinho. *Curso de direito do trabalho*. 5. ed. São Paulo: LTr, 2006. p. 269.

9. Início da Contagem dos Prazos Prescricionais. Aviso-Prévio. Períodos Descontínuos de Trabalho

Os prazos prescricionais começam a correr quando nasce a pretensão, ou seja, iniciam a contar partir do momento em que o titular do direito violado pode exigir o ato ou a omissão.

Nesse sentido, dispõe o art. 189 do Código Civil de 2002:

> Violado o direito, nasce para o titular a pretensão, a qual se extingue, pela prescrição, nos prazos a que aludem os arts. 205 e 206.

Isso significa que, enquanto não efetivado o prazo prescricional fixado para exercício de determinado direito, a prescrição ainda não nasceu, "nem se pode dizer, sequer, que esteja em gestação, *in fieri*: a exceção nasce em ponto de tempo, exatamente quando se completa o prazo. Antes, tudo se passa no mundo fáctico".[205] A existência de dano não é pressuposto para o início da contagem do prazo prescricional.[206]

Essa observação tem importância para os direitos transindividuais, cujas tutelas de direitos, dadas as características específicas, objetivam, precipuamente, impedir que os ilícitos ocorram (tutela inibitória).[207]

Para que nasça a pretensão, não é pressuposto necessário que o titular conheça a existência de seu direito e pretensão. Também não tem relevância o fato de o devedor estar de má-fé[208].

---

(205) PONTES DE MIRANDA, Francisco Cavalcanti. *Tratado de direito privado.* Rio de Janeiro: Borsoi, 1955. t. 6, p. 113.
(206) *Ibidem,* p. 115-116.
(207) RAPISARDA, Cristina. Premesse allo studio della tutela civile preventiva. *Rivista di Diritto Processuale,* Padova: Cedam, v. 35, 2. serie, p. 92-154, em especial p. 103, 1980; DENTI, Vittorio. Aspetti processuali della tutela dell'ambiente. In: *Studi in memória di Salvatore Satta.* Padova: Cedam, 1982. v. 1, p. 445-461, em especial p. 452; MARINONI, Luiz Guilherme. *Tutela inibitória:* individual e coletiva. 2. ed. São Paulo: Revista dos Tribunais, 2000. p. 395-396.
(208) PONTES DE MIRANDA, Francisco Cavalcanti. *Tratado de direito privado.* Rio de Janeiro: Borsoi, 1955. t. 6, p. 117-118.

O tema também é importante para o estudo da diferença entre prescrição total e prescrição parcial, utilizadas nos casos de supressão ou alteração de prestações periódicas, tendo em vista que embora tenha o mesmo prazo de cinco anos contam-se de momentos distintos: a prescrição total iniciar a contar na data da lesão e a prescrição parcial conta-se do vencimento de cada prestação periódica que continua não sendo adimplida, que será posteriormente analisada em item específico.

A prescrição bienal começa a fluir da data do término do aviso-prévio, tendo em vista que o período do aviso-prévio, trabalhado ou indenizado, integra o contrato de trabalho para todos os efeitos jurídicos, inclusive para fins de contagem do tempo de serviço (art. 487, § 1º, da CLT).

Em outras palavras, embora o desligamento de fato do trabalhador seja na data em que tenha havido a comunicação (comunicação de dispensa), a relação jurídica se projeta, para todos os efeitos jurídicos, até a data final do aviso-prévio, seja o aviso-prévio trabalhado ou indenizado.

Nesse sentido, o entendimento pacificado pelo Tribunal Superior do Trabalho, por meio das OJs ns. 82 e 83 da SDI-1 do TST:

> 82. AVISO-PRÉVIO. BAIXA NA CTPS (inserida em 28.4.1997). A data de saída a ser anotada na CTPS deve corresponder à do término do prazo do aviso-prévio, ainda que indenizado.

> 83. AVISO-PRÉVIO. INDENIZADO. PRESCRIÇÃO (inserida em 28.4.1997). A prescrição começa a fluir no final da data do término do aviso-prévio. Art. 487, § 1º, da CLT.

Assim, o prazo prescricional de dois anos inicia na data do término do aviso-prévio do empregado, trabalhado ou indenizado. Esse raciocínio se aplica ao aviso-prévio proporcional, instituído pela Lei n. 12.506/2011.

No que tange ao início da contagem do prazo prescricional de períodos descontínuos de trabalho, da extinção do último contrato de trabalho é que começa a fluir o prazo prescricional da pretensão de somar períodos descontínuos de trabalho, conforme a Súmula n. 156 do TST:

> TST, Súmula n. 156. Da extinção do último contrato começa a fluir o prazo prescricional do direito de ação em que se objetiva a soma de períodos descontínuos de trabalho.

10. FIM DO PRAZO PRESCRICIONAL EM FERIADO, RECESSO OU EM FÉRIAS FORENSES

Recesso ou férias forenses e suspensão da contagem dos prazos são coisas diferentes, embora ocorram parcialmente simultâneas.

O período de recesso forense ocorre entre os dias 20 de dezembro e 6 de janeiro, inclusive, conforme o art. 2º da Resolução n. 244/2016 do CNJ. No recesso forense, não há expediente no Poder Judiciário, que só fica atendendo medidas consideradas urgentes (em regime de plantão). No Poder Judiciário da União, do qual a Justiça do Trabalho integra, esta matéria é prevista desde a Lei n. 5.010/66.

O CPC de 2015, no art. 220, prevê a suspensão dos prazos processuais nos dias compreendidos entre 20 de dezembro e 20 de janeiro, inclusive.

Essa regra do CPC aplica-se ao Processo do Trabalho, sendo que o TST e os TRTs expedem/resoluções sobre a matéria regulamentando detalhamentos[209].

Assim, durante esse período de 1 mês ficam suspensos os prazos processuais, bem como a publicação de acórdãos, sentenças, decisões, intimação de partes ou de advogados, exceto medidas urgentes, sendo que após 7 de janeiro haverá expediente forense.

A Súmula n. 262, item II, do TST dispunha, antes do CPC de 2015, que "o recesso forense e as férias coletivas dos Ministros do Tribunal Superior do Trabalho suspendem os prazos recursais".

Imagine que o fim dos prazos prescricionais aplicáveis ao Direito do Trabalho estudados caia num dia de feriado ou no período de férias forenses. Na hipótese de o último dia do prazo prescricional cair em feriado ou nas férias forenses, partilha-se do entendimento de que o prazo fica prorrogado para o primeiro dia útil seguinte[210], em consonância com o art. 132, § 1º, do Código Civil de 2002, que trata da contagem de prazos de direito material,

---

(209) Sobre a matéria ver: ARAÚJO, Francisco Rossal de. *O novo CPC e o processo do trabalho*: a Instrução Normativa n. 39/2016 — TST: referências legais, jurisprudenciais e comentários. São Paulo: LTr, 2017.
(210) BARROS, Alice Monteiro de. *Curso de direito do trabalho*. 4. ed. São Paulo: LTr, 2008. p. 1034.

segundo o qual "se o dia do vencimento cair em feriado, considerar-se-á prorrogado o prazo até o seguinte dia útil".

Neste sentido, observe-se que, tratando de decadência, o Tribunal Superior do Trabalho firmou entendimento de que prorroga-se para o primeiro dia útil, imediatamente subsequente, o prazo decadencial para ajuizamento de ação rescisória quando expira em férias forenses, feriados, finais de semana ou em dia em que não houver expediente forense, em aplicação do art. 775 da Consolidação das Leis do Trabalho (Súmula n. 100, IX).

11. Renúncia, Contraditório e Indisponibilidade dos Prazos Prescricionais

A prescrição pode ser renunciada de forma expressa ou tácita (desistência do direito de invocá-la, nas palavras de Câmara Leal[211]), desde que seja feita sem prejuízo de terceiro e depois que a prescrição se consumar. O interesse da parte em renunciar ao prazo prescricional está no fato de desejar que a questão jurídica de fundo seja realmente resolvida, dizendo se existe ou não o direito subjetivo reivindicado pelo autor na ação. Conforme o resultado da demanda, o réu pode ter direitos conexos que estariam prejudicados acaso alegados a prescrição. Também pode envolver interesse de terceiros, que o réu visa a resguardar ou atingir, não alegando a prescrição.

Tácita é a renúncia quando se presume de fatos do interessado, incompatíveis com a prescrição (art. 191 do Código Civil). Expressa, quando manifestada desta forma no curso da ação.

A renúncia é um ato unilateral que independe do consentimento de terceiro, por meio do qual se processa a extinção de um direito pelo particular.[212]

Sendo a prescrição um instituto que reflete diretamente um dos significativos interesses da ordem pública, qual seja, a estabilidade das relações sociais, não é permitido aos particulares alterarem os prazos de prescrição previstos em lei (art. 192 do Código Civil de 2002), tanto aumento quanto redução.[213]

Nesse sentido, Alice Monteiro de Barros[214] atesta que também no Direito do Trabalho observam o artigo do Código Civil de 2002 e não poderão ser alterados por acordo entre as partes.

---

(211) CÂMARA LEAL, Antônio Luís da. *Da prescrição e da decadência*. 2. ed. Rio de Janeiro: Forense, 1959. p. 63.
(212) TEPEDINO, Gustavo; BARBOZA, Heloisa Helena; MORAES, Maria Celina Bodin de. *Código Civil interpretado conforme a Constituição da República*. Rio de Janeiro: Renovar, 2004. p. 358.
(213) PONTES DE MIRANDA, Francisco Cavalcanti. *Tratado de direito privado*. Rio de Janeiro: Borsoi, 1955. t. 6, p. 278.
(214) BARROS, Alice Monteiro de. *Curso de direito do trabalho*. 4. ed. São Paulo: LTr, 2008. p. 1032.

12. Interrupção da Contagem dos Prazos Prescricionais. Art. 11, § 3º, da CLT, com Redação dada pela Lei n. 13.467/17

O § 3º do art. 11 da CLT, inserido pela Lei n. 13.467/17, trata da interrupção da prescrição por ajuizamento de reclamatória trabalhista e os efeitos com relação aos pedidos. A matéria já estava tratada na Súmula n. 268, TST.

A redação original da Súmula n. 268 do TST (Resolução do TST n. 1/1988, DJ 1º, 2 e 3.3.1988), trazia o entendimento de que a prescrição era interrompida pela reclamatória trabalhista, ainda que arquivada, em relação a todos os pedidos. Tratava-se de uma interpretação ampla e benéfica ao trabalhador a respeito dos efeitos da interrupção da prescrição. Era compreensível diante de um quadro de ajuizamento de ações por meio do *jus postulandi*, onde a parte, sem advogado, buscava seus direitos na Justiça do Trabalho sem consciência de todos os direitos que poderia reclamar. Portanto, poderia postular alguns direitos e, automaticamente, todos os potenciais direitos lesados tinham seu prazo prescricional interrompido.

A questão envolve o conceito de ação e cumulação de ações. Como o Processo do trabalho tem a característica da cumulação de ações, pois cada pedido é, em tese, uma ação distinta, por comodidade, todos os pedidos são processados no mesmo processo. Isso ocorre por influência do direito material, uma vez que o contrato de trabalho é marcado pela continuidade e pela pluralidade de prestações e adimplementos. Essa realidade é transposta para o Processo do trabalho, inclusive influenciando a forma como as lides são processas, em especial pela oralidade e concentração de atos processuais. Isso não impede, entretanto, que algumas provas ou diligências sejam feitas de modo específico para cada tipo de pedido. Por exemplo, em uma ação que contenha pedido de insalubridade e horas extras, o laudo pericial será apenas para a insalubridade, enquanto que a prova oral e documental poderão ser utilizadas para ambos. Alguns pedidos, por tratarem exclusivamente de matéria de direito, podem nem ter instrução. Portanto, cada pedido constitui uma ação distinta que, por comodidade, são cumuladas no mesmo processo.

A posição original era de que, ajuizado o processo, a prescrição estava interrompida em relação a todos os pedidos, mesmo que não constassem da petição inicial. Era uma posição que ampliava os efeitos da interrupção do prazo prescricional, levando em contam como se disse, que muitas ações eram propostas pela própria parte, sem a constituição de advogado (*jus postulandi*), e sem a consciência do detalhamento jurídico do prescreve ou não. Era uma postura que valorizava mais a finalidade do conceito de ação: quebrar a paz jurídica do réu em sentido amplo, e não em sentido restrito. Postulando algum tipo de pedido, estava aberta a possibilidade de interromper a totalidade dos potenciais pedidos.

Entretanto, o TST fez um giro em seu posicionamento, passando a interpretar a interrupção do prazo prescricional de forma estrita, pedido por pedido. Da interrupção genérica passou-se para a interrupção específica, mesmo que os pedidos sigam sendo cumulados todos em um mesmo processo. Em 2003, por força da Resolução do TST n. 121/2003, DJ 19, a referida corte passou a entender que somente interrompe a prescrição em relação aos mesmos pedidos. Prevaleceu o entendimento mais técnico e menos protetivo, de que a ação trabalhista é caracterizada pela cumulação de ações, sendo cada pedido uma ação. A reunião de todos os pedidos em um mesmo processo se dá por comodidade, mas conservam a independência dos prazos prescricionais. Assim, o ajuizamento da ação apenas interrompe a prescrição em relação a pedidos idênticos. Pedidos não formulados na inicial, continuam com a fluência de seu prazo prescricional.

O texto da Súmula é o seguinte:

Súmula n. 268 do TST. PRESCRIÇÃO. INTERRUPÇÃO. AÇÃO TRABALHISTA ARQUIVADA (nova redação) — Res. n. 121/2003, DJ 19, 20 e 21.11.2003

A ação trabalhista, ainda que arquivada, interrompe a prescrição somente em relação aos pedidos idênticos.

O § 3º do art. 11 da CLT, inserido pela Lei n. 13.467/2017, dispõe:

§ 3º A interrupção da prescrição somente ocorrerá pelo ajuizamento de reclamação trabalhista, mesmo que em juízo incompetente, ainda que venha a ser extinta sem resolução do mérito, produzindo efeitos apenas em relação aos pedidos idênticos.

A Reforma Trabalhista de 2017 traz para a CLT o entendimento da Súmula n. 268 do TST, mas faz algumas alterações: a) trocou a expressão "ainda que arquivada" por "ainda que venha a ser extinta sem resolução de mérito", que é mais técnica e de acordo com a sistemática do CPC/2015; b) faz referência expressa à circunstância de que a prescrição é interrompida por ação proposta em juízo ainda que incompetente, nos termos do art. 202, I, do Código Civil e art. 240, § 1º, do CPC; c) dispõe que a interrupção da prescrição "somente" ocorrerá pelo ajuizamento de reclamação trabalhista, A expressão "somente" não havia na Súmula n. 268 do TST; d) trocou a expressão "ação trabalhista" por "reclamação trabalhista". Sabe-se que a reclamação trabalhista é apenas umas das espécies de ações cabíveis no Processo do Trabalho.

Até a Reforma Trabalhista o entendimento era de que as ações em geral ajuizadas na Justiça do Trabalho poderiam gerar interrupção da prescrição desde que os pedidos fossem idênticos na primeira e na segunda ação.

O TRT da 4ª Região, em 10.11.2017, publicou "conclusão" sobre a matéria, na I Jornada sobre a Reforma Trabalhista (Proposta 3, da Comissão 1, item II), veja-se:

II — Aplicáveis ao processo trabalhista as demais causas de interrupção da prescrição previstas na legislação.

Esta proposta não é vinculante, ou seja, não obriga os magistrados trabalhistas da 4ª Região e muito menos os demais, mas reflete um posicionamento inicial desta Corte. O entendimento do TRT da 4ª Região amplia o que o legislador da reforma procurou restringir e posiciona-se na linha menos restritiva da Súmula n. 268 do TST. Ou seja, a leitura literal do § 3º do art. 11 da CLT sugere que a única forma de interrupção da prescrição é o ajuizamento de reclamação trabalhista. Com isso, estaria fechado o caminho para as outras formas de interrupção da prescrição, em especial o protesto interruptivo, previsto no art. 202, I, do Código Civil.

Esta é a causa interruptiva mais importante para o Direito do Trabalho e como a CLT a incluiu expressamente, optou-se, no presente texto, em abordá-la em separado das demais causas impeditivas, suspensivas e interruptivas da prescrição, que serão abordadas a seguir.

Saliente-se que a contagem do prazo prescricional fica interrompida apenas em relação aos pedidos idênticos aos pleiteados na primeira ação trabalhista ajuizada, ainda que arquivada.

Por exemplo, se o reclamante ajuizou reclamação trabalhista postulando o pagamento de adicional de insalubridade e horas extras, mas deixa de comparecer injustificadamente na audiência inaugural e o processo é arquivado, o prazo prescricional interrompe.

Porém, se nessa nova reclamação trabalhista o autor postula o pagamento de adicional de insalubridade, horas extras e férias vencidas, a nova contagem do prazo prescricional se dará apenas em relação aos dois primeiros pedidos (que são os únicos idênticos a reclamação arquivada), não ocorrendo o mesmo em relação ao pedido de pagamento de férias vencidas, pois como esse pedido não é idêntico aos formulados no processo que foi arquivado, não sendo abrangido pela interrupção da prescrição, tendo operado os efeitos da prescrição em relação ao pedido de férias vencidas se o ajuizamento desta pretensão ultrapassar 2 anos da extinção do contrato de trabalho e, sucessivamente, os últimos 5 anos posteriores ao ajuizamento da ação.

Um outro tema relacionado e saber se a interrupção gera novo prazo prescricional integral ou apenas devolve o prazo que restava. Para parte da doutrina, o prazo prescricional transcorrido anteriormente ao momento da interrupção será desconsiderado e iniciará uma nova contagem integral[215] do prazo prescricional. Por outro lado, também poder-se-ia entender que, tendo permanecido inerte o autor, o prazo fluido não pode mais ser recuperado, contando-se apenas o restante. Essa segunda opinião confunde os efeitos da interrupção dos prazos prescricionais com os efeitos de suspensão. Tradicionalmente, o entendimento

---

(215) MARTINS, Sergio Pinto. *Direito do trabalho*. 21. ed. São Paulo: Atlas, 2005. p. 692.

é de que, interrompido um prazo, ele volta a fluir desde o início. Na suspensão, conta-se apenas o que falta.

Também é importante perquirir qual a data de fluência (termo inicial) do novo prazo prescricional. O prazo começa a fluir a partir do dia subsequente ao último ato praticado no processo que causou a interrupção (trânsito em julgado da sentença, o acordo homologado, o arquivamento da reclamação etc.) e não do ajuizamento da ação que interrompeu o prazo.

Por último, analise a questão da nova contagem da prescrição bienal e/ou da prescrição quinquenal, uma vez considerada interrompida a prescrição.

O Tribunal Superior do Trabalho já se posicionou no sentido de que a interrupção da prescrição se dá tanto em relação ao prazo quinquenal como em relação ao prazo bienal. A jurisprudência da SBDI-I do TST abaixo contempla e exemplifica os três questionamentos, afirmando que interrompida a prescrição, o cômputo do biênio é reiniciado a partir do término da condição interruptiva, qual seja, o trânsito em julgado da decisão proferida na primeira ação, enquanto a prescrição quinquenal conta-se do primeiro ato de interrupção, isto é, a propositura da primeira Reclamação[216].

Em síntese, em relação a nova contagem dos prazos prescricionais em face da interrupção: a) a nova contagem do biênio reinicia-se no dia subsequente ao último ato praticado no processo que gerou a causa interruptiva, ou seja, a data do trânsito em julgado da decisão proferida na primeira ação (de extinção sem resolução de mérito — arquivamento); b) a nova contagem da prescrição quinquenal reinicia-se do primeiro ato de interrupção, isto é, da data de ajuizamento da primeira ação trabalhista, na forma dos art. 240 do CPC de 2015 (art. 219, inciso I, do CPC de 1973) e art. 202, parágrafo único, do Código Civil de 2002, aplicáveis subsidiariamente ao direito e ao Processo do Trabalho.

Atente-se para o fato de que no Código Civil de 1916 o trabalhador poderia interromper a prescrição tantas quantas fossem às vezes necessárias, com a finalidade de evitar que ela se consumasse.

---

(216) Nesse sentido: "EMBARGOS ANTERIORMENTE À VIGÊNCIA DA LEI N. 11.496/07 — AJUIZAMENTO DE RECLAMAÇÃO TRABALHISTA — INTERRUPÇÃO — PRESCRIÇÃO QUINQUENAL. O ajuizamento de Reclamação Trabalhista interrompe tanto a prescrição bienal quanto a quinquenal. Entender diversamente tornaria inócuo o efeito interruptivo assegurado pelos arts. 219, § 1º, do CPC e 202 do Código Civil. Dessarte, interrompida a prescrição, o cômputo do biênio é reiniciado a partir do término da condição interruptiva, qual seja, o trânsito em julgado da decisão proferida na primeira ação, enquanto a prescrição quinquenal conta-se do primeiro ato de interrupção, isto é, a propositura da primeira Reclamação. Precedentes. Embargos não conhecidos (TST-E -RR-150.500-61.2000.5.01.0055, SBDI-I, Relatora Ministra Maria Cristina Irigoyen Peduzzi, DJU de 26.10.2007)" e "EMBARGOS. PRESCRIÇÃO QUINQUENAL. ARQUIVAMENTO DA PRIMEIRA AÇÃO. PROPOSITURA DE NOVA AÇÃO. INTERRUPÇÃO DO PRAZO PRESCRICIONAL. MARCO INICIAL. A ação trabalhista, ainda que arquivada, interrompe a prescrição, nos termos da Súmula n. 268 do TST. Ou seja, reinicia-se o cômputo do prazo prescricional. Nota--se que, ali, não se faz nenhuma distinção entre a prescrição bienal e a quinquenal. Assim, reiniciando o prazo prescricional bienal a partir do trânsito em julgado da decisão proferida na primeira ação, a prescrição quinquenal deve ser contada do primeiro ato de interrupção, isto é, da propositura da primeira reclamação trabalhista, na forma dos arts. 219, inciso I, do CPC e 202, parágrafo único, do Código Civil de 2002. Embargos não conhecidos (TST-E-RR-625.457-28.2000.5.02.5555, SBDI-I, Relator Ministro Vantuil Abdala, DEJT de 29.10.2009)". Grifou-se.

Entretanto, no Código Civil de 2002 há disposição expressa de que a interrupção da prescrição poderá ocorrer uma única vez ("só pode ocorrer uma vez"), nas hipóteses legais previstas nos incisos do art. 202 do Código Civil de 2002[217], não podendo repetir não só a mesma hipótese, como qualquer das outras hipóteses legais.

Assim, a reclamação trabalhista arquivada, pelo não comparecimento do empregado na audiência inaugural, importa a interrupção da prescrição. Todavia, ela não se interromperá novamente, pelo arquivamento de nova ação trabalhista[218], não sendo passível também o ajuizamento do protesto, visto que a interrupção da prescrição ocorrerá somente uma vez.[219]

---

(217) Código Civil: "Art. 202. A interrupção da prescrição, que somente poderá ocorrer uma vez, dar-se-á:
I — por despacho do juiz, mesmo incompetente, que ordenar a citação, se o interessado a promover no prazo e na forma da lei processual;
II — por protesto, nas condições do inciso antecedente;
III — por protesto cambial;
IV — pela apresentação do título de crédito em juízo de inventário ou em concurso de credores;
V — por qualquer ato judicial que constitua em mora o devedor;
VI — por qualquer ato inequívoco, ainda que extrajudicial, que importe reconhecimento do direito pelo devedor.
Parágrafo único. A prescrição interrompida recomeça a correr da data do ato que a interrompeu, ou do último ato do processo para a interromper".
(218) MARTINS, Sergio Pinto. *Direito processual do trabalho*. 25. ed. São Paulo: Atlas, 2006.
(219) ANTUNES, Letícia Pereira. Protesto interruptivo da prescrição no processo do trabalho. *Revista Justiça do Trabalho*, ano 22, n. 258, p. 92, jun. 2005.

13. Causas Impeditivas, Suspensivas e Interruptivas da Prescrição

Diferentemente da decadência legal[220], a prescrição pode vir a não se consumar ou postergar o início da contagem devido a causas impeditivas, suspensivas e interruptivas, nos casos previstos em lei. A decadência convencional, estipulada por cláusula contratual, pode ser objeto de interrupção e suspensão.

Não corre prescrição (causas impeditivas) quando, nas hipóteses legais, embora tenha havido a lesão a um direito subjetivo prestacional, o prazo prescricional não começa a contar imediatamente, tendo o seu termo inicial postergado para algum momento ulterior, pois as causas estabelecidas em leis são preexistentes. Em outras palavras: as causas interruptivas evitam o nascimento da prescrição[221].

Desta forma, enquanto não cessar a causa impeditiva, não iniciará a fluir o prazo de prescrição, sendo que, uma vez cessada, o respectivo prazo começará a correr por inteiro.

Ocorre suspensão, quando se tem um prazo prescricional que estava em curso no momento em que a lei estabelece que esse não deve correr, ao fim da qual volta a fluir o prazo prescricional, aproveitando-se o tempo anteriormente decorrido, ou seja, a fluência da prescrição fica suspensa até a data em que cessar a causa suspensiva, quando voltará a fluir pelo tempo que faltava para se consumar[222].

---

(220) Código Civil, art. 208: "Aplica-se à decadência o disposto nos arts. 195 e 198, inciso I". Nesse sentido, THEODORO JUNIOR, Humberto. *Comentários ao novo Código Civil:* dos defeitos do negócio jurídico ao final do livro III. 4. ed. Rio de Janeiro: Forense, 2008. v. 3, t. 2, p. 439-440. Exceções legais: art. 198, I, do CC (art. 208 do CC) e art. 26, § 2º, I e III, do CDC.
(221) TEPEDINO, Gustavo; BARBOZA, Heloisa Helena; MORAES, Maria Celina Bodin de. *Código Civil interpretado conforme a Constituição da República*. Rio de Janeiro: Renovar, 2004. p. 367. Tratando da prescrição na Europa, Patti destaca que a exigência da justiça impõe que o prazo prescricional não inicie se o titular não tem a possibilidade de exercitar o direito (PATTI, Salvatore. Certezza e giustizia nel diritto della prescrizione in Europa. *Rivista Trimestrale di Diritto e Procedura Civile*, Milano: Giuffrè, v. 64, n. 1, p. 21-36, em especial p. 27, mar. 2010).
(222) Neste sentido, referindo-se ao Código Civil de 1916, é a lição de Pontes de Miranda: "O Código Civil, nos arts. 168 e 170, cogitou de tais fatos, que impedem a composição do suporte fáctico, de modo que o *tempus* não começa de correr, ou, se já estava composto o suporte fáctico, sòmente faltando o *tempus*, se suspende

Dito de outro modo, as primeiras impedem que o prazo comece a fluir e as segundas suspendem o prazo que já começou. São causas que impedem ou suspendem o curso da prescrição as previstas nos arts. 197 a 201 do Código Civil[223].

As causas impeditivas e suspensivas são as seguintes:

a) incapacidade absoluta, de que trata o art. 3º do Código Civil (art. 198, I, do Código Civil).

Não corre o prazo de prescrição trabalhista contra menor de 18 anos (art. 440 da Consolidação das Leis do Trabalho[224] e art. 10, parágrafo único, da Lei n. 5.889/73 — Lei do Trabalhador Rural). Trata-se de causa impede que o prazo prescricional, independentemente de ser o menor absoluta ou relativamente incapaz[225].

Quando a extinção de seu contrato de trabalho ocorrer em data anterior a sua maioridade, o início da contagem do prazo prescricional começará na data em que ele completar 18 anos.

Pode-se enquadrar o trabalhador na condição análoga à de escravo na hipótese impeditiva da prescrição do art. 198, I, do CC (art. 3º, III), pois quem está em situação análoga de escravo não está inerte, mas impedido de buscar seus direitos, não podendo expressar

---

o curso dêsse. Daí o capítulo II do Livro III, Título III, do Código Civil, Parte I, falar de causas 'que impedem ou suspendem a prescrição'. Se alguma pretensão nasceu *depois* de acontecer um dos fatos dos arts. 168 e 169, não começa a correr o prazo. Se antes de qualquer dêles nasceu a pretensão, o curso da prescrição suspende-se: durante a existência dele, não há pensar-se em contagem do tempo; pôsto que se compute o que correu antes. As causas de impedimento e de suspensão podem concorrer ao mesmo tempo, ou sucessivamente" (PONTES DE MIRANDA, Francisco Cavalcanti. *Tratado de direito privado*. Rio de Janeiro: Borsoi, 1955. t. 6, p. 177).
(223)   Código Civil: "Art. 197. Não corre a prescrição:
I — entre os cônjuges, na constância da sociedade conjugal;
II — entre ascendentes e descendentes, durante o poder familiar;
III — entre tutelados ou curatelados e seus tutores ou curadores, durante a tutela ou curatela.
Art. 198. Também não corre a prescrição:
I — contra os incapazes de que trata o art. 3º;
II — contra os ausentes do País em serviço público da União, dos Estados ou dos Municípios;
III — contra os que se acharem servindo nas Forças Armadas, em tempo de guerra.
Art. 199. Não corre igualmente a prescrição:
I — pendendo condição suspensiva;
II — não estando vencido o prazo;
III — pendendo ação de evicção.
Art. 200. Quando a ação se originar de fato que deva ser apurado no juízo criminal, não correrá a prescrição antes da respectiva sentença definitiva.
Art. 201. Suspensa a prescrição em favor de um dos credores solidários, só aproveitam os outros se a obrigação for indivisível."
(224)   Consolidação das Leis do Trabalho, art. 440: "Contra os menores de 18 (dezoito) anos não corre nenhum prazo de prescrição".
(225)   DELGADO, Mauricio Godinho. *Curso de direito do trabalho*. 8. ed. São Paulo: LTr, 2009. p. 239.

a sua vontade. A partir dessa premissa, o prazo prescricional para propositura de demanda buscando créditos individuais[226] inicia o prazo após a sua libertação.

  b) em relação aos ausentes do País em serviço público da União, dos Estados ou dos Municípios (art. 198, II, do Código Civil). Trata-se de outra causa impeditiva civilista aplicável ao Processo do Trabalho.

  Sustenta Mauricio Godinho Delgado[227] que, por interpretação extensiva, essa vantagem alcança os ausentes do País em face de serviço público prestado às autarquias e ao Distrito Federal.

  c) em relação aos que se acharem servindo nas Forças Armadas, em tempo de guerra (art. 198, II, do Código Civil). Essa causa impeditiva também se aplica ao processo do trabalho. A contrário senso, a prestação de serviço militar em tempo de paz não é causa impeditiva da prescrição.

  d) ato sobre o qual pende condição suspensiva e não estando vencido o prazo (art. 199, I e II, do Código Civil).

  Havia quem defendesse que a doença do empregado era uma causa suspensiva da fluência da prescrição, por analogia ao art. 199, I, CC. Todavia, o Tribunal Superior do Trabalho firmou entendimento de que "a suspensão do contrato de trabalho, em virtude da percepção do auxílio-doença ou da aposentadoria por invalidez, não impede a fluência da prescrição quinquenal, ressalvada a hipótese de absoluta impossibilidade de acesso ao judiciário" (Orientação Jurisprudencial n. 375 da SBDI- I).

  Portanto, o afastamento do trabalho em razão de incapacidade laboral passível de percepção dos benefícios previdenciários de incapacidade não implica em suspensão do prazo prescricional (de cinco anos, contados do ajuizamento da ação) durante os respectivos períodos de afastamento por tais motivos.

  É importante sublinhar a exceção prevista pela Orientação Jurisprudencial n. 375 da SBDI- I TST: no caso de "absoluta impossibilidade de acesso ao judiciário" haverá suspensão da fluência do prazo prescricional.

  Cabe referir que o TRT da Quarta Região já entendeu que suspenso o contrato por força do benefício previdenciário de aposentadoria por invalidez faz com que se suspenda (causa suspensiva) o prazo da prescrição quinquenal[228].

---

(226) No que tange aos direitos difusos trabalhistas entende-se que o tratamento deve ser diferenciado, conforme será tratado a seguir.
(227) DELGADO, Mauricio Godinho. *Curso de direito do trabalho*. 8. ed. São Paulo: LTr, 2009. p. 239.
(228) BRASIL. Tribunal Regional do Trabalho da 4ª Região. Recurso Ordinário — Aposentadoria por Invalidez. Suspensão do Contrato de Trabalho. Desembargador Relator: Ricardo Carvalho Fraga. Porto Alegre, 2007. Disponível em: <http://www.trt4.jus.br/portal/portal/trt4/consultas/jurisprudencia/gsaAcordaos/ConsultasWindow;jsessionid=FB20D471880978BE2CA9C7C27ECE4DEC.node-jb203?action=2>. Acesso em: 29 out. 2009.

e) Há suspensão do prazo prescricional a partir da provocação da Comissão de Conciliação Prévia, recomeçando a fluir, pelo tempo que lhe restar, a partir da tentativa frustrada de conciliação ou do esgotamento do prazo de dez dias para a realização da sessão de tentativa de conciliação a partir da provocação do interessado (art. 625-G da Consolidação das Leis do Trabalho[229]).

f) Há controvérsia se o processo no juízo criminal suspende o prazo prescricional no juízo trabalhista (art. 200 do CC).

Essa hipótese não está prevista na lista taxativa do Código Civil. Deve ser ajuizada a ação trabalhista e, se for o caso, suspenso o processo (art. 265, IV, CPC). O ilícito trabalhista é autônomo em relação ao penal.

Não parece ter sido esse o entendimento do Tribunal Superior do Trabalho, partindo das premissas adotadas na Orientação Jurisprudencial n. 401 da SBDI-I, especialmente nos casos em que se despede um empregado por falta grave de improbidade, havendo sido dado início também à persecução criminal.

Note-se que o TST já entendeu pela aplicação o art. 65 do Código de Processo Penal, isto é, embora haja a independência entre as esferas trabalhista e criminal, quando reconhecido o estado de necessidade, a legítima defesa, o estrito cumprimento de um dever legal ou o exercício regular de um direito, a sentença penal fará coisa julgada na justiça trabalhista.

g) o sindicato que ajuiza ação como substituto processual, nos termos da OJ n. 359 — TST, SBDI-I, mesmo quando considerado como parte ilegítima. O texto da OJ é seguinte:

359. SUBSTITUIÇÃO PROCESSUAL. SINDICATO. LEGITIMIDADE. PRESCRIÇÃO. INTERRUPÇÃO (DJ 14.3.2008)

A ação movida por sindicato, na qualidade de substituto processual, interrompe a prescrição, ainda que tenha sido considerado parte ilegítima *ad causam.*

Além disso, os prazos prescricionais em curso podem sofrer interrupção (arts. 202 a 204 do Código Civil[230]). Diferentemente das hipóteses de suspensão, na interrupção o prazo

---

(229) Consolidação das Leis do Trabalho, art. 625-G: "O prazo prescricional será suspenso a partir da provocação da Comissão de Conciliação Prévia, recomeçando a fluir, pelo que lhe resta, a partir da tentativa frustada de conciliação ou do esgotamento do prazo previsto no art. 625-F"; Consolidação das Leis do Trabalho, art. 625-F: "As Comissões de Conciliação Prévia têm prazo de dez dias para a realização da sessão de tentativa de conciliação a partir da provocação do interessado".

(230) Código Civil: "Art. 202. A interrupção da prescrição, que somente poderá ocorrer uma vez, dar-se-á:

I — por despacho do juiz, mesmo incompetente, que ordenar a citação, se o interessado a promover no prazo e na forma da lei processual;

II — por protesto, nas condições do inciso antecedente;

III — por protesto cambial;

IV — pela apresentação do título de crédito em juízo de inventário ou em concurso de credores;

V — por qualquer ato judicial que constitua em mora o devedor;

prescricional transcorrido anteriormente a causa interruptiva é desprezado e principia-se uma nova contagem do zero.[231] Em outras palavras, nas causas interruptivas, o prazo que estava a correr apaga-se, como se não tivesse iniciado, e inicia novo prazo.[232] Importa salientar que a nova redação do Código Civil de 2002 estabelece que a interrupção da prescrição poderá ocorrer uma única vez (art. 202).Repare-se que a alegação de prescrição de modo nenhum implica reconhecimento de obrigação, conforme esclarece Pontes de Miranda.[233]

Causas que interrompem o prazo prescricional:

a) despacho do Juiz, mesmo incompetente, ordenando a citação, desde que esta seja promovida pelo interessado, no prazo e na forma da lei processual (art. 202, I, Código Civil).

De acordo com o Código Civil o efeito interruptivo decorre da citação válida que retroagirá à data do despacho, se promovida no prazo e na forma estabelecidos no Código de Processo Civil, ou à data da distribuição, onde houver mais de uma vara. Proposta a ação no prazo legal, em caso de demora da citação ou de obtenção de despacho por motivos inerentes ao mecanismo da Justiça, não há que se falar em declarar a prescrição ou a decadência, uma vez que não houve inércia do titular da ação e sim do próprio Judiciário.[234]

No Processo do Trabalho, a citação independe de despacho judicial, motivo pelo qual o ajuizamento da reclamação, por ser equivalente àquele despacho interrompe a prescrição. Verifica-se assim, que a interrupção da prescrição se dá no dia em que a reclamatória é interposta, já que a notificação não depende de despacho judicial ou de manifestação da parte.[235]

VI — por qualquer ato inequívoco, ainda que extrajudicial, que importe reconhecimento do direito pelo devedor.
Parágrafo único. A prescrição interrompida recomeça a correr da data do ato que a interrompeu, ou do último ato do processo para a interromper."
Art. 203. A prescrição pode ser interrompida por qualquer interessado.
Art. 204. A interrupção da prescrição por um credor não aproveita aos outros; semelhantemente, a interrupção operada contra o codevedor, ou seu herdeiro, não prejudica aos demais coobrigados.
§ 1º A interrupção por um dos credores solidários aproveita aos outros; assim como a interrupção efetuada contra o devedor solidário envolve os demais e seus herdeiros.
§ 2º A interrupção operada contra um dos herdeiros do devedor solidário não prejudica os outros herdeiros ou devedores, senão quando se trate de obrigações e direitos indivisíveis.
§ 3º A interrupção produzida contra o principal devedor prejudica o fiador."
(231)   Fazendo alusão ao princípio da separação das pretensões, Pontes de Miranda esclarece que "a interrupção limita-se à pretensão que está em causa, e não se estende a qualquer outra que se irradie da mesma relação jurídica que é *res deducta*; nem se opera a respeito de outra pessoa que aquela que pratica o ato interruptivo" (PONTES DE MIRANDA, Francisco Cavalcanti. *Tratado de direito privado*. Rio de Janeiro: Borsoi, 1955. t. 6, p. 242).
(232)   Há, todavia, uma exceção no Direito Administrativo (Decreto n. 20.910/32) dispondo que, contra a União, os Estados, Municípios e as respectivas fazendas, a interrupção recomeça a correr pela metade, conforme TEPEDINO, Gustavo; BARBOZA, Heloisa Helena; MORAES, Maria Celina Bodin de. *Código Civil interpretado conforme a Constituição da República*. Rio de Janeiro: Renovar, 2004. p. 389.
(233)   PONTES DE MIRANDA, Francisco Cavalcanti. *Tratado de direito privado*. Rio de Janeiro: Borsoi, 1955. t. 6, p. 246.
(234)   GONÇALVES, Carlos Roberto. *Direito civil brasileiro*. São Paulo: Saraiva, 2003. v. I.
(235)   BARROS, Alice Monteiro de. *Curso de direito do trabalho*. 3. ed. São Paulo: LTr, 1997. v. I, p. 203-204.

Em outras palavras, a data da propositura da ação fixa o termo exato da interrupção, porque a citação no Processo do Trabalho é automática (art. 841, CLT).[236]

Neste sentido o Tribunal Superior do Trabalho tem decidido que não se aplica no processo trabalhista as disposições do art. 240, § 1º, do CPC de 2015 (art. 219, § 4º, do CPC) em virtude de o procedimento citatório no Processo Civil ser distinto daquele contido no art. 841 da CLT, o que impossibilita a aplicação, de forma subsidiária, do processo comum ao processo laboral.

A ausência de citação válida no Processo de Trabalho não é ônus a ser suportado pelo reclamante, por ausência de disposição legal imputando-lhe tal encargo, prevalecendo, portanto, o entendimento de que o simples ajuizamento da reclamação trabalhista, ainda que arquivada, interrompe a prescrição.[237]

b) o protesto judicial (art. 202, II, Código Civil).

O protesto é uma medida cautelar destinada a conservação ou ressalva de direitos. Todo aquele que desejar prevenir responsabilidade, prover a conservação e ressalva de seus direitos ou manifestar qualquer intenção de modo formal, poderá fazer por escrito o seu protesto, em petição dirigida ao juiz, e requerer que do mesmo se intime a quem de direito, na forma do art. 726 do CPC de 2015 (art. 867 do CPC de 1973).

Em junho de 2010 (DJ 9.6.2010), o Tribunal Superior do Trabalho, por meio da Orientação Jurisprudencial n. 392 da SBDI-I, pacificou entendimento no sentido de que o protesto judicial é medida aplicável no processo do trabalho, por força do art. 769 da Consolidação das Leis do Trabalho, sendo que o seu ajuizamento, por si só, interrompe o prazo prescricional, *verbis*:

TST, Orientação Jurisprudencial da SBDI-I 392: PRESCRIÇÃO. INTERRUPÇÃO. AJUIZAMENTO DE PROTESTO JUDICIAL. MARCO INICIAL. O protesto judicial é medida aplicável no processo do trabalho, por força do art. 769 da CLT, sendo que o seu ajuizamento, por si só, interrompe o prazo prescricional, em razão da inaplicabilidade do § 2º do art. 219 do CPC, que impõe ao autor da ação o ônus de promover a citação do réu, por ser ele incompatível com o disposto no art. 841 da CLT.

Em resumo: O protesto é uma medida prevista no CPC, mas aplicável ao Processo do Trabalho. Todavia, a data de início da interrupção da prescrição (termo inicial) é o ajuizamento da ação de protesto e não a data de citação do réu.

Essa diferença em relação ao Processo Civil ocorre porque, no Processo do Trabalho, a citação é automática[238] (art. 841, CLT), independendo de despacho judicial, motivo pelo

---

(236) DELGADO, Mauricio Godinho. *Curso de direito do trabalho*. 5. ed. São Paulo: LTr, 2006. p. 260-261.
(237) BRASIL. Tribunal Superior do Trabalho. Recurso de Revista. Relator: Ministro Aloysio Silva Corrêa da Veiga Brasília, 2002. Disponível em: <http://brs02.tst.jus.br/cgi-bin/nph-brs?s1=3574192.nia.&u=/Brs/it01.html&p=1&l=1&d=blnk&f=g&r=1>. Acesso em: 29 out. 2009.
(238) DELGADO, Mauricio Godinho. *Curso de direito do trabalho*. 5. ed. São Paulo: LTr, 2006. p. 260-261.

qual a data da propositura da ação fixa o termo exato da interrupção, por ser equivalente àquele despacho interrompe a prescrição.

O protesto judicial tem que ser específico. O protesto genérico não é suficiente para interromper a prescrição de todos os direitos do contrato de trabalho. Para promover a interrupção do prazo prescricional, o protestante deve ser explícito e declarar que o protesto tem por fim interromper a prescrição de tais e tais direitos, para não dar margem a dúvidas.[239]

O ajuizamento do protesto interruptivo da prescrição pode ser útil em diversas ocasiões, sendo as hipóteses mais comuns quando a parte autora tem a necessidade de ganhar tempo para buscar provas essenciais para a solução da causa, aguardar acontecimento de fato futuro para garantir o direito subjetivo, como por exemplo: o trânsito em julgado de ação trabalhista em andamento.[240]

No Processo do Trabalho o protesto tem sido usado notadamente para interromper a prescrição (art. 202, II, do CC) e para preservar a data-base da categoria (art. 616, § 3º, da CLT c/c item II da IN n. 4/93-TST), sempre judicialmente.

O segundo caso — protesto interruptivo da data-base — é utilizado no âmbito coletivo e tem por objetivo garantir a data-base de determinada categoria profissional (e a permanência dos direitos previstos na norma coletiva anterior enquanto não há definição da norma coletiva seguinte), em face da demora na composição extrajudicial do conflito coletivo.

O primeiro caso — protesto para interromper a prescrição — em princípio pode ocorrer no âmbito individual (com a indicação dos pedidos cuja interrupção prescricional busca-se), sendo mais frequente por meio dos sindicatos da categoria dos trabalhadores (mediante substituição processual).

Por exemplo, em determinada reclamação trabalhista (ação individual), a reclamante postulou horas extras num período de mais de 10 anos de contrato de trabalho, noticiou e comprovou a existência de uma ação de protesto[241] ajuizada, em 15.10.2010, pelo Sindicato da sua categoria (Sindicato dos Bancários de Porto Alegre e Região), buscando a interrupção do prazo prescricional relativo à pretensão de pagamento de horas extras, sendo que a reclamante constava com uma das substituídas pelo Sindicato no chamado rol de substituídos da

---

(239) LORENZETTI, Ari Pedro. *A prescrição no direito do trabalho*. São Paulo: LTr, 1999. PRESCRIÇÃO BIENAL. INTERRUPÇÃO. PROTESTO JUDICIAL. O protesto genérico não é suficiente para interromper a prescrição de todos os direitos do contrato de trabalho. A cobrança sem especificação do que é devido não atende à finalidade do protesto.
TRT da 4ª Região
Acórdão — Processo 0021542-29.2014.5.04.0202 (RO).
Data: 26.6.2017
Órgão julgador: 5ª Turma
Redator: Brígida Joaquina Charão Barcelos Toschi
(240) ANTUNES, Letícia Pereira. Protesto interruptivo da prescrição no processo do trabalho. *Revista Justiça do Trabalho*, ano 22, n. 258, jun. 2005.
(241) Processo n. 0001407-87.2010.5.04.0023.

ação de protesto. A reclamação trabalhista foi ajuizada em 10.12.2015. O acórdão manteve a sentença de origem, com uma pequena alteração de data, declarando a prescrição de créditos anteriores a 15.12.2005 quanto ao pagamento de horas extras[242].

Lembre-se que no Código Civil de 2002 há disposição expressa de que a interrupção da prescrição poderá ocorrer uma única vez, nas hipóteses legais previstas nos incisos do art. 202 do Código Civil de 2002, dentre os quais está o protesto, não podendo repetir não só a mesma hipótese, como qualquer das outras hipóteses legais.

Ainda há que se destacar a situação em que houve a interposição de protesto antes do Código Civil de 2002 (na vigência do Código Civil de 1916 o trabalhador poderia interromper a prescrição tantas quantas fossem às vezes necessárias, com a finalidade de evitar que ela se consumasse, pois não havia limitação legal) e a interposição de novo protesto após a vigência do novo código.

Nesta situação o Tribunal Superior do Trabalho não tem conhecido da interposição do segundo protesto judicial interruptivo de prescrição, ainda que o primeiro protesto tenha sido realizado antes da vigência do novo Código Civil (cuja vigência iniciou em janeiro de 2003), pois quando entrou em vigor o Novo Código Civil o direito de ação do reclamante estava resguardado por um protesto judicial.[243]

O protesto judicial não se confunde com o protesto cambial, que figura como terceira hipótese de interrupção da prescrição (art. 202, III, Código Civil), porque indica inequivocamente, que o titular do direito violado não está inerte.

c) protesto cambial (art. 202, III, Código Civil).

Originalmente, o Processo do Trabalho não continha a possibilidade de execução de títulos extrajudiciais. As dívidas trabalhistas a serem executadas decorriam de condenações judiciais. Portanto, a execução, no Processo do Trabalho, se dava em função de títulos judiciais. Os títulos executivos extrajudiciais são documentos particulares que a lei dá expressamente força executiva, sem necessidade de processo de cognição. Possuem previsão expressa e constituem *numerus clausus*. O art. 876 da CLT, com a redação dada pela Lei n. 9.958/2000, trouxe a previsão de dois títulos executivos extrajudiciais para o Processo do Trabalho: os termos de ajuste de conduta firmados perante o Ministério Público do Trabalho e os termos de conciliação firmados perante as Comissões de Conciliação Prévia. A competência para julgar estas execuções é do mesmo Juiz que julgaria o feito no processo de conhecimento relativo à matéria (art. 877-A, CLT).

Os demais títulos executivos extrajudiciais são mencionados expressamente pelo CPC, no art. 784, cujo texto é o seguinte:

---

(242) TRT da 4ª Região, 8ª Turma, Acórdão do processo 0021730-22.2015.5.04.0029 (RO), Relator: Des. Francisco Rossal de Araujo, DJ 2.12.2016.
(243) BRASIL. Tribunal Superior do Trabalho. Agravo de Instrumento. Ministro Relator: Alberto Luiz Bresciani de Fontan Pereira. Brasília, 2009. Disponível em: <http://brs02.tst.jus.br/cgi-bin/nph-brs?s1=4802269.nia.&u=/Brs/it01.html&p=1&l=1&d=blnk&f=g&r=1>. Acesso em: 29 out. 2009.

Art. 784. São títulos executivos extrajudiciais:

I — a letra de câmbio, a nota promissória, a duplicata, a debênture e o cheque;

II — a escritura pública ou outro documento público assinado pelo devedor;

III — o documento particular assinado pelo devedor e por 2 (duas) testemunhas;

IV — o instrumento de transação referendado pelo Ministério Público, pela Defensoria Pública, pela Advocacia Pública, pelos advogados dos transatores ou por conciliador ou mediador credenciado por tribunal;

V — o contrato garantido por hipoteca, penhor, anticrese ou outro direito real de garantia e aquele garantido por caução;

VI — o contrato de seguro de vida em caso de morte;

VII — o crédito decorrente de foro e laudêmio;

VIII — *o crédito, documentalmente comprovado, decorrente de aluguel de imóvel, bem como de encargos acessórios, tais como taxas e despesas de condomínio;*

IX — *a certidão de dívida ativa da Fazenda Pública da União, dos Estados, do Distrito Federal e dos Municípios, correspondente aos créditos inscritos na forma da lei;*

X — *o crédito referente às contribuições ordinárias ou extraordinárias de condomínio edilício, previstas na respectiva convenção ou aprovadas em assembleia geral, desde que documentalmente comprovadas;*

XI — *a certidão expedida por serventia notarial ou de registro relativa a valores de emolumentos e demais despesas devidas pelos atos por ela praticados, fixados nas tabelas estabelecidas em lei;*

XII — *todos os demais títulos aos quais, por disposição expressa, a lei atribuir força executiva.*

§ 1º A propositura de qualquer ação relativa a débito constante de título executivo não inibe o credor de promover-lhe a execução.

§ 2º Os títulos executivos extrajudiciais oriundos de país estrangeiro não dependem de homologação para serem executados.

§ 3º O título estrangeiro só terá eficácia executiva quando satisfeitos os requisitos de formação exigidos pela lei do lugar de sua celebração e quando o Brasil for indicado como o lugar de cumprimento da obrigação.

Os títulos extrajudiciais como o cheque e a nota promissória vinham sendo cogitados pela doutrina para, quando associados a dívidas trabalhistas, serem executados imediatamente, sem a necessidade de um processo de cognição. Entretanto, tais títulos têm a característica da cartularidade, ou seja, enunciam uma dívida registrada no próprio título, sem a necessidade demonstração de nexo causal. A IN n. 39/2016 — TST entende pela compatibilidade da execução extrajudicial desses dois títulos de crédito previstos no art. 784, I, do CPC, mas condiciona à demonstração no nexo causal inequívoco com uma dívida trabalhista. Um exemplo disso é confrontar o valor do termo de rescisão contratual com o valor do cheque e, havendo coincidência, presumir-se o nexo. Uma questão que surge é o momento em que se fará esta prova, acaso seja impugnada pelo executado, uma vez que se o processo executivo estará iniciado. Caberá ao Juiz abrir o espaço para o contraditório e para a devida instrução, se necessário.

Outra questão a ser levantada é o motivo pelo qual o TST não incluiu a hipótese do inciso II do art. 784 (documento particular assinado pelo devedor e duas testemunhas) que, embora de difícil configuração prática, também poderia ter nexo causal relacionado a uma dívida trabalhista. O Inciso IV (instrumento de transação extrajudicial) não foi incluído porquanto o TST não admitiu a audiência de mediação prevista no novo CPC (art. 2º, IV, IN n. 39/2016 — TST) e manteve os poderes do Juiz para presidir as conciliações nos feitos submetidos à jurisdição da Justiça do Trabalho (art. 3º, III, IN n. 39/2016 — TST).

Título extrajudicial estrangeiro não depende de homologação do STJ. Os requisitos formais regem-se pela lei do país onde o título foi criado, mas o título deve indicar o Brasil como local de cumprimento da obrigação (art. 21, II e 784, §§ 2º e 3º, CPC).

No Processo Civil, é comum a chamada cautelar de sustação de protesto para contestar judicialmente protesto de títulos de créditos realizados perante o Cartório de Protestos de Títulos.

No Processo do Trabalho, o protesto tem sido usado sempre judicialmente, não como medida cambial. Vale dizer que a decisão transitada em julgado, proferida no Processo do Trabalho, como meio de coerção, poderá ser levada a protesto (extrajudicial), no termos da lei, em aplicação subsidiária do art. 517 do CPC de 2015[244].

Nada impede que, com a sistemática utilizada pela IN n. 39/2016 — TST, que traz a compatibilidade da nota promissória e do cheque associados inequivocamente a dívidas trabalhistas, que o protesto cambial destes títulos, possa interromper a prescrição.

d) outra modalidade de causa de interrupção da prescrição prevista pelo artigo 202, IV do Código Civil é a apresentação do título de crédito em juízo de inventário ou em concurso de credores, onde a habilitação do credor em inventário, nos autos da falência ou da insolvência civil, constitui comportamento ativo, demonstrando a intenção do titular do direito em interromper a prescrição.[245]

e) também se constituem em causas de interrupção da prescrição qualquer ato judicial que constitua em mora o devedor (art. 202, V, Código Civil).

---

(244) Sobre a matéria ver: ARAÚJO, Francisco Rossal de. *O novo CPC e o processo do trabalho*: a Instrução Normativa n. 39/2016 — TST: referências legais, jurisprudenciais e comentários. São Paulo: LTr, 2017.
(245) GONÇALVES, Carlos Roberto. *Direito civil brasileiro*. São Paulo: Saraiva, 2003. v. I.

Conforme acima estudado, a propositura de reclamação trabalhista, ainda que arquivada, é exemplo dessa possibilidade, não obstante tão somente em relação aos pedidos idênticos (art. 11, § 3º, da CLT, com redação dada pela Lei n. 13.467/2017 e Súmula n. 268 do TST).

Em linha menos restritiva que a determinada pelo legislador da Reforma Trabalhista de 2017, o Tribunal Superior do Trabalho vinha entendendo (até a vigência da Lei n. 13.467/2017 pelo menos) que o ajuizamento de ação de consignação em pagamento pelo empregador interrompe o fluxo do prazo prescricional, por tornar litigiosa a matéria em debate, trazendo como referência de fundamentação a Súmula n. 268 do TST, que trata da interrupção do lapso prescricional em face do ajuizamento de reclamação trabalhista, ainda que arquivada.[246]

Outro argumento de que a propositura de ação de consignação em pagamento também interrompe a prescrição é de que ela demonstra ato judicial inequívoco do devedor[247].

Note-se que nos casos previstos em lei (art. 335, Código Civil) se o credor não puder, ou, sem justa causa, recusar receber o pagamento, ou dar quitação na devida forma; se o credor não for, nem mandar receber a coisa no lugar, tempo e condição devidos; se o credor for incapaz de receber, for desconhecido, declarado ausente, ou residir em lugar incerto ou de acesso perigoso ou difícil; se ocorrer dúvida sobre quem deva legitimamente receber o objeto do pagamento; se pender litígio sobre o objeto do pagamento), poderá o devedor ou terceiro requerer, com efeito de pagamento, a consignação da quantia ou da coisa devida (art. 690-A do CPC de 2015; art. 890 do CPC de 1973), extinguindo a obrigação (art. 334, Código Civil). Tendo em vista que a CLT é omissa acerca dessa espécie de ação e de que há compatibilidade da mesma com os princípios processuais trabalhistas, pode se aplicar o CPC (art. 690-A, CPC/2015; art. 890 e seguintes, do CPC/1973), considerando sua aplicação subsidiária ao Processo do Trabalho (art. 769, CLT).

Nesse sentido, a ação de consignação e julgamento ajuizada na Justiça do Trabalho é regida pelo Código de Processo Civil, excepcionando a regra trabalhista de sujeição aos ritos

---

[246] Ver, nesse sentido, "AGRAVO DE INSTRUMENTO EM RECURSO DE REVISTA — RITO SUMARÍSSIMO — PRESCRIÇÃO TOTAL — INTERRUPÇÃO DO PRAZO PRESCRICIONAL — AJUIZAMENTO DE ANTERIOR AÇÃO DE CONSIGNAÇÃO EM PAGAMENTO PELO EMPREGADOR. O art. 7º, XXIX, da Constituição da República estabelece como marco final da prescrição o limite de dois anos após a extinção do contrato de trabalho. Ocorre que, em determinadas situações, é possível a interrupção do lapso prescricional, como no caso de ajuizamento de reclamação trabalhista, ainda que arquivada ou extinta sem julgamento de mérito, nos termos dos arts. 202, I e II, do Código Civil de 2002 e 219 do CPC. Nesse exato sentido é o entendimento sufragado na Súmula n. 268 do TST. Tendo a Corte regional consignado que o ajuizamento de ação de consignação em pagamento pelo empregador interrompeu o fluxo do prazo prescricional, por tornar litigiosa a matéria em debate, relativa às razões da dispensa do autor, não há como se divisar ofensa ao art. 7º, inciso XXIX, da Magna Carta, notadamente quando o debate acerca da interrupção ou não da prescrição escapa da seara constitucional, estando regulado pelo Código Civil. A ofensa ao texto constitucional somente poderia se dar de forma reflexa, o que desatende às exigências do § 6º do art. 896 da CLT, que regula as hipóteses de cabimento do recurso de revista sob o rito sumaríssimo" (TST, 4ª Turma, processo AIRR 93-24.2011.5.05.0612, Relator Ministro Luiz Philippe Vieira de Mello Filho, DEJT 11.10.2012).
[247] PRUNES, José Luiz Ferreira. *Tratado sobre prescrição e a decadência no direito do trabalho*. São Paulo: LTr, 1998. p. 360.

ordinário ou sumaríssimo, previstos na CLT (art. 1º da IN n. 27/2005 — TST), com exceção da sistemática recursal que se dá de acordo com a CLT (art. 1º da IN n. 27/2005 — TST).

Todavia, algumas dessas normas do CPC têm sido consideradas incompatíveis com o Processo do Trabalho, como o procedimento extrajudicial de consignação, segundo o qual se tratando de obrigação em dinheiro, poderá o devedor ou terceiro optar pelo depósito da quantia devida, em estabelecimento bancário, oficial onde houver, situado no lugar do pagamento, em conta com correção monetária, cientificando-se o credor por carta com aviso de recepção, assinado o prazo de 10 (dez) dias para a manifestação de recusa (art. 335, § 1º, do CC)[248].

A desistência da ação com a expressa concordância da parte adversa devidamente homologada pelo juízo gera a extinção do feito sem resolução de mérito, forte no art. 485, VIII, do CPC de 2015 (art. 267, VIII, do CPC/1973), permitindo ao reclamante o ajuizamento de nova ação. Tendo em vista que nesse caso houve o ajuizamento de ação trabalhista, pressuposto da Súmula n. 268 do TST para interrupção da prescrição, entende-se que opera a interrupção da prescrição nos mesmos moldes da interrupção pelo ajuizamento de ação arquivada[249].

Havendo extinção do processo sem resolução de mérito por indeferimento da petição inicial, também há interrupção da prescrição.

Levando em conta que nesse caso houve o ajuizamento de ação trabalhista, pressuposto do art. 11, § 3º, da CLT e da Súmula n. 268 do TST para interrupção da prescrição, entende-se que se opera a interrupção da prescrição[250].

A hipótese mais comum de indeferimento da petição inicial se dá quando a petição inicial for inepta (inépcia da inicial[251]), que no Processo do Trabalho geralmente se dá parcialmente — relativamente a um ou mais pedidos-, ainda que possa existir situação em que é declarada inepta toda petição inicial.

Considera-se inepta a petição inicial quando: a) lhe faltar pedido ou causa de pedir; b) da narração dos fatos não decorrer logicamente a conclusão; c) o pedido for juridicamente impossível; d) contiver pedidos incompatíveis entre si. Quando o juiz declara a inépcia da

---

(248) Sobre a matéria ver: ARAÚJO, Francisco Rossal de. *O novo CPC e o processo do trabalho*: a Instrução Normativa n. 39/2016 — TST: referências legais, jurisprudenciais e comentários. São Paulo: LTr, 2017.
(249) Prescrição — Desistência de ação não apaga a interrupção (TST, 2ª Turma, RR 4.974/79, Relator Ministro Orlando Coutinho, DJ 13.11.81), contido em PRUNES, José Luiz Ferreira. *Tratado sobre prescrição e a decadência no direito do trabalho*. São Paulo: LTr, 1998. p. 353.
(250) Reclamatória extinta por inépcia da inicial. O prazo prescricional interrompido em razão da citação válida reinicia-se a partir da sentença que extinguiu o processo. (TST, 4ª Turma, RR 162596/95, Relator Ministro Almir Pazzianottto Pinto, DJ 30.6.1995), contido em PRUNES, José Luiz Ferreira. *Tratado sobre prescrição e a decadência no direito do trabalho*. São Paulo: LTr, 1998. p. 401.
(251) Art. 335, I, do CPC de 2015 e art. 330, I, do CPC de 1973, aplicáveis ao processo do trabalho, pois preenchidas as exigências de omissão e compatibilidade com as normas processuais trabalhistas (Consolidação das Leis do Trabalho, art. 769).

petição inicial, a consequência é a extinção do processo sem julgamento de mérito[252], em relação aos pedidos abrangidos pela declaração de inépcia.

Salvo nas hipóteses do art. 330 do CPC de 2015 (art. 295, CPC/1973), o indeferimento da petição inicial, por encontrar-se desacompanhada de documento indispensável à propositura da ação ou não preencher outro requisito legal, somente é cabível se, depois de intimada para suprir a irregularidade em 10 (dez) dias, a parte não o fizer, conforme entendimento firmado pelo TST na Súmula n. 263, cujo texto é o seguinte:

> PETIÇÃO INICIAL. INDEFERIMENTO. INSTRUÇÃO OBRIGATÓRIA DEFICIENTE (nova redação em decorrência do CPC de 2015) — Res. n. 208/2016, DEJT divulgado em 22, 25 e 26.4.2016
>
> Salvo nas hipóteses do art. 330 do CPC de 2015 (art. 295 do CPC de 1973), o indeferimento da petição inicial, por encontrar-se desacompanhada de documento indispensável à propositura da ação ou não preencher outro requisito legal, somente é cabível se, após intimada para suprir a irregularidade em 15 (quinze) dias, mediante indicação precisa do que deve ser corrigido ou completado, a parte não o fizer (art. 321 do CPC de 2015).

A Súmula n. 263 do TST informa que o indeferimento da petição inicial por uma das hipóteses do art. 330 do CPC de 2015 (art. 295 do CPC de 1973), exige a prévia intimação da parte para suprir a irregularidade no prazo de 15 (dias) dias.

Vale lembrar que no rito sumaríssimo o não atendimento da indicação do valor correspondente a cada pedido e correta indicação do nome e endereço do reclamando já importava "no arquivamento da reclamação e condenação ao pagamento de custas sobre o valor da causa" (art. 852-B, § 1º, CLT).

A Lei n. 13.467/17, inspirada no rito sumaríssimo (art. 852-A, CLT), alterou o § 1º do art. 840 da CLT, passando a exigir a indicação de valor nas reclamações trabalhistas de todos os procedimentos:

> Art. 840. [...]
>
> § 1º Sendo escrita, a reclamação deverá conter a designação do juízo, a qualificação das partes, a breve exposição dos fatos de que resulte o dissídio, o pedido, que deverá ser certo, determinado e com indicação de seu valor, a data e a assinatura do reclamante ou de seu representante.
>
> § 2º Se verbal, a reclamação será reduzida a termo, em duas vias datadas e assinadas pelo escrivão ou secretário, observado, no que couber, o disposto no § 1º deste artigo.
>
> § 3º Os pedidos que não atendam ao disposto no § 1º deste artigo serão julgados extintos sem resolução do mérito." (NR)

---

(252) Art. 966, I, do CPC de 2015 e art. 485, I, do CPC de 1973, aplicáveis ao processo do trabalho, pois preenchidas as exigências de omissão e compatibilidade com as normas processuais trabalhistas (Consolidação das Leis do Trabalho, art. 769).

O TRT da 4ª Região, em 10.11.2017, publicou duas "conclusões" sobre a matéria, na I Jornada sobre a Reforma Trabalhista (Propostas 6 e 7 da Comissão 1), veja-se:

PROPOSTA 6: PETIÇÃO INICIAL. VALOR DO PEDIDO. A similitude da redação dos arts. 852-B e a nova redação do art. 840, § 1º, da CLT dada pela Lei n. 13.467/17, frente a jurisprudência consolidada nos processos submetidos ao rito sumaríssimo, impõe que eventual condenação esteja limitada ao valor atribuído ao pedido nos termos do art. 492 do CPC.

PROPOSTA 7: PETIÇÃO INICIAL. EMENDA. São compatíveis os arts. 321, parágrafo único, do CPC e o art. 840, § 3º da CLT (arts. 769 da CLT e 15 do CPC), sendo inviável a extinção do processo sem apreciação do mérito antes de oportunizada a emenda da petição inicial.

Esta proposta não é vinculante, ou seja, não obriga os magistrados trabalhistas da 4ª Região e muito menos os demais, mas reflete um posicionamento inicial desta Corte.

Segundo esta proposta: a) os valores indicados para os pedidos das reclamações trabalhistas limitam eventual condenação. Daí a importância de bem atribuir os valores concernentes aos pedidos na petição inicial; b) é inviável a extinção do processo que não conter a indicação do valor de pedido de modo direto, devendo-se oportunizar a parte a emenda da petição inicial (mediante intimação para suprir a irregularidade).

Note-se que de acordo com o art. 203 do Código Civil a prescrição "pode ser interrompida por qualquer interessado". Incluem-se aqui as ações ajuizadas pelas entidades sindicais profissionais ou pelo Ministério Público do Trabalho, na condição de substitutos processuais[253], onde mesmo extintos os processos sem resolução de mérito, tais ações geram interrupção da prescrição no que tange a direitos individuais[254].

O Tribunal Superior do Trabalho, por meio da Súmula n. 286, adota entendimento restritivo sobre a possibilidade do sindicato promover reclamações, em nome próprio, em favor de interesses concretos dos trabalhadores integrantes da respectiva categoria, sendo

---

(253) São substitutos processuais no Processo do Trabalho: As entidades sindicais (sindicato, federação e confederação) e o Ministério Público do Trabalho. A Súmula n. 310 do Tribunal Superior do Trabalho que dispunha sobre hipóteses restritivas de substituição processual pelos sindicatos foi cancelada pela Resolução n. 119, de 1º.10.2003 do Pleno desta mesma corte, em atenção a julgamentos do Supremo Tribunal Federal no sentido de interpretar que o art. 8º, III, da Constituição autoriza a substituição processual ampla ao sindicato, para atuar na defesa dos direitos e interesses coletivos ou individuais de seus associados (Supremo Tribunal Federal RE 202.063-0 — Ac. 1ª T., 27.6.97, Rel. Min. Otávio Gallotti), em clara e importante sinalização de mudança de posicionamento do Tribunal Superior do Trabalho sobre essa matéria, passando a aceitar a substituição processual dos sindicatos de forma mais ampla.
(254) CAMINO, Carmen. *Direito individual do trabalho*. 4. ed. Porto Alegre: Síntese, 2004. Veja-se exemplificativamente o julgado do TST abaixo:
EMBARGOS. AÇÃO DE NOTIFICAÇÃO DE INTERRUPÇÃO DA PRESCRIÇÃO. INTERPOSIÇÃO. SINDICATO. SUBSTITUTO PROCESSUAL. LEGITIMIDADE Após o cancelamento da Súmula n. 310 do TST, esta Corte tem entendido que a substituição processual prevista no art. 8º, inciso III, da Constituição da República abrange as ações decorrentes de direitos ou interesses individuais homogêneos, cujo procedimento consta da Lei n. 8.078/90 (Código de Defesa do Consumidor), plenamente aplicável à hipótese, em que se discute a legitimidade do Sindicato em propor ação de notificação de interrupção do prazo prescricional. Recurso de Embargos provido. (TST-E-RR 443.625/1998, Relator Ministro Carlos Alberto Reis de Paula, DJU 3.6.2005).

que a interrupção da prescrição pode ser promovida pelo próprio titular do direito, por quem legalmente o represente, ou por terceiro que tenha legítimo interesse.[255] Cabe menção à OJ n. 359 da SBDI — I, do TST, cujo texto é o seguinte:

> 359. SUBSTITUIÇÃO PROCESSUAL. SINDICATO. LEGITIMIDADE. PRESCRIÇÃO. INTERRUPÇÃO (DJ 14.3.2008)
>
> A ação movida por sindicato, na qualidade de substituto processual, interrompe a prescrição, ainda que tenha sido considerado parte ilegítima *ad causam*.

> f) Interrompe a prescrição, qualquer ato inequívoco, embora que extrajudicial que importe reconhecimento do direito do autor (art. 202, VI, Código Civil). Todo ato do empregador que importar reconhecimento da dívida poderá ser invocado como causa interruptiva em favor do empregado.

Exemplo frequente é o de negociação entre a empresa e a Caixa Econômica Federal, com o objetivo de parcelar as dívidas referentes à FGTS.[256]

O reconhecimento da dívida pode dar-se por ato judicial ou extrajudicial, podendo ser expresso ou tácito, ainda que o devedor não tenha em vista resguardar o direito do credor. Ademais, não é preciso que o ato de reconhecimento conste em documento escrito, bastando que sua existência possa ser demonstrada por meio de testemunhas.[257]

---

(255) FIGUEIREDO, Antonio Borges de. *Prescrição trabalhista*. Porto Alegre: Síntese, 2002.
(256) CAMINO, Carmen. *Direito individual do trabalho*. 4. ed. Porto Alegre: Síntese, 2004.
(257) LORENZETTI, Ari Pedro. *A prescrição no direito do trabalho*. São Paulo: LTr, 1999.

14. Prescrição Intercorrente. Art. 11-A da CLT, com Redação dada pela Lei n. 13.467/17

Prescrição intercorrente é a perda endoprocessual da pretensão, ou seja, trata-se da prescrição que ocorre no curso do processo e decorre da inércia da parte interessada em satisfazer, na fase de execução, os direitos concedidos na sentença, por isso distinta da prescrição em geral que deve ser declarada na fase de conhecimento que decorre da inércia da parte interessada em ajuizar a ação[258].

Nesse sentido, de acordo com Wagner Giglio[259], a prescrição decorre da inércia do titular de direito subjetivo em provocar o Poder Judiciário a reconhecê-lo, por sentença (prescrição geral), ou a satisfazê-lo, através da execução do julgado (prescrição intercorrente). Esclarece Alice Monteiro de Barros[260] que a prescrição intercorrente é a que se verifica durante a tramitação do feito na Justiça, paralisado por negligência do autor na prática de atos de sua responsabilidade.

O art. 11-A da CLT, inserido pela Lei n. 13.467/17, prevê expressamente na legislação trabalhista a prescrição intercorrente, nos processos em que a parte permanecer inerte no prazo de dois anos na fase de execução.

Até então, não havia dispositivo legal expresso sobre o tema no Direito do Trabalho, havendo grande controvérsia doutrinária e jurisprudencial sobre o tema.

---

(258) CHAVES, Luciano Athayde. Prescrição e decadência. In: CHAVES, Luciano Athayde (org.). *Curso de processo do trabalho*. São Paulo: LTr, 2009. p. 451; LEITE, Carlos Henrique Bezerra. *Curso de direito processual do trabalho*. 9. ed. São Paulo: LTr, 2011. p. 553; GIGLIO, Wagner. *Direito processual do trabalho*. 8. ed. São Paulo: LTr, 1994. p. 523-524; BARROS, Alice Monteiro de. Aspectos jurisprudenciais da prescrição trabalhista. In: *Curso de direito do trabalho — estudos em memória de Célio Goyatá*. 2. ed. São Paulo: LTr, 1994. v. 1, p. 201.
(259) GIGLIO, Wagner. *Direito processual do trabalho*. 8. ed. São Paulo: LTr, 1994. p. 523-524.
(260) BARROS, Alice Monteiro de. Aspectos jurisprudenciais da prescrição trabalhista. In: *Curso de direito do trabalho — estudos em memória de Célio Goyatá*. 2. ed. São Paulo: LTr, 1994. v. 1, p. 201.

O STF tem uma antiga súmula (de 1963, portanto anterior às Constituições de 1967 e 1988) admitindo a compatibilidade da prescrição intercorrente com o Direito do Trabalho, que embora não tenha sido cancelada estava em desuso, porquanto a matéria não tem alcance constitucional.

O TST firmou entendimento contrário, pela não aplicação de prescrição intercorrente no Direito do Trabalho. Esse posicionamento pode ser encontrado na Súmula n. 114, cujo texto é o seguinte:

> Súmula n. 114 do TST — PRESCRIÇÃO INTERCORRENTE (mantida) — Res. n. 121/2003, DJ 19, 20 e 21.11.2003. É inaplicável na Justiça do Trabalho a prescrição intercorrente.

Em um primeiro momento, houve tentativa de compatibilizar os entendimentos aparentemente antagônicos, entre a súmula do STF e a súmula do TST. O argumento era de que a prescrição intercorrente não seria aplicada se os atos de execução dependessem do Juiz e seria aplicada se os atos de execução dependessem da parte. Entretanto, o TST reafirmou sua posição no sentido da vigência da Súmula n. 114, sendo este entendimento pacificado antes da Lei n. 13.467/17.

Tal posicionamento do TST foi reafirmado na Instrução Normativa n. 39/2016, que trata da aplicação subsidiária do CPC/2015 ao Processo do Trabalho, no seu art. 2º, VIII. O dispositivo menciona que não são aplicáveis ao Processo do Trabalho os arts. 921, §§ 4º e 5º, e 924, V, do CPC/2015, que tratam da prescrição intercorrente no Processo Civil. Como se sabe, a IN n. 39/2016 — TST dispõe sobre a compatibilidade de inúmeros dispositivos do CPC/2015 com o Processo do Trabalho. O novo CPC disciplina a prescrição intercorrente nos arts. 921 e 924, antes mencionados. O TST manteve-se fiel ao posicionamento assumido na Súmula n. 114, segundo o qual, por ter o Juiz do Trabalho o poder de tocar de ofício a execução trabalhista, em virtude do art. 878 da CLT, nunca haveria inércia na promoção da execução e, portanto, não haveria prescrição intercorrente. Essa é a justificativa do art. 2º, VIII, da IN n. 39/2016 — TST, ter afastado os dispositivos do CPC que tratam da matéria.

Entretanto, a Reforma Trabalhista de 2017 trouxe um posicionamento diametralmente oposto ao adotado ao TST até então (Súmula n. 114 do TST e IN n. 39/2016, art. 2º, VIII, do TST). Para tanto foi necessário o legislador da Reforma alterar o art. 878 da CLT, que dava poderes de promover a execução de ofício por parte do Juiz do Trabalho em todas as ações e determinar que ocorre a prescrição intercorrente no processo do trabalho no prazo de dois anos (art. 11-A). Veja-se, não era viável falar em prescrição no curso do processo, na fase de execução, se a execução continuasse sendo promovida de ofício pelo Juiz do Trabalho.

Esta era a redação do art. 878 da CLT, originalmente, antes da Lei n. 13.467/17:

> Art. 878. A execução poderá ser promovida por qualquer interessado, ou *ex officio* pelo próprio Juiz ou Presidente ou Tribunal competente, nos termos do artigo anterior.
>
> Parágrafo único. Quando se tratar de decisão dos Tribunais Regionais, a execução poderá ser promovida pela Procuradoria da Justiça do Trabalho.

A nova redação do art. 878 da CLT, dada pela Lei n. 13.467/17, é a que segue:

Art. 878. A execução será promovida pelas partes, permitida a execução de ofício pelo juiz ou pelo Presidente do Tribunal apenas nos casos em que as partes não estiverem representadas por advogado.

Para o legislador da Lei n. 13.467/17 estipular a prescrição intercorrente (art. 11-A), foi necessário alterar a regra geral da forma em que a execução trabalhista deverá ser impulsionada passando a ser, em regra, pelo credor. Somente de forma excepcional poderá ser promovida de ofício pelo juiz, quando o reclamante não tiver advogado regularmente constituído no processo (conhecido por *jus postulandi*), conforme a redação dada ao art. 878 da CLT.

Com a Reforma Trabalhista de 2017 a prescrição intercorrente poderá ser declarada nos processos em que a parte permanecer inerte no prazo de 2 anos na fase de execução. A fluência do prazo prescricional intercorrente inicia-se quando o exequente deixa de cumprir determinação judicial no curso da execução (art. 11-A, § 1º, CLT).

A declaração da prescrição intercorrente pode ser requerida pela parte interessada (executada) ou declarada de ofício pelo juiz (sem postulação da parte interessada) em qualquer grau de jurisdição (art. 11-A, § 2º, CLT).

Esses dispositivos do art. 11-A da CLT são inovadores e se aplicam apenas a prescrição intercorrente (na fase de execução). Por ocasião da abordagem das matérias que sofreram alteração (item 13) serão esclarecidas as novidades da reforma, tratando-se os pontos com a redação dada pela Lei n. 13.467/17.

O entendimento adotado pelo art. 11-A da CLT de aplicar a prescrição intercorrente no Direito do Trabalho está alinhado com a Lei n. 11.051/2004, que alterou o § 4º do art. 40 da Lei n. 6.830/80 (Lei de Executivos Fiscais, subsidiariamente aplicável ao Processo do Trabalho por força do art. 889 da CLT) para permitir a declaração de ofício da prescrição intercorrente se após um ano da determinação do arquivamento dos autos por impossibilidade de prosseguimento da execução, o autor não se manifestar. Pela CLT o prazo prescricional intercorrente é de 2 anos.

O problema é que o § 4º do art. 40 da Lei n. 6.830/80 se aplica aos créditos que a Fazenda Pública executa contra particulares, que são de natureza pública mas não a créditos de natureza privada. No Processo do Trabalho, por exemplo, não tem sentido a determinação de manifestação da fazenda pública prevista no mencionado § 4º, por se tratar de execução de crédito de natureza privada.

Imagine que a Justiça do Trabalho publique uma intimação para o exequente (reclamante) dizer sobre o prosseguimento da execução e o mesmo nada faça por 2 anos. Uma situação bastante comum é a de não serem encontrados bens passíveis de penhora ou a sede da empresa estar fechada sem se conhecer o paradeiro dos sócios. Neste caso, o Juiz intimará a parte para se manifestar sobre a viabilidade do prosseguimento do processo de execução. A partir dessa notificação é que começaria a fluir o prazo da prescrição intercorrente, enquadrando-se na hipótese do art. 11-A, § 1º, da CLT.

Entretanto, daí surge um outro problema. Se o Juiz do Trabalho não pode mais promover a execução de ofício, em face da nova redação do art. 878 da CLT, em que momento este mesmo Juiz teria de intimar a parte para praticar algum ato que viabilize o prosseguimento da execução? A resposta para este questionamento não é simples.

Em primeiro lugar, é necessário lembrar que a execução pode ser dividida em fases: quantificação obrigacional, constrição judicial e expropriação.

Na primeira fase (quantificação obrigacional), que não chega a ser de execução propriamente dita, faz-se a liquidação da sentença. A sentença é prolatada de forma ilíquida e é preciso liquidá-la pelos procedimentos previstos na CLT: cálculos, arbitramento ou artigos (art. 879, *caput*, CLT). As partes deverão ser previamente intimadas para a apresentação do cálculo de liquidação, inclusive da contribuição previdenciária incidente (art. 879, § 1º-B, CLT). Portanto, nesta fase, a liquidação de sentença ocorre por impulso do Juiz, por expressa disposição legal.

Terminada a liquidação, com a homologação dos cálculos, segue a segunda fase, de contrição judicial. Esta fase é composta dos atos processuais de citação, penhora, avaliação e depósito. São atos que preparam a expropriação dos bens, individualizando a execução e retirando alguns direitos do executado sobre os bens, como o direito de disposição e impondo deveres de guarda e conservação. Estes atos estão previstos nos arts. 880 a 883 da CLT. O art. 880 contém a expressão "requerida a citação", que induz o dever do exequente pedir a execução. Esta norma, como se sabe, não era estritamente observada no que tange à iniciativa, porquanto o art. 878 da CLT dava ao Juiz o poder de prosseguir na execução de ofício. Poderá surgir a interpretação de que, após a Reforma Trabalhista, com a retirada de tais poderes do Juiz, que a partir de então o exequente tenha de requerer formalmente a citação do executado. Entretanto, ainda assim não estaria presente o suporte fático da norma do art. 11-A, § 1º, da CLT, porquanto o Juiz não estaria obrigado a intimar o exequente e, por consequência, este não teria deixado "de cumprir determinação judicial no curso da execução", conforme dispõe o texto legal. Isto está relacionado à natureza dos atos de constrição judicial, que, embora preparatórios, não constituem atos de expropriação material em sentido estrito. Tanto é verdade que, após garantido o Juízo, ou seja, terminada a fase de constrição, abre-se a possibilidade de se discutir a execução por meio de uma ação constitutiva negativa (embargos à execução, art. 884, CLT) e seu respectivo recurso (agravo de petição, art. 897, *a*, CLT). Somente após o trânsito em julgado é que poderia iniciar a terceira e última fase, que é a expropriação judicial propriamente dita.

A expropriação judicial é composta de atos processuais como a venda judicial (hasta pública ou hasta privada), adjudicação, remição e outras formas previstas analogicamente no CPC. Nesta fase, a propriedade dos bens penhorados deixa de ser do executado e vai para terceiros ou para o próprio exequente. É neste momento que os bens ou o próprio executado podem não ser encontrados e, a partir desse fato, o Poder Judiciário não tem como prosseguir a execução sem o auxílio do exequente, que tem a obrigação de indicar a viabilidade da execução, para a satisfação de seu próprio interesse. Se permanecer inerte diante da intimação judicial, então começara a fluir o prazo da prescrição intercorrente. Portanto, somente quando o processo de execução ficar paralisado na fase de expropriação, e mediante prévia intimação do exequente, é que fluiria o prazo prescricional intercorrente.

A declaração da prescrição intercorrente pode ser requerida pela parte interessada (executada) ou declarada de ofício pelo juiz (sem postulação da parte interessada) em qualquer grau de jurisdição (art. 11-A, § 2º, CLT). Esse dispositivo também é inovador no Processo do Trabalho e se aplica apenas a prescrição intercorrente (na fase de execução)[261].

Permanece, pelo menos por enquanto, o entendimento predominante na jurisprudência pátria de não aplicação de prescrição de ofício pelo juiz em relação aos prazos prescricionais para ajuizamento das pretensões trabalhistas (fase de conhecimento) prevista no art. 7º, XXIX da CF e art. 11, *caput*, da CLT, de 2 anos contados da extinção do contrato de trabalho e, sucessivamente, dos últimos 5 anos precedentes ao ajuizamento da ação. Lembre-se que o art. 487, parágrafo único, do CPC/2015, dispõe que o Juiz, na hipótese de aventar a possibilidade de declaração de prescrição, deve intimar as partes para se manifestar sobre o tema, observando o princípio da colaboração e redação de decisão surpresa.

---

[261] O TRT da 4ª Região, em 10.11.2017, publicou "conclusão" sobre a matéria, na I Jornada sobre a Reforma Trabalhista (Proposta 3 da Comissão 1), veja-se:
PROPOSTA 3:
PRESCRIÇÃO INTERCORRENTE. ART. 11-A DA CLT (LEI N. 13.467/2017). APLICAÇÃO À EXECUÇÃO TRABALHISTA. — APROVADA, O ITEM II POR MAIORIA.
I — A prescrição intercorrente prevista no art. 11-A da CLT (Lei n. 13.467/2017) é aplicável à execução trabalhista.
II — Aplicáveis ao processo trabalhista as demais causas de interrupção da prescrição previstas na legislação.
III — A prescrição intercorrente é instituto jurídico que restringe direitos, razão por que deve ser interpretada de forma estrita.
IV — A fluência do prazo prescricional intercorrente na execução trabalhista somente pode ter início a partir da vigência da Lei n. 13.467/2017, sendo impossível sua aplicação retroativa.
Esta proposta não é vinculante, ou seja, não obriga os magistrados trabalhistas da 4ª Região e muito menos os demais, mas reflete um posicionamento inicial desta Corte.
Segundo esta proposta, em síntese:
a) a prescrição intercorrente passa a ser aplicada à execução trabalhista, a partir da vigência da Lei n. 13.467/2017, não sendo permitida sua aplicação retroativa, e, devendo ser interpretada de forma estrita por ser instituto jurídico que restringe direitos; b) aplica-se ao Processo do Trabalho as demais causas de interrupção da prescrição previstas na legislação e não "somente" pelo ajuizamento de ação trabalhista, diversamente da expressão restritiva contida no art. 11, § 3º, da CLT, com redação dada pela Lei n. 13.467/2017.
Esta proposta do TRT da 4ª Região deve ser analisada em conexão com o item I da proposta 5 da Comissão 1 que trata dos limites da execução de ofício (art. 878 da CLT com redação dada pela Lei n. 13.467/17), *in verbis*:
PROPOSTA 5: EXECUÇÃO DE OFÍCIO. LIMITES.
I — A limitação para execução de ofício inserida no art. 878 da CLT (Lei n. 13.467/17) refere-se exclusivamente ao ato inicial que a instaura e, uma vez requerida e deferida, a decisão compreende todos os demais atos necessários para satisfação da dívida, independentemente de novos requerimentos pelo credor nos termos dos arts. 765 e 889 da CLT, art. 7º da Lei n. 6.830/80, arts. 2º e 15 do CPC.
Segundo esta proposta, em síntese: a necessidade de impulso da execução pela parte "refere-se exclusivamente ao ato inicial que a instaura e, uma vez requerida e deferida" (a execução) os demais atos necessários para satisfação da dívida poderão ser promovidos de ofício pelo juízo, independentemente de novos requerimentos pelo credor.
Esse entendimento de limitação da execução de ofício influencia diretamente a prescrição intercorrente, pois raramente haverá prescrição intercorrente desse modo.

Também é inovador no Processo do Trabalho a declaração de prescrição em qualquer grau de jurisdição e se aplica apenas em relação a prescrição intercorrente (fase de execução).

Também deve ser lembrado o entendimento predominante na jurisprudência pátria de não reconhecimento de prescrição que não for requerida pela parte interessada "na instância ordinária" (Súmula n. 153, TST). A instância extraordinária no Processo do Trabalho é o Tribunal Superior do Trabalho, e ainda, o Supremo Tribunal Federal. Portanto, a prescrição deve ser arguida, até o processo "subir" para o tribunal apreciar o recurso ordinário[262].

Sinale-se, por fim, que a declaração da prescrição de ofício deve respeitar o disposto no art. 487, parágrafo único, do CPC, que determina que a prescrição e a decadência não serão reconhecidas sem que antes seja dada às partes oportunidade de manifestar-se, sendo vedada a decisão surpresa, aplicável ao processo do trabalho de acordo com a IN n. 39/16 do TST[263].

14.1. Principais argumentos favoráveis a incidência de prescrição intercorrente na execução trabalhista

Para os que partilham do entendimento de aplicação da prescrição intercorrente no Processo do Trabalho, o § 1º do art. 884 da Consolidação das Leis do Trabalho[264] — que dispõe sobre as matérias que podem versar os embargos à execução, entre as quais está "a prescrição da dívida" —, dá amparo legal a aplicação da prescrição intercorrente, como matéria de defesa, por ocasião dos embargos à execução[265] (sem contar com a norma expressa do art. 11-A da CLT, acrescentado pela Lei n. 13.467/2017).

De acordo com Bezerra Leite[266], antes mesmo da Lei n. 13.467/2017, "tal prescrição só pode ser a intercorrente, pois seria inadmissível arguir prescrição sobre pretensão que já consta coisa julgada".

Nesse sentido, Sergio Pinto Martins[267] também entendia cabível a prescrição intercorrente no Processo do Trabalho, antes da Lei n. 13.467/2017, e, aduzia que ela visa a evitar a perpetração da execução, citando como exemplo "o caso do processo ficar parado na execução por muito tempo" e arguindo que o STF afirma que "prescreve a execução no

---

(262) CARRION, Valentin. *Comentários à consolidação das leis do trabalho*. 31. ed. São Paulo: Saraiva, 2006. p. 83-8.
(263) Sobre a matéria ver: ARAÚJO, Francisco Rossal de. *O novo CPC e o processo do trabalho*: a Instrução Normativa n. 39/2016 — TST: referências legais, jurisprudenciais e comentários. São Paulo: LTr, 2017.
(264) Consolidação das Leis do Trabalho, art. 884: "Garantida a execução ou penhorados os bens, terá o executado 5 (cinco) dias para apresentar embargos, cabendo igual prazo ao exequente para impugnação.
§ 1º A matéria de defesa será restrita às alegações de cumprimento da decisão ou do acordo, quitação ou prescrição da dívida".
(265) TEIXEIRA FILHO, Manoel Antônio. *Execução no processo do trabalho*. 7. ed. São Paulo: LTr, 2001. p. 288-289.
(266) LEITE, Carlos Henrique Bezerra. *Curso de direito processual do trabalho*. 9. ed. São Paulo: LTr, 2011. p. 553.
(267) MARTINS, Sergio Pinto. *Direito processual do trabalho*. 28. ed. São Paulo: Atlas, 2008. p. 752.

mesmo prazo da prescrição da ação (Súmula n. 150) e que o direito trabalhista admite a prescrição intercorrente (Súmula n. 327)".

Segundo essa corrente, a prescrição da dívida nada tem a ver com a prescrição da fase de conhecimento, pois, na liquidação da sentença, com base em título judicial, não se poderá modificar ou inovar a sentença liquidanda, nem discutir matéria pertinente à causa principal (art. 879, § 1º, Consolidação das Leis do Trabalho).

Outro argumento dessa corrente é que a Lei n. 6.830/80, aplicável subsidiariamente ao Processo do Trabalho, na fase de execução (art. 889, CLT), enuncia:

"Art. 40. O juiz suspenderá o curso da execução, enquanto não for localizado o devedor ou encontrados bens sobre os quais possa recair a penhora, e, nesses casos, não correrá o prazo de prescrição. [...]

§ 2º Decorrido o prazo máximo de 1 (um) ano, sem que seja localizado o devedor ou encontrados bens penhoráveis, o juiz ordenará o arquivamento dos autos. [...]

§ 4º Se da decisão que ordenar o arquivamento tiver decorrido o prazo prescricional, o juiz, depois de ouvida a Fazenda Pública, poderá, de ofício, reconhecer a prescrição intercorrente e decretá-la de imediato."

O § 4º da Lei n. 6.830/1980 foi acrescentado pela Lei n. 11.051/2004. Com essa alteração foi admitida expressamente a prescrição intercorrente na Lei de Execução Fiscal, desde que ouvida previamente a Fazenda Pública[268].

Baseado nesse raciocínio da Lei de Execuções Fiscais, Valentin Carrion[269], por exemplo, também defende a aplicação da prescrição intercorrente no Processo do Trabalho.

Observe-se que mesmo antes da Lei n. 13.467/2017 haviam decisões no âmbito dos Tribunais Regionais do Trabalho[270] aplicando a prescrição intercorrente, ainda de maneira minoritária e contrárias à Súmula n. 114 do TST.

14.2. Principais argumentos contrários a incidência de prescrição intercorrente na execução trabalhista

No Tribunal Superior do Trabalho há entendimento firmado de que a prescrição intercorrente é inaplicável na Justiça do Trabalho (Súmula n. 114 — DJ 3.11.1980), o que colide

---

(268) CHAVES, Luciano Athayde. Prescrição e decadência. In: CHAVES, Luciano Athayde (org.). *Curso de processo do trabalho*. São Paulo: LTr, 2009. p. 454.
(269) Ver por todos: CARRION, Valentin. *Comentários à consolidação das leis do trabalho*. 31 ed. São Paulo: Saraiva, 2006. p. 84.
(270) Por exemplo: [...] Pronuncia-se a prescrição intercorrente, durante a fase dita de acertamentos (liquidação de sentença) quando, em havendo acordo firmado nos autos contemplando obrigação futura, o Sindicato-autor não noticia nos autos, dentro do prazo de dois anos do vencimento de cada parcela, o descumprimento do ajuste no que respeita à data de pagamento dos salários dos substituídos. [...] (Tribunal Regional do Trabalho da 4ª Região, Processo 00975-1995-751-04-00-6 (AP), Relatora Desembargadora Denise Pacheco, DJ 18.8.2004).

com redação do art. 11-A da CLT, acrescentado pela Lei n. 13.467/17, mas, vale dizer, ainda não foi cancelada essa Súmula (para cancelar e criar súmulas foram impostos quóruns altos pelo art. 702, "f", combinado com o art. 8º, § 2º, da CLT).

Antes da Súmula n. 114 do TST entendeu-se, por um período, aplicável ao Processo do Trabalho a prescrição intercorrente (Súmula n. 327, STF — DJ 13.12.1963), mas apenas se a aplicação da prescrição tivesse como causa única a inércia do autor na prática de atos de sua responsabilidade[271].

Assim, se a paralisação da execução da decisão transitada em julgado se devesse ao Poder Judiciário ou fosse motivada pelo executado não se aplicaria a prescrição intercorrente.

Nesse sentido, um dos principais argumentos para a não aplicação da prescrição intercorrente é que no Processo do Trabalho o impulso do processo se dá pelo juiz — impulso oficial ou de ofício, art. 765 da CLT —, inclusive na fase de liquidação e execução, não se podendo tributar ao exequente os efeitos de uma morosidade processual que normalmente não é sua. Note-se que esse artigo não foi modificado pela Lei n. 13.467/2017.

Mais especificamente na execução, havia disposição expressa na Consolidação das Leis do Trabalho de que ela pode ser promovida por qualquer interessado ou de ofício pelo Juiz (art. 878 da CLT), o que impossibilita, como princípio, qualquer imputação de perda da pretensão à execução por inércia da parte reclamante[272]. Esse artigo foi alterado pela Lei n. 13.467/2017, conforme visto e comparado acima, que passou a permitir a execução de ofício pelo juiz, apenas excepcionalmente, quando o exequente estiver sem advogado constituído nos autos (jus postulandi).

Outro argumento é de que se trata de interpretação de matéria que guarda relação direta com a coisa julgada art. 5º, XXXVI, da Constituição Federal. E, o Tribunal Superior do Trabalho[273] vinha proferindo decisões no sentido de haver ofensa à coisa julgada a aplica-

---

(271) BARROS, Alice Monteiro de. Curso de direito do trabalho. 4. ed. São Paulo: LTr, 2008. p. 1043.
(272) AÇÃO RESCISÓRIA. PRESCRIÇÃO DA AÇÃO DE EXECUÇÃO. VIOLAÇÃO DO ART. 7º, XXIX, DA CONSTITUIÇÃO FEDERAL. NÃO CARACTERIZAÇÃO. Esta Colenda SBDI-2 tem perfilhado a tese de ser inaplicável, na execução trabalhista, o disposto no art. 7º, inciso XXIX, da Lei Maior, quer por referir-se exclusivamente ao processo de conhecimento, quer por contemplar dupla possibilidade de prazos sem que seja possível estabelecer aquele que seria o adequado à execução, visto que não especificada a hipótese na norma. Ora, não sendo aplicável, não é possível reconhecer a sua violação literal para efeitos de desconstituição da coisa julgada. Esse entendimento deve-se ao fato de que referido dispositivo constitucional estabelece duplo prazo prescricional para as ações trabalhistas: de 5 anos a partir da lesão do direito ou de até o limite de 2 anos da extinção do contrato. Verifica-se que a norma em comento tratou apenas da ação cognitiva, tendo em vista que a execução de decisão condenatória na Justiça do Trabalho não mais contrapõe empregado a empregador, mas exequente a executado, e tem como dies a quo da sua deflagração o trânsito em julgado da decisão. Vale ressaltar, por oportuno, que a questão relativa à aplicação da prescrição intercorrente, no processo do trabalho, encontra-se pacificada por meio do Enunciado n. 114 do Tribunal Superior do Trabalho, que preconiza a tese da inaplicabilidade da aludida prescrição na Justiça do Trabalho (TST, ROAR 51853/2002-900-02-00, Relator Ministro Emannoel Pereira, DJ 28.5.2004).
(273) TST, 6ª Turma, RR-728/1980-014-15-00, Rel. Ministro Aloysio Corrêa da Veiga, DJ 13.10.2006.

ção da prescrição intercorrente na execução, impossibilitando o cumprimento da sentença exequenda. Segundo esse entendimento a coisa julgada deve ser respeitada, procedendo-se a suspensão da execução até o cumprimento da coisa julgada (não havendo que falar-se em prescrição intercorrente), sob pena de se prestigiar o devedor inadimplente.

Outro argumento é de que a execução trabalhista é apenas uma fase do processo, devendo se submeter aos mesmos prazos prescricionais que se referem ao processo como um todo[274]. Este era o entendimento de Delgado[275], por exemplo.

Estes argumentos, de acordo art. 11-A da CLT, com redação dada pela Lei n. 13.467/2017, passam a ser válidos somente para os casos em que a parte não tenha advogado constituído nos autos (*jus postulandi*).

Note-se que a ausência de bens a garantir a execução — situação infelizmente corriqueira — não pode ser considerada como inércia do titular do direito[276].

O entendimento até então firmado pela jurisprudência dominante de não cabimento da prescrição intercorrente já encontrava, antes da Lei n. 13.467/2017, temperamentos na própria jurisprudência, admitindo-a em casos muito específicos, quando manifesta a desídia da parte na efetivação de diligências de sua responsabilidade, notadamente quando assistida por advogado[277].

Neste sentido, antes da Lei n. 13.467/17, havia no Tribunal Superior do Trabalho[278] corrente favorável à prescrição intercorrente quando o trabalhador conta com assistência de advogado e "o estancamento do processo acontece ante a inércia do autor em praticar atos de sua responsabilidade, sob pena de permanecerem os autos na secretaria *ad aeternum*".

Trata-se de um problema prático que assola as Varas do Trabalho, pois essa conduta inerte da parte interessada (quando existe algo a ser feito pelo exequente, é claro) afronta o princípio da celeridade processual — um dos princípios basilares do Processo do Trabalho —, e prejudica o andamento não somente desse processo, mas toda a sistemática da Justiça do Trabalho.

---

(274) A execução trabalhista é mero epílogo do processo de conhecimento e portanto, não se sujeita aos mesmos limites temporais no que tange a prescrição. (TRT2ª R. — AP 02960198365 — Ac. 10ª T. 02970030068 — Relª Juíza Maria Inês Moura Santos Alves da Cunha — DOESP 7.2.1997).
(275) DELGADO, Mauricio Godinho. *Curso de direito do trabalho.* 5. ed. São Paulo: LTr, 2006. p. 280-281.
(276) RECURSO DE REVISTA. EXECUÇÃO. PRESCRIÇÃO INTERCORRENTE. INAPLICABILIDADE NA JUSTIÇA DO TRABALHO. A ausência de bens a garantir a execução impediu o impulso oficial a ser dado nesta fase processual. Não se depreende daí inércia do titular do direito, ainda que de vinte anos o interstício entre a data da liquidação da sentença e o desarquivamento do processo, e sim, a dificuldade natural do empregado, credor, em dar impulso ao feito ante o insucesso na tarefa árdua de encontrar os bens do devedor para apresentação em juízo. A coisa julgada deve ser respeitada, procedendo-se a suspensão da execução até o cumprimento da res judicata, sob pena de se prestigiar o devedor inadimplente. Recurso de revista conhecido e provido (TST, 6ª Turma, RR-728/1980-014-15-00, Relator Ministro Aloysio Corrêa da Veiga, DJ 13.10.2006).
(277) CHAVES, Luciano Athayde. Prescrição e decadência. In: CHAVES, Luciano Athayde (org.). *Curso de processo do trabalho.* São Paulo: LTr, 2009. p. 454.
(278) TST, RR-153.542/94.5, Relator Ministro Armando de Brito, DJ 16.2.1996.

14.3. Prescrição intercorrente dos executivos fiscais para cobrança de multa administrativa aplicada pela auditoria fiscal do Ministério do Trabalho e Emprego e da execução dos créditos previdenciários na Justiça do Trabalho

Antes da Lei n. 13.467/2017, havia um tratamento diferenciado sobre a forma de aplicar a prescrição intercorrente nas ações de execuções fiscal para cobrança de multa administrativa aplicada pela auditoria fiscal do Ministério do Trabalho e Emprego e da execução dos créditos previdenciários na Justiça do Trabalho.

A ampliação da competência da Justiça do Trabalho trazida pela Emenda Constitucional n. 45/2004, produziu a convivência, no âmbito judicial trabalhista, de critérios normativos distintos de regência da matéria prescricional. Esta distinção torna-se muito relevante no que tange a prescrição intercorrente.

No plano das relações regidas pelo Direito Civil, Direito Administrativo, Direito Tributário e Direito Processual Civil, em que não impera a especificidade fática e jurídica responsável pela existência do Direito do Trabalho e Direito Processual do Trabalho, é mais reduzida a resistência ao acolhimento da prescrição intercorrente, como nos casos nos quais o conflito se dá entre o empregador apenado e o Estado/fiscalizador das relações de trabalho (art. 114, VII, da CF) ou de execução dos créditos previdenciários na Justiça do Trabalho (art. 114, VIII, da CF).[279]

Em tais situações, substantivamente distintas das empregatícias e conexas — situações que se situam, pois, fora do Direito do Trabalho e, de maneira geral, fora do Direito Processual do Trabalho — não há porque se restringir, de maneira especial, os critérios de incidência de prescrição intercorrente que estejam consagrados naqueles ramos não tuitivos da ordem jurídica.[280]

O crédito objeto do executivo fiscal qualifica-se por sua natureza administrativa, proveniente de multa aplicada pela Auditoria Fiscal do Ministério do Trabalho e Emprego. Por essa razão, sobre ele não incide o art. 174 do CTN, assim como as normas dos arts. 177 e 179 do Código Civil de 1916, e arts. 205 e 2.028 do Código Civil de 2002. Tais normas dizem respeito a créditos de natureza privada, e a relação jurídica entre a agravante e a agravada, por seu turno, identifica-se como de Direito Público, regida pelas normas de Direito Administrativo.[281]

Com isso, fica clara a pertinência temática do prazo prescricional de 5 (cinco anos), previsto no art. 1º do Decreto n. 20.910/1932, não obstante diga respeito às dívidas passivas da Administração, em decorrência do princípio da simetria, segundo o qual idêntico prazo

---

(279) TST, 6ª Turma, AIRR 4540-49.2008.5.02.0010, Relator Ministro Mauricio Godinho Delgado, DEJT 14.5.2010.
(280) TST, 6ª Turma, AIRR 4540-49.2008.5.02.0010, Relator Ministro Mauricio Godinho Delgado, DEJT 14.5.2010.
(281) TST, 4ª Turma, AIRR-50240-47.2007.5.06.0004, Relator Ministro Antônio José de Barros Levenhagen, DEJT 9.4.2010.

prescricional deve ser observado para as ações ou executivos fiscais, em que o objeto seja a cobrança de multa de natureza administrativa.[282]

De acordo com o art. 1º-A da Lei n. 9.873/1999, com a redação dada pela Lei n. 11.941/2009, constituído definitivamente o crédito não tributário, após o término regular do processo administrativo, prescreve em 5 (cinco) anos a ação de execução da administração pública federal relativa a crédito decorrente da aplicação de multa por infração à legislação em vigor.

De acordo com Luciano Athayde Chaves[283] também se aplica a prescrição intercorrente na execução dos créditos previdenciários na Justiça do Trabalho (art. 114, VIII, da CF), com fundamento no § 4º da Lei n. 6.830/1980, acrescentado pela Lei n. 11.051/2004, aplicável subsidiariamente ao Processo do Trabalho (art. 889 da CLT), desde que ouvida previamente a Fazenda Pública, no entender do autor[284].

Note-se que o art. 11-A da CLT, com redação dada pela Lei n. 13.467/2017, dispõe que a prescrição intercorrente se dá no prazo de 2 anos.

A legislação fiscal fixa o prazo prescricional intercorrente de 5 anos, conforme previsto nos arts. 1º do Decreto n. 20.910/32 e 1º da Lei n. 9.873/1999.

Hierarquicamente, as normas sob comparação estão no mesmo plano. A CLT é mais específica no Direito do Trabalho do que a legislação fiscal, razão pela qual, eventual conflito aparente de normas, deve ser resolvido pela aplicação da norma mais específica.

Nesse contexto, por essa interpretação, e considerando que o art. 11-A refere-se ao Direito do Trabalho e Processo do Trabalho como um todo, o prazo prescricional aplicável as pretensões de cobrança de multa administrativa pela Fazenda Pública — Ministério do Trabalho e Emprego deve observar o art. 11-A da CLT.

---

(282) TST, 4ª Turma, AIRR-50240-47.2007.5.06.0004, Relator Ministro Antônio José de Barros Levenhagen, DEJT 9.4.2010.
(283) CHAVES, Luciano Athayde. Prescrição e decadência. In: CHAVES, Luciano Athayde (org.). *Curso de processo do trabalho*. São Paulo: LTr, 2009. p. 454.
(284) O Tribunal Superior do Trabalho tem pronunciado prescrição intercorrente e de ofício nos executivos fiscais para cobrança de multa administrativa aplicada pela Auditoria Fiscal do Ministério do Trabalho e Emprego, conforme, por exemplo: TST, 6ª Turma, AIRR 4540-49.2008.5.02.0010, Relator Ministro Maurício Godinho Delgado, DEJT 14.5.2010.

15. Prescrição da Pretensão de Indenização por Acidente do Trabalho e Casos Equiparados

Durante muito tempo (até 2004/2005) as indenizações decorrentes de acidente do trabalho e casos equiparados a acidente do trabalho eram de competência da Justiça Comum Estadual.

A Justiça Comum Estadual, ao longo dos anos, pacificou entendimento de que a data do prazo prescricional para ações dessa natureza era a data em que a data em que inicia a correr o prazo prescricional (termo inicial) é a data da ciência inequívoca da incapacidade laboral/data do exame pericial que comprovou a enfermidade ou verificar a natureza da incapacidade, conforme as Súmulas ns. 230 do STF e 278 do STJ:

> STF, Súmula n. 230. A prescrição da ação de acidente do trabalho conta-se do exame pericial que comprovar a enfermidade ou verificar a natureza da incapacidade (DJ 13.12.1963).

> STJ, Súmula n. 278. O termo inicial do prazo prescricional, na ação de indenização, é a data em que o segurado teve ciência inequívoca da incapacidade laboral (DJ 16.6.2003).

A jurisprudência trabalhista ainda se utiliza destes entendimentos para se verificar a data em que inicia a correr o prazo prescricional (termo inicial), assunto que é o elemento central do debate de muitos processos.

Nesse sentido, o Enunciado n. 46 aprovado, em 23.11.2007, na 1ª Jornada de Direito Material e Processual na Justiça do Trabalho, promovida e realizada pelo TST, pela ANAMATRA e pela Escola Nacional de Formação e Aperfeiçoamento de Magistrados (ENAMAT), com o apoio do Conselho Nacional das Escolas de Magistratura do Trabalho (CONEMATRA), *in verbis*: "Acidente do Trabalho. Prescrição. Termo inicial. O termo inicial do prazo prescricional da indenização por danos decorrentes de acidente do trabalho é a data em que o trabalhador teve ciência inequívoca da incapacidade laboral ou do resultado gravoso para a saúde física e/ou mental"[285].

---

(285) Informação extraída do sítio da Associação Nacional dos Magistrados da Justiça do Trabalho (ANAMATRA) na internet: <www.anamatra.org.br>. A título ilustrativo, os exemplos a seguir:

Outra questão ensejadora de controvérsia na jurisprudência diz respeito a qual legislação e qual prazo prescricional é aplicável as pretensões decorrentes de acidentes do trabalho e doenças ocupacionais.

Tal controvérsia tem por base a dissonância entre o prazo prescricional de 3 anos previsto no Código Civil para ações dessa natureza (art. 206, § 3º, V, do Código Civil de 2002, observada a regra de transição do art. 2.028 do Código Civil, quando for o caso) e o prazo prescricional de 2 anos contados da extinção contratual e de 5 anos contados do ajuizamento da ação (previsto no art. 7º, inciso XXIX, da Constituição Federal, com redação dada pela EC n. 45/2004).

O marco definido pelo TST para solução do impasse foi a data de publicação da EC n. 45/2004 (31.12.2004).

Assim, em se tratando de acidente de trabalho e casos equiparados, o prazo prescricional a ser aplicado depende do momento da ocorrência do acidente de trabalho e da ciência inequívoca das lesões ter ocorrido antes ou depois da vigência da EC n. 45/2004: a) caso o momento da ocorrência do acidente de trabalho e da ciência inequívoca das lesões tenham ocorrido depois da vigência da EC n. 45/2004 (publicada em 31.12.2004), a prescrição a

---

Exemplo 1. TST, 6ª Turma, AIRR — 15100-61.2006.5.15.0092, Relator Ministro Mauricio Godinho Delgado, DJ: 23.11.2011. Trata-se de ação trabalhista ajuizada em 31.1.2006, sendo que a doença relacionada ao trabalho iniciou em período que não observa os prazos prescricionais trabalhistas previstos no art. 7º, inciso XXIX, da Constituição Federal.

Todavia, a data do diagnóstico definitivo da doença ocorreu em 28.7.2005. Entendeu a 6ª Turma do TST que o início do prazo prescricional deve ser contado a partir da data do diagnóstico definitivo da doença, ou seja, quando o autor teve ciência inequívoca da incapacidade laboral. Assim, não foi declarada prescrição neste caso.

Exemplo 2. TRT da 4ª Região, 8ª Turma, Processo n. 0020217-34.2016.5.04.0821 RO. Relator: Des. João Paulo Lucena, DJ 18.5.2017. Trata-se de ação trabalhista ajuizada em 9.5.2016 pretendendo o recorrente a condenação da ré ao pagamento de indenização por dano moral decorrente de acidente do trabalho. O recorrente alegou na petição inicial que, por culpa da empregadora, sofreu acidente do trabalho no dia 27.4.2011, portanto a mais de 5 anos do ajuizamento da ação. Veja-se:

(...) em 27.4.2011 o Rcte. caiu de uma escada de 6,0 metros de altura, no ambiente de trabalho, às 3:20 hs. da madrugada, sem fazer uso de EPI "S, sofrendo inequívoco acidente de trabalho e fraturando o dedo indicador da mão esquerda, o punho esquerdo (do qual até hodiernamente ainda não recuperou os movimentos) e o fêmur esquerdo (no qual ainda hoje carrega uma haste intramedular colocada à época (ver CATS em anexo). Desde então o Rcte. sofre de diversas moléstias de ordem ortopédica, com especial dificuldade para deambular, razão pela qual inclusive ainda hodiernamente está em gozo de auxílio-doença (ver vários comunicados de decisão do INSS em anexo). O Rcte. sofre também de diversas moléstias de origem vascular, com risco tromboembólico (ver atestados médicos em anexo).

"Em decorrência do infortúnio, o recorrente foi submetido a tratamentos cirúrgico e conservador (v. g., Id. f09bb3f, p. 1, Id. 8064f1c e prova pericial médica), com controle da evolução do tratamento das lesões, segundo o documentado nos autos, por meio de exames de imagem nos anos de 2013, 2015 e 2016 (Ids. 6fb935e, p. 2 e 344a481). As provas documental e pericial médica igualmente revelam que o recorrente, desde o acidente do trabalho ocorrido em 27.4.2011, encontra-se afastado do trabalho, estando em gozo de benefício previdenciário (auxílio-doença acidentário) em razão das lesões resultantes do sinistro, constando, no documento juntado no Id. d87d021, p. 2, emitido pelo INSS em 8.4.2016, a previsão de término do benefício em 31.1.2017.

Neste caso, também foi afastada a prescrição, pois quando do ajuizamento da ação, pois quando do ajuizamento da ação "a ciência inequívoca do alcance da incapacidade laboral ainda não estava estabelecida".

ser aplicada é a trabalhista, prevista no art. 7º, inciso XXIX, da Constituição Federal. Desta forma, deve ser afastada a declaração de prescrição não tendo transcorrido 5 anos entre a data do acidente de trabalho (ou caso equiparado a acidente do trabalho) e o ajuizamento da presente ação nem 2 anos entre o término do contrato de trabalho e a propositura; b) caso o momento da ocorrência do acidente de trabalho e da ciência inequívoca das lesões tenham ocorrido antes da vigência da EC n. 45/2004 (publicada em 31.12.2004), incide o prazo prescricional de 3 anos, previsto no art. 206, § 3º, V, do Código Civil, observada a regra de transição do art. 2.028 do Código Civil, quando for o caso.

Consoante a regra de transição prevista no art. 2.028 do atual Código Civil, não transcorrida mais da metade do prazo prescricional de 20 anos, a partir de sua vigência (12.1.2003), aplica-se a prescrição trienal do art. 206, § 3º, do referido diploma legal[286].

Outra nuance que a matéria apresenta ocorre quando a lesão tenha acontecido na época da vigência do Código Civil de 1916 (com prescrição vintenária para pretensão de indenização) e a ação ter sido ajuizada no juízo cível após a vigência da EC n. 45/2004. Julgando um caso concreto em que o autor teve comprovada perda auditiva induzida por ruído ocorrida em 23.4.1991 e ação foi ajuizada em 2006, a 3ª Turma do TST entendeu que o autor tinha "o direito adquirido quanto à contagem do prazo prescricional (art. 5º, XXXVI, da CF/88), ainda que ajuizada a presente ação após a EC n. 45/2004 perante a Justiça Comum, porque aplicável o princípio do *tempus regit actum*"[287]. Foi afastada a prescrição neste caso.

---

(286) Nesse sentido, a jurisprudência do TST abaixo colacionada resume e exemplifica o posicionamento pacificado nesta Corte:
AGRAVO DE INSTRUMENTO. RECURSO DE REVISTA — DESCABIMENTO. INDENIZAÇÃO POR DANO MORAL DECORRENTE DE ACIDENTE DE TRABALHO. PRESCRIÇÃO. A jurisprudência desta Corte tem-se firmado no sentido de que a definição do prazo prescricional deve ser feita de acordo com a data do acidente de trabalho (se antes ou após a vigência da Emenda Constitucional n. 45/04). No caso de a lesão ser posterior à alteração da Constituição Federal, aplica-se o prazo do art. 7º, XXIX, da Carta Magna. Por outro lado, na hipótese do sinistro ter ocorrido em período anterior à referida Emenda, incide o prazo do Código Civil. Consoante a regra de transição prevista no art. 2.028 do atual Código Civil, não transcorrida mais da metade do prazo prescricional de 20 anos, a partir de sua vigência (12.1.2003), aplica-se a prescrição trienal do art. 206, § 3º, do referido diploma legal. Agravo de instrumento conhecido e desprovido. (TST-AIRR-156040-22.2007.5.02.0442)
No âmbito da 4ª Região a controvérsia permaneceu por mais tempo. Somente em 2016 a jurisprudência foi uniformizada. Conforme pesquisado no acórdão do Incidente de Uniformização de Jurisprudência — IUJ — processo n. 0006612-93.2015.5.04.0000, do TRT 4, o entendimento deste Regional estava dividido da seguinte forma:
a) 32 dos 46 desembargadores integrantes do TRT4 entendiam que o prazo prescricional aplicável às demandas em que postulada indenizações (moral e material) de acidente do trabalho era o trabalhista;
b) 14 desembargadores aplicavam ao mesmo caso a prescrição prevista no Código Civil, considerada a natureza civil da reparação, porquanto decorrente de ato ilícito do empregador.
Prevaleceu o entendimento adotado pelo TST, de acordo com a Súmula n. 91 do TRT da 4ª Região:
Súmula n. 91. PRESCRIÇÃO. ACIDENTE DO TRABALHO OU DOENÇA A ELE EQUIPARADA. Resolução Administrativa n. 27/2016. Disponibilizada no DEJT dos dias 29 e 30.6.2016 e 1º.7.2016.
Aplica-se o prazo prescricional previsto no art. 7º, XXIX, da Constituição Federal à pretensão de pagamento de indenização por danos patrimoniais e extrapatrimoniais decorrentes de acidente do trabalho ou de doença, a ele equiparada ocorridos após a edição da Emenda Constitucional n. 45/2004.
(287) TST, 3ª Turma, Processo ED-RR n. 30200-72.2006.5.03.0033, Relatora Ministra: Rosa Maria Weber Candiota da Rosa, Data de Julgamento 29.4.2009, Data de Publicação: DEJT 22.5.2009.

Também é matéria controversa na jurisprudência o efeito da suspensão do contrato de trabalho sobre a contagem da prescrição. Em outras palavras, o que ocorre com o prazo prescricional quando o contrato de trabalho está suspenso em razão do trabalhador estar em benefício previdenciário de auxílio-doença ou aposentadoria por invalidez o prazo prescricional quinquenal.

Uma possível posição é a de que a doença do empregado era uma causa suspensiva da fluência da prescrição por analogia ao art. 199, I, do Código Civil, que dispõe que não corre prescrição "pendendo de condição suspensiva". Todavia, o TST consolidou sua posição de que o gozo de benefício previdenciário por incapacidade laboral não impede que o prazo precricional quinquenal siga correndo, com uma exceção: absoluta impossibilidade de acesso ao judiciário.

Nesse sentido, a Orientação Jurisprudencial n. 375 da SBDI- I do TST, cujo texto é o que segue:

OJ N. 375 da SBDI-I. AUXÍLIO-DOENÇA. APOSENTADORIA POR INVALIDEZ. SUSPENSÃO DO CONTRATO DE TRABALHO. PRESCRIÇÃO. CONTAGEM. A suspensão do contrato de trabalho, em virtude da percepção do auxílio-doença ou da aposentadoria por invalidez, não impede a fluência da prescrição quinquenal, ressalvada a hipótese de absoluta impossibilidade de acesso ao judiciário.

Trata-se de ônus do trabalhador provar, no caso concreto, que detém absoluta incapacidade[288] (art. 818 da CLT) para ajuizar sua ação durante o período em que está em gozo de auxílio-doença ou aposentadoria por invalidez.

Esse posicionamento jurisprudencial força o empregado, nestas condições, a ajuizar ação trabalhista, de tudo que tiver direito nos casos concretos, durante a vigência do contrato de trabalho (embora suspenso por conta do gozo do benefício previdenciário), o que é uma prática possível, mas não comum. O ajuizamento de uma ação trabalhista no curso do contrato de trabalho gera constrangimento e pressão sobre o empregado e pode lhe trazer represálias por parte de seu empregador.

---

(288) Sobre incapacidade absoluta ver art. 3º do Código Civil.

16. Momento para a Arguição da Prescrição

Inicialmente, cabe dizer que com a inclusão do art. 11-A da CLT, por meio da Lei n. 13.467/2017, legislando sobre a prescrição intercorrente no Processo do Trabalho passa-se a ter possibilidade de declaração de prescrição em dois momentos do processo: os prazos prescricionais para ajuizamento das pretensões por meio da ação trabalhista (na fase de conhecimento) e o prazo prescricional intercorrente (na fase de execução).

Em relação aos prazos prescricionais para ajuizamento das pretensões por meio da ação trabalhista, o momento ideal para arguição da prescrição é na contestação, observado o princípio da eventualidade (art. 273 do CPC/2015; art. 300 do CPC/1973), segundo o qual todas as defesas de que dispõe o demandado hão de ser manifestadas na contestação.

Pontes de Miranda entende que a prescrição tem de ser arguida na primeira oportunidade que a parte tivesse para falar nos autos, sob pena de preclusão ("na contestação há de ser alegada, se já existe a *exceptio*"[289]).

Também nessa linha, Sergio Pinto Martins[290] diz que a prescrição somente pode ser arguida na contestação, na forma do art. 273 do CPC/2015 (art. 300 do CPC/1973). Caso contrário, para ele, violaria o princípio do contraditório e haveria supressão de instância, e, por isso, o art. 193 do CC/02 seria inconstitucional (em confronto com o art. 5º, LV, da Constituição Federal).

Todavia, de acordo com o Código Civil (art. 193), a prescrição pode ser alegada, "em qualquer grau de jurisdição".

Interpretando a matéria, a tese que prevaleceu no TST não foi a de Pontes de Miranda, nem a do Código Civil, mas a de que a prescrição extintiva (da fase de conhecimento) pode ser alegada em qualquer fase do processo, nas instâncias ordinárias, mesmo que não

---

(289) PONTES DE MIRANDA, Francisco Cavalcanti. *Tratado de direito privado*. Rio de Janeiro: Borsoi, 1955. t. 6, p. 249.
(290) MARTINS, Sergio Pinto. *Comentários às súmulas do TST*. 4. ed. São Paulo: Atlas, 2008. p. 95-96.

tenha sido deduzida na defesa[291]. O TST firmou entendimento de que "não se conhece de prescrição não arguida na instância ordinária" (Súmula n. 153)[292].

A instância extraordinária no Processo do Trabalho é o Tribunal Superior do Trabalho (uniformização de jurisprudência, controle de violação literal de lei e violação da Constituição), e ainda, o Supremo Tribunal Federal, em matéria constitucional.

Assim, no Processo do Trabalho prevalece o entendimento de que a prescrição da fase de conhecimento não pode ser alegada, pela primeira vez, em recurso de revista nem em recurso extraordinário. Conforme explica Valentin Carrion[293], a prescrição deve ser arguida, até o processo "subir" para o tribunal apreciar o recurso ordinário, podendo ser arguida em recurso ordinário, inclusive o adesivo.

Entretanto, a prescrição da fase de conhecimento não pode ser validamente alegada na tribuna, em sustentação oral, quando houve a preclusão temporal, porque feriria o princípio do contraditório, impedindo a parte contrária de defender-se[294]. Também não pode

---

(291) Por exemplo: SUPERIOR TRIBUNAL DE JUSTIÇA. 4ª Turma, REsp. 157.840/SP, Rel. Min. Sálvio de Figueiredo, DJU 7.8.2000. No processo do trabalho, também não é admitida a arguição de prescrição no âmbito do Tribunal Superior do Trabalho e do Supremo Tribunal Federal, nem na fase execução. Nesse sentido, dispõe a Súmula n. 153 do Tribunal Superior do Trabalho: "Não se conhece de prescrição não arguida na instância ordinária", leia-se, até o recurso ordinário, inclusive o adesivo, bem como em contrarrazões, mas não na tribuna, em sustentação oral, quando já houve a preclusão, porque impede a parte contrária de defender-se (CARRION, Valentin. *Comentários à consolidação das leis do trabalho*. 31. ed. São Paulo: Saraiva, 2006. p. 83-84).

(292) Esse também é o entendimento na área cível: "Prescrição não arguida nas instâncias ordinárias não pode ser considerada no grau extraordinário" (SUPERIOR TRIBUNAL DE JUSTIÇA. 2ª Turma, REsp. 5.068, Rel. Min. Peçanha Martins, DJU 22.3.1993).

(293) CARRION, Valentin. *Comentários à consolidação das leis do trabalho*. 31. ed. São Paulo: Saraiva, 2006. p. 83-8.

(294) O Tribunal Superior do Trabalho já decidiu que não cabe a arguição da prescrição nem mesmo em contra-razões ao recurso ordinário, uma vez que este é o último momento em que há argumentação processual submetida a contraditório pleno. EMBARGOS INTERPOSTOS APÓS A EDIÇÃO DA LEI N. 11.496/2007 — ACÓRDÃO DA TURMA PUBLICADO EM 26.9.2008 — PRESCRIÇÃO — ARGUIÇÃO PELA PRIMEIRA VEZ EM CONTRARRAZÕES DE RECURSO ORDINÁRIO — IMPOSSIBILIDADE A melhor leitura da diretriz sedimentada na Súmula n. 153 do TST é aquela que não admite a arguição da prescrição apresentada pela primeira vez em contrarrazões de recurso ordinário, sobretudo quando a parte teve oportunidade de recorrer — porque sucumbiu em capítulo próprio da sentença — mas não o fez. É que, aventada a prejudicial de prescrição apenas nas contrarrazões do recurso ordinário, a parte que recorreu ficará impossibilitada de alegar e provar uma possível causa de interrupção ou suspensão do prazo prescricional, porquanto, por óbvio, o recorrente não é instado a manifestar-se sobre as razões de contrariedade do recorrido. As hipóteses de interrupção da prescrição em face do arquivamento de ação anteriormente ajuizada (Súmula n. 268 do TST) e de ajuizamento de cautelar de protesto judicial (art. 867 e seguintes do CPC) ilustram bem a probabilidade de advir prejuízo ao contraditório, à ampla defesa e ao devido processo legal em caso de admissão da arguição inédita nas contrarrazões do apelo ordinário. Sendo assim, ante a necessidade de tutela dos aludidos princípios constitucionais, impositiva a conclusão de que não se pode admitir a arguição da prescrição pela primeira vez em contrarrazões de recurso ordinário. Embargos conhecidos e desprovidos. BRASIL. Tribunal Superior do Trabalho. Agravo de Instrumento em Recurso de Revista. Ministro Relator: Douglas Alencar Rodrigues. Brasília. 2009. Disponível em: <https://aplicacao.tst.jus.br/consultaunificada2/inteiroTeor.do?action=printInteiroTeor&format=html&highlight=true&numeroFormatado=RR — 43100-50.2002.5.09.0069&base=acordao&rowid=AAAdFEABHAAAAZyAAB&dataPublicacao=29/10/2009&query=>. Acesso em: 2 mar.2010.

ser arguida em recurso de revista ou extraordinário, pois o Tribunal Superior do Trabalho e o Supremo Tribunal Federal são instâncias extraordinárias. Como a prescrição está ligada ao transcurso do tempo e este é matéria de fato, as instâncias extraordinárias não apreciam matéria de fato e, portanto, nelas não é possível arguir a prescrição. Cabe aqui a ressalva, já manifestada em outras partes deste trabalho, que, com o CPC/2015, o Juiz pode se manifestar espontaneamente sobre a prescrição, mas antes tem de intimar as partes, para vedar a decisão surpresa (art. 487, parágrafo único, CPC).

Não obstante, a prescrição intercorrente, que ocorre no curso do processo e decorre da inércia da parte interessada em satisfazer, na fase de execução, os direitos concedidos na sentença, de acordo com o art. 11-A da CLT, inserido pela Lei n. 13.467/2017, a declaração de prescrição intercorrente pode ser feita pelo juiz em qualquer grau de jurisdição (art. 11-A, § 2º, CLT), observado o termo inicial de contagem do prazo (art. 11-A, § 1º, CLT).

Portanto, a declaração de prescrição intercorrente nos casos concretos pode ser feita em qualquer grau de jurisdição, não ficando, em princípio abrangida pelo entendimento da Súmula n. 153 do TST. Esta Súmula não foi pensada para a prescrição intercorrente, e, a partir da vigência da Lei n. 13.467/2017, a declaração de prescrição intercorrente em qualquer grau de jurisdição é uma imposição legislativa, somente sendo limitada pelo dever de intimar previamente as partes a se manifestar sobre o tema (art. 487, parágrafo único, CPC).

17. LEGITIMIDADE PARA ARGUIÇÃO DA PRESCRIÇÃO

Tem legitimidade para arguição de prescrição, além da própria parte ("parte a quem aproveita", na expressão do art. 193 do Código Civil), o terceiro interessado, como por exemplo o responsável subsidiário nas terceirizações[295].

Esta matéria pode ser conectada com a inovação trazida pela Lei n. 13.467/2017 no que tange a relativização da revelia. De acordo com o art. 844, § 4º, da CLT, com redação dada pela Lei n. 13.467/2017, havendo pluralidade de reclamados se algum deles contestar a ação (art. 844, § 4º, da CLT) não haverá pena de confissão. O texto legal é o seguinte:

Art. 844. [...]

[...]

§ 4º A revelia não produz o efeito mencionado no *caput* deste artigo se:

I — havendo pluralidade de reclamados, algum deles contestar a ação.

Este artigo é inspirado no art. 344 do CPC/2015, cujo texto é semelhante. Considerando que o momento ideal para arguição de prescrição é na contestação, havendo pluralidade de reclamados se algum deles, na contestação, arguir prescrição, abrangerá aos demais que não sofrerão pena de confissão, de acordo com o a redação do art. 844, § 4º, da CLT.

Além disso, tem sido objeto de debate a possibilidade ou não do Ministério Público arguir prescrição. O Tribunal Superior do Trabalho tem entendido que, na qualidade de fiscal da lei o Ministério Público do Trabalho não tem legitimidade, para arguir a prescrição em favor de entidade de direito público, em matéria de direito patrimonial, conforme a Orientação Jurisprudencial n. 130 da SDI-1:

TST, Orientação jurisprudencial n. 130 da SDI-1: "PRESCRIÇÃO. MINISTÉRIO PÚBLICO. ARGUIÇÃO. *CUSTOS LEGIS*. ILEGITIMIDADE (DJ 20.4.2005). Ao exarar o parecer na remessa de ofício, na qualidade de *custos legis*, o Ministério Público não tem legitimidade para arguir a prescrição em favor de entidade de direito público, em matéria de direito patrimonial (arts. 194 do Código Civil de 2002 e 219, § 5º, do CPC)".

---

(295) DELGADO, Mauricio Godinho. *Curso de direito do trabalho*. 5. ed. São Paulo: LTr, 2006. p. 276-277.

18. DECLARAÇÃO DA PRESCRIÇÃO DE OFÍCIO PELO JUIZ — NA FASE DE CONHECIMENTO

A faculdade de o Juiz declarar a prescrição de ofício tem sido objeto de grandes polêmicas e alterações legislativas, segundo os interesses que defendem ou repelem tal possibilidade.

Este ponto será abordado sob a ótica da prescrição da fase de conhecimento (prazos prescricionais para ajuizar as pretensões por meio da ação trabalhista) e não da prescrição intercorrente (que pode correr no curso do processo, na fase de execução).

A Lei n. 11.280/2006 — integrante da chamada terceira onda de reforma do Código de Processo Civil de 1973 — revogou expressamente o art. 194 do Código Civil e incorporou, ao CPC/1973, a regra segundo a qual o julgador deve conhecer de ofício da prescrição (art. 219, § 5º, do CPC/1973). A partir de então, por força da possibilidade de aplicação subsidiária do CPC ao Processo do Trabalho (art. 769, CLT), passou-se a questionar a aplicabilidade dessa norma nas ações trabalhistas.

Essa mudança afeta toda a nossa tradição jurídica sobre prescrição extintiva, pois sendo uma exceção, desde o direito romano, a prescrição sempre precisou ser oposta mediante requerimento da parte interessada, para poder ser declarada pelo juiz.[296] Em outras palavras, o que inibe a pretensão é à exceção da prescrição e não propriamente a prescrição, ou seja,

---

(296) PONTES DE MIRANDA, Francisco Cavalcanti. *Tratado de direito privado*. Rio de Janeiro: Borsoi, 1955. t. 6, p. 3-4 e 17. De acordo com Monache o tratamento da atual normativa alemã sobre prescrição também estabelece que ela deve ser arguida como exceção, não podendo ser apreciada de ofício pelo juiz, *verbis*: "*In altre parole il decorso del termine prescrizionale, non che riflettersi direttamente sulla sfera del creditore provocando il venir meno dello Anspruch, genera una Einrede a favore del debitore, rendendone legittimo il rifiuto dell'adempimento. Conseguenza di una simile disciplina, anzitutto, è che la prescrizione nom potrà essere rilevata d'ufficio dal giudice*" (MONACHE, Stefano Delle. Profili dell'attuale normativa del codice civile tedesco in tema di prescrizione. *Rivista Trimestrale di Diritto e Procedura Civile*, Milano: Giuffrè, v. 49, n. 2. p. 179-199, em especial p. 196-197, mar./apr. 2003).

não basta o decurso do prazo prescricional para que seja inviável o exercício da pretensão, deverá haver a exceção.[297]

Não obstante, por escolha política do legislador, o direito processual civil brasileiro[298] contraria essa característica diferenciada da prescrição que a acompanha desde o seu surgimento nas fontes romanas[299], determinando que "o juiz pronunciará, de ofício, a prescrição" (Lei n. 11.280/2006, que altera o § 5º do art. 219 do CPC de 1973).

Essa significativa alteração legislativa aproxima a prescrição da decadência[300] (a impossibilidade de ser conhecida de ofício pelo juiz, antes dessa alteração legislativa, discernia a prescrição da decadência), na contramão do esforço secular de distinguir os institutos e de considerar a prescrição exceção, que, como tal, exige provocação da parte interessada, gerando controvérsias também no processo comum.[301]

Além disso, a pronúncia, pelo juiz, de prescrição ou da decadência, sem que esse assunto tenha sido previamente debatido pelas partes, afronta o dever de diálogo, como especial concretização da colaboração entre o juiz e as partes no processo[302], e, ao mesmo tempo,

---

(297) CIANCI, Mirna. A prescrição na Lei n. 11.280/2006. *Revista de Processo*, ano 32, n.148, jun. 2007.
(298) No âmbito do processo do trabalho, o Tribunal Superior do Trabalho já se posicionou pela inaplicabilidade da prescrição de ofício no âmbito dessa justiça especializada: "RECURSO DE REVISTA — PRESCRIÇÃO — ART. 219, § 5º, DO CPC — INCOMPATIBILIDADE COM O PROCESSO DO TRABALHO — DESPROVIMENTO — A prescrição é a perda da pretensão pela inércia do titular no prazo que a lei considera ideal para o exercício do direito de ação. Não se mostra compatível com o processo do trabalho a nova regra processual inserida no art. 219, § 5º, do CPC, que determina a aplicação da prescrição, de ofício, em face da natureza alimentar dos créditos trabalhistas. Ao contrário da decadência, onde a ordem pública está a antever a estabilidade das relações jurídicas no lapso temporal, a prescrição tem a mesma finalidade de estabilidade apenas que entre as partes. Deste modo, necessário que a prescrição seja arguida pela parte a quem a aproveita. Recurso de revista conhecido e desprovido" (TRIBUNAL SUPERIOR DO TRABALHO — RR 404/2006-028-03-00 — 6ª Turma — Rel. Min. Aloysio Corrêa da Veiga — DJ 28.3.2008).
(299) THEODORO JUNIOR, Humberto. Exceção de prescrição no processo civil. Impugnação do devedor e decretação de ofício pelo juiz. *Revista IOB Direito Civil e Processual Civil*, n. 41, p. 71, maio/jun. 2006.
(300) Lei n. 10.406/2002, art. 210: "Deve o juiz, de ofício, conhecer da decadência, quando estabelecida por lei". In: BRASIL. Lei n. 10.406, de 10 de janeiro de 2002. Institui o Código Civil. Coletânea de Legislação e Jurisprudência, Brasília. *Lex*: Legislação Federal e Marginália.
(301) Nesse sentido, THEODORO JUNIOR, Humberto. *Comentários ao novo Código Civil:* dos defeitos do negócio jurídico ao final do livro III. Rio de Janeiro: Forense, 2003. v. 3, t. 2, p. 222-257, em especial p. 231-232; CÂMARA, Alexandre Freitas. Reconhecimento de ofício da prescrição: uma reforma descabeçada e inócua. *Revista IOB de Direito Civil e Processual Civil*, ano 8, n. 43, set./out. 2006; Arruda Alvim não vê um genuíno interesse público que explique porque a prescrição deveria deixar de ser objeto de exceção, tendo em vista que o interessado na prescrição pode não desejar que essa seja decretada, e esse direito merece ser respeitado. Ao contrário da decadência, reconhecidamente matéria de ordem pública, seja quanto à sua existência, seja quanto à atividade oficiosa do seu reconhecimento (ALVIM, Arruda. Lei n. 11.280, de 16.2.2006: análise dos arts. 112, 114 e 305 do CPC e do § 5º do art. 219 do CPC. *Revista do Processo*, n. 143. ano 32, p. 23, jan. 2007).
(302) PICARDI, Nicola. *Audiatur et altera pars*: as matrizes histórico-culturais do contraditório. In: *Jurisdição e processo*. Rio de Janeiro: Forense, 2008. p. 140-143; GRADI, Marco. Il principio del contraddittorio e le questioni rilevabili d'ufficio. *Revista de Processo*, São Paulo: Revista dos Tribunais, n. 186, p. 111, ago. 2010; Na doutrinal nacional destaca-se MITIDIERO, Daniel. *Colaboração no processo civil:* pressupostos sociais, lógicos e éticos. São Paulo: Revista dos Tribunais, 2009. p. 136; e, ÁLVARO DE OLIVEIRA, Carlos Alberto. Efetividade e processo de conhecimento. In: *Do formalismo no processo civil*. 2. ed. São Paulo: Saraiva, 2003. p. 253.

afronta a segurança jurídica e a efetividade do processo[303], pois pode, exemplificativamente, fazer com que a parte prejudicada tenha que interpor recurso para, por exemplo, informar o juiz de que houve renúncia, interrupção, suspensão, ou impedimento da prescrição (arts. 191 e 197 a 204 do Código Civil de 2002), ou impedimento da decadência nos casos dos absolutamente incapazes (art. 208 do Código Civil de 2002), o que poderia ser evitado de forma efetiva e segura[304], se fosse realizado prévio diálogo com as partes.

Esclarece Luciano Athayde Chaves[305] que "a lógica da mudança repousa na tentativa de se evitar que um feito tramite, por exemplo, perante o primeiro grau de jurisdição sem que a prescrição tenha sido alegada pelo réu em sua resposta, somente o fazendo em grau de recurso, após o dispêndio de energia e de trabalho em torno da máquina judiciária, o poderia ser evitado caso a matéria pudesse ser arguida *ex officio* pelo Juiz".

No Direito do Trabalho, quer material quer processual, não há qualquer dispositivo vedando nem autorizando o Juiz a reconhecer de ofício a prescrição, razão pela qual o tema fica submetido ao princípio da subsidiariedade[306], que requer omissão da legislação trabalhista (requisito observado no caso da prescrição de ofício) e compatibilidade com as normas materiais e processuais trabalhistas (arts. 8º e 769 da CLT, respectivamente).

A aplicação ou não da prescrição de ofício no Processo do Trabalho fica remetida à análise da compatibilidade dessa normativa com o Direito do Trabalho e o Processo do Trabalho.

Nesse contexto, são duas as correntes sobre a possibilidade ou não de declaração da prescrição pelo juiz sem requerimento da parte interessada, no Processo do Trabalho:

a) Uma das correntes pugna pela aplicabilidade do art. 219, § 5º, do CPC, com o argumento de que o legislador conferiu à prescrição o *status* de matéria de ordem pública, visando resguardar o interesse geral da coletividade, em relação ao qual não se sobrepõe o interesse individual da parte, devendo a prescrição ser declarada de ofício no Processo do Trabalho.

Alguns autores defensores dessa corrente apontam que a partir da alteração promovida pela Lei n. 11.280/2006 a prescrição passa a ter natureza publicista — de norma de ordem

---

(303) Nesse sentido, o projeto do novo Código de Processo Civil brasileiro "é fértil em normas sobre colaboração" (MITIDIERO, Daniel; MARINONI, Luiz Guilherme. *O projeto do CPC:* crítica e propostas. São Paulo: Revista dos Tribunais, 2010. p. 72) e, além da norma geral contida no art. 10 ("[...] ainda que se trate de matéria que tenha de apreciar de ofício"), possui previsão específica sobre prescrição e decadência no art. 469, parágrafo único: "A prescrição e a decadência não serão decretadas sem que antes seja dada às partes oportunidades de se manifestar".
(304) Botelho fala que o "processo qualificado" (representado por três características centrais: tempestividade, justiça e adequação), como "modo de pensar o direito processual civil pelas lentes do Estado Constitucional", consegue manter, em seu conteúdo, a segurança jurídica e a efetividade, "ao unificar as qualidades que devem formar o processo devido à sociedade" (BOTELHO, Guilherme. *Direito ao processo qualificado:* o processo civil na perspectiva do estado constitucional. Porto Alegre: Livraria do Advogado, 2010. p. 15-16).
(305) CHAVES, Luciano Athayde. *A recente reforma no processo comum e seus reflexos no direito judiciário do trabalho.* São Paulo: LTr, 2007. p. 131.
(306) ROMITA, Arion Sayão. Pronúncia de ofício de prescrição trabalhista. *Justiça do Trabalho,* Manaus: Notadez, n. 279, mar. 2007.

pública —, daí porque impõe-se sua declaração de ofício pelo juiz. Francisco Antônio de Oliveira[307], por exemplo, diz que "com a nova natureza (pública) da prescrição, ela será declarada pelo juiz diretor (*dominus processus*), de ofício, caso não o faça o réu em contestação".

Manoel Antônio Teixeira Filho[308] defende que a normativa de Processo Civil que determina ao juiz aplicar de ofício a prescrição "incidirá no Processo do Trabalho pelo mesmo motivo que o art. 219, § 5º, do CPC, em sua redação anterior, era pacificamente aplicado ao Processo do Trabalho. Não haverá antagonismo com o art. 7º, XXIX, da Constituição Federal".

De acordo com Sergio Pinto Martins[309] a declaração de ofício da prescrição está fundada nos princípios da segurança jurídica e da celeridade processual e "mesmo em caso de revelia, o juiz irá declarar de ofício a prescrição".

Mauricio Godinho Delgado[310] aceita a aplicação da prescrição de ofício apenas quando a questão não envolver relação de emprego, como nas lides intersindicais, ou nas execuções fiscais decorrentes de multas administrativas impostas pelo Ministério do Trabalho e Emprego, por exemplo.

Luciano Athayde Chaves[311] sustenta a aplicação da prescrição de ofício na Justiça do Trabalho, inclusive nas lides que envolvem relação de emprego, desde que o juiz, antes de decretar a prescrição de ofício, oportunize o contraditório das partes, dando vistas dos autos ao reclamante para que possa demonstrar existência de alguma causa interruptiva, impeditiva ou suspensiva da prescrição, e ao reclamado para que se manifeste a respeito da prescrição. Esse também é o entendimento de Bezerra Leite[312], segundo o qual, silêncio do reclamado valerá valer como renúncia tácita.

> b) A outra corrente entende que não seria possível a aplicação do preceito contido no art. 219, § 5º, do CPC, pois este seria incompatível com o princípio da proteção, com a norma mais favorável ao empregado, com o valor social do trabalho e do emprego (Constituição Federal, art. 1º, IV) e com a natureza alimentar das verbas trabalhistas[313].

---

(307) OLIVEIRA, Francisco Antônio de. *Tratado de direito do trabalho*. São Paulo: LTr, 2008. v. II, p. 1.048.
(308) TEIXEIRA FILHO, Manoel Antônio. As novas leis alterantes do processo civil e sua repercussão no processo do trabalho. *Revista LTr*, v. 70, n. 3, p. 298, mar. 2006; Nesse sentido, também: MALLET, Estêvão. O processo do trabalho e as recentes modificações do Código de Processo Civil. *Revista LTr*, v. 70, n. 6, p. 673, mar. 2006; GARCIA, Gustavo Filipe Barbosa. Prescrição de ofício: da crítica ao direito legislado à interpretação da norma jurídica em vigor. *Revista de Processo*, n. 145, ano 32, mar. 2007; PINTO, José Augusto Rodrigues. Reconhecimento ex officio da prescrição e processo do trabalho. *Revista LTr*, v. 70, n. 4, p. 391, mar. 2006; SAAD, Eduardo Gabriel. *Consolidação das leis do trabalho comentada*. 42. ed. São Paulo: LTr, 2009. p. 113.
(309) MARTINS, Sergio Pinto. *Direito processual do trabalho*. 28. ed. São Paulo: Atlas, 2008. p. 295.
(310) DELGADO, Mauricio Godinho. A prescrição na justiça trabalho: novos desafios. *Revista Trabalhista: Direito e Processo*, n. 25, Brasília: Anamatra, p. 20, 2008; Nesse sentido, também: FAVA, Marcos Neves. Três aspectos da prescrição trabalhista. *Revista Trabalhista: Direito e Processo*, n. 30, Brasília: Anamatra, p. 70, 2009.
(311) O autor destaca ser o pronunciamento de ofício da prescrição "uma importante ferramenta contra fraudes em relação a órgãos públicos" (CHAVES, Luciano Athayde. *A recente reforma no processo comum e seus reflexos no direito judiciário do trabalho*. São Paulo: LTr, 2007. p. 438, 443 e 445).
(312) LEITE, Carlos Henrique Bezerra. *Curso de direito processual do trabalho*. 5. ed. São Paulo: LTr, 2007.
(313) DELGADO, Mauricio Godinho. *Curso de direito do trabalho*. 10. ed. São Paulo: LTr, 2011. p. 268-269; BARROS, Alice Monteiro de. *Curso de direito do trabalho*. 4. ed. São Paulo: LTr, 2008. p. 1018.

Segundo essa corrente, não se admite o conhecimento de ofício da prescrição trabalhista em face de sua incompatibilidade com os princípios que informam o Direito do Trabalho, sob pena de comprometer a própria essência da função teleológica desse ramo jurídico especializado[314]. Para tais doutrinadores, o art. 219, § 5º, do CPC, se aplicado à relação de emprego, beneficiará o empregador, contrariando a própria razão de ser do Direito do Trabalho e Processo do Trabalho[315].

Outra linha argumentativa defendida por essa vertente, entende que a nova regra prescricional trazida pela modificação do § 5º do art. 219 do CPC de 1973 não se aplicaria ao processo laboral devido à indisponibilidade do crédito trabalhista (natureza alimentícia) e à situação de vulnerabilidade jurídica, econômica e social do trabalhador, especialmente em face do chamado direito potestativo de dispensa reconhecido ao empregador, o que, impede que o empregado possa exercer, trabalhando, o seu direito de acesso à justiça[316].

De acordo com Manoel Carlos Toledo Filho, as medidas reformadoras trazidas para o bojo do CPC foram concebidas para contendas de natureza civil, sendo, portanto, natural que elas nem sempre se amoldem ao perfil do processo do trabalho, cabendo, pois, aos operadores deste apartar as hipóteses de incompatibilidade das genuínas hipóteses de integração, que, indiscutivelmente, são muitas, mas não são todas. [317]

No sentido dessa corrente, tem prevalecido o entendimento, no Tribunal Superior do Trabalho[318], pela inaplicabilidade da prescrição de ofício no Processo do Trabalho (na fase

---

(314) TOLEDO FILHO, Manoel Carlos. O novo § 5º do art. 219 do CPC e o processo do trabalho. *Revista do Tribunal Superior do Trabalho*, v. 72, n. 2, maio/ago. 2006; MAIOR, Jorge Luiz Souto. Reflexos das alterações do Código de Processo Civil no processo do trabalho. *Revista da Justiça do Trabalho,* ano 23, n. 271, jul. 2006; VARGAS, Luiz Alberto de; FRAGA, Ricardo Carvalho. Prescrição de ofício. *Justiça do Trabalho*, ano 23, n. 276, dez. 2006. KROST, Oscar. Crítica ao pronunciamento de ofício da prescrição e sua incompatibilidade com o processo do trabalho. *Justiça do Trabalho,* ano 23, n. 268, abr. 2006; MARTINS, Manoel Soares. A declaração de ofício da prescrição no contexto do processo civil e trabalhista. *Revista IOB: Trabalhista e Previdenciária*, São Paulo, v. 21, n. 242, ago. 2009.
(315) ROMITA, Arion Sayão. Pronúncia de ofício de prescrição trabalhista. *Justiça do Trabalho,* Manaus: Notadez, n. 279, mar. 2007.
(316) De acordo com Jorge Luiz Souto Maior e Valdete Souto Severo "a prescrição só se justifica, como restrição do direito fundamental de ação, na medida em que houver efetiva garantia contra a dispensa não motivada" (MAIOR, Jorge Luiz Souto; SEVERO, Valdete Souto. A garantia contra dispensa arbitrária como condição de eficácia da prescrição no curso da relação de emprego. *Justiça do Trabalho,* n. 318, p. 18-24, em especial p. 19, jun. 2010).
(317) FILHO, Manoel Carlos Toledo. O novo § 5º do art. 219 do CPC e o processo do trabalho. *Revista do Tribunal Superior do Trabalho,* v. 72, n. 2, maio/ago. 2006.
(318) Exemplos: RECURSO DE REVISTA — PRESCRIÇÃO — ART. 219, § 5º, DO CPC — INCOMPATIBILIDADE COM O PROCESSO DO TRABALHO — DESPROVIMENTO — A prescrição é a perda da pretensão pela inércia do titular no prazo que a lei considera ideal para o exercício do direito de ação. Não se mostra compatível com o processo do trabalho, a nova regra processual inserida no art. 219, § 5º, do CPC, que determina a aplicação da prescrição, de ofício, em face da natureza alimentar dos créditos trabalhistas. Ao contrário da decadência, onde a ordem pública está a antever a estabilidade das relações jurídicas no lapso temporal, a prescrição tem a mesma finalidade de estabilidade apenas que entre as partes. Deste modo, necessário que a prescrição seja arguida pela parte a quem a aproveita. Recurso de revista conhecido e desprovido (TST — RR 404/2006-028-03-00 — 6ª

de conhecimento), notadamente em face da natureza alimentar dos créditos trabalhistas e do princípio protetor do empregado. Mesmo que se mantenha tal entendimento, ele deverá enfrentar a nova realidade trazida pelo CPC/2015, que prevê a possibilidade de o Juiz declarar a prescrição de ofício, após intimar as partes a se manifestar sobre o tema de forma prévia (art. 487, parágrafo único, CPC/2015).

T — Rel. Min. Aloysio Corrêa da Veiga — DJ 28.3.2008); RECURSO DE REVISTA. PRESCRIÇÃO TOTAL. PRONÚNCIA DE OFÍCIO. INAPLICABILIDADE AO PROCESSO DO TRABALHO. Segundo o entendimento desta Corte Superior, inviável o pronunciamento da prescrição de ofício pelo Juiz, com base no art. 219, § 5º, do CPC, cuja redação fora determinada pela Lei n. 11.280, de 16.2.2006. Nesta Justiça especializada prevalece o princípio protecionista do trabalhador. Assim, a arguição deve ser feita pela parte interessada, à luz da Súmula n. 153 do TST. Recurso de revista de que se conhece e a que se dá provimento (TST, 7ª Turma, RR-30400-48.2007.5.17.0003, Ministro Relator Pedro Paulo Manus, DJ 2.3.2011).

19. Prescrição Total e Parcial. Prescrição das Prestações Sucessivas. Art. 11, § 2º, da CLT, com Redação dada pela Lei n. 13.467/17

Os efeitos da prescrição sobre prestações de trato sucessivo há muito tempo inquieta e divide os profissionais e agentes públicos que atuam no Direito do Trabalho e no Processo do Trabalho. Ao longo do tempo, a matéria foi objeto de um Prejulgado (48) e de três Súmulas do TST: ns. 168, 198 e 294. Tal circunstância, por si só, revela o grau de controvérsia sobre a matéria. Além disso, outras súmulas tratam do tema de maneira incidental, em temas como complementação de aposentadoria, equiparação salarial, desvio de função, entre outros. Recentemente, a Reforma Trabalhista de 2017 incorpora o entendimento da Súmula n. 294 ao art. 11, § 2º, da CLT.

A distinção entre prescrição total e prescrição parcial, tem como elementos centrais a continuidade do contrato (parcelas de prestação sucessiva) e a distinção de efeitos dos atos nulos e dos atos anuláveis.

No contrato de trabalho, a continuidade tem especial importância, pois as prestações e adimplementos recíprocos das partes são contínuos ou de trato sucessivo. Assim, um contrato de longa duração pode ter sucessivas lesões, com sucessivos prazos prescricionais. Como exemplo, pode-se indicar a supressão de pagamento de uma determinada parcela componente da remuneração do empregado. Imagine-se que um empregado receba adicional de insalubridade por determinado tempo e, num determinado momento, o empregador deixa de pagar a parcela, mas o empregado continua trabalhando. Sua remuneração diminuirá no primeiro mês, no segundo, no terceiro e assim sucessivamente. A cada novo mês, mantida a supressão da parcela, haverá uma nova lesão e a contagem de um novo prazo prescricional, pois se trata de parcela sucessiva. Quando o empregado é despedido, ele decide entrar com uma ação trabalhista e postular as diferenças que entende devidas, desde a data da primeira lesão. No lado contrário, a reclamada alega a prescrição. O problema é definir se as diferenças estão totalmente prescritas ou se a prescrição não atinge o direito, mas apenas as parcelas que estão fora do quinquênio prescricional determinado pelo art. 7º, XXIX, da Constituição.

Imagine-se, como outro exemplo, que passados mais de 5 anos do ajuizamento da ação, tenha nascido o direito à equiparação salarial (suponha-se que estejam presentes todos os requisitos do art. 461 da CLT) situação que perdurou até a extinção do contrato de trabalho e que na mesma época o seu empregador passou a não mais pagar comissões (que pagou desde o início da contratualidade até então). É desses casos envolvendo prescrição quinquenal de prestações sucessivas inadimplidas que a matéria trata.

Também é preciso levar em conta a natureza da lesão: se ela atinge norma jurídica ou cláusula contratual. Atos nulos não prescrevem, pois decorrem de normas de natureza pública. Atos anuláveis, decorrentes de cláusulas contratuais, podem ser objeto de prescrição.

Não havia nada na legislação até então e coube á jurisprudência criar as soluções para as situações concretas e tentar sistematizar a matéria.

O Tribunal Superior do Trabalho por meio do Prejulgado n. 48[319], firmou entendimento de que "na lesão de direito que atinja prestações sucessivas, de qualquer natureza, a prescrição é sempre parcial e se conta do vencimento de cada uma delas e não do direito do qual se origina".

Essa posição foi mantida integralmente pela Súmula n. 168 do TST (DJ 11.10.1982) e se baseava no entendimento doutrinário capitaneado por Délio Maranhão[320], segundo o qual as alterações contratuais lesivas geram nulidade, independente da natureza da verba trabalhista objeto da lesão, incidindo o art. 468 da CLT, que confere pena de nulidade plena para as alterações realizadas ao longo do contrato de trabalho sem o consentimento do empregado e/ou que lhe causem prejuízos de forma direta ou indireta.

A cada nova lesão, ocorreria uma nulidade por afronta a expresso texto de lei, o art. 468 da CLT. A cada mês que não foi paga a parcela, uma nova lesão e um novo prazo prescricional. Assim, de acordo com o entendimento da Súmula n. 168 do TST as lesões de parcelas sucessivas, de origem contratual ou legal, tinham apenas prescrição parcial, ou seja, a prescrição contava-se da parcela em si.

---

(319) Os prejulgados do Tribunal Superior do Trabalho são as primeiras sistematizações da jurisprudência dominante no âmbito da Justiça do Trabalho e, diferentemente das atuais Súmulas e Orientações Jurisprudenciais, que não obrigam sua observância pelos juízes das instâncias inferiores, por força do art. 902, § 1º, da CLT (1943), tinham efeito vinculante sobre as instâncias inferiores. Essa situação perdurou até que o Supremo Tribunal Federal considerou a referida norma revogada, a partir da Constituição de 1946. Sobre essa matéria recomenda-se a leitura de VILHENA, Paulo Emílio Ribeiro de. Os prejulgados, as Súmulas e o TST. *Revista de informação Legislativa*, Brasília, v. 14, n. 55, p. 83-100, jul./set. 1977.

(320) Conforme o autor "o art. 468 da Consolidação dá lugar àquela 'tutela jurídica perfeita', que torna 'juridicamente impossível' a violação da norma, como ocorre no caso do salário mínimo ou da sentença normativa, que envolvem a proteção de interesse público" (MARANHÃO, Délio et al. *Instituições de direito do trabalho*. 20. ed. São Paulo: LTr, 2002. v. 2, p. 1464).

Em 1985, o Tribunal Superior do Trabalho introduziu o conceito de "ato único do empregador", determinando que a prescrição, nesse caso, seria total e que, nos demais, seria parcial. O texto da referida Súmula era o seguinte:

> Súmula n. 198 (DJ 1º.4.1985). Na lesão de direito individual que atinja prestações periódicas devidas ao empregado, à exceção da que decorre de ato único do empregador, a prescrição é sempre parcial e se conta do vencimento de cada uma dessas prestações, e não da lesão do direito.

Ocorre que quase todas as alterações de contrato de trabalho decorrem de "ato único do empregador", pois o contrato de trabalho é marcado pela subordinação do empregado ao empregador e pelo *jus variandi* ou poder diretivo. Como consequência, o empregado deveria entrar com a ação contra seu empregador no curso do contrato de trabalho em vigor, a fim de que eventuais lesões não prescrevessem. Em um sistema onde não há garantia de emprego, um empregado que demanda contra seu empregador no curso do contrato de trabalho tem grandes probabilidades de ser despedido.

Do contrário, passados cinco anos da lesão causada por "ato único do empregado" toda pretensão estaria prescrita (por isso a posterior expressão "prescrição total"). Isso é muito difícil num contexto em que não há garantia de emprego e que, com muita probabilidade, o empregado seria despedido se demandasse em juízo contra seu empregador, no curso da relação de emprego.

Em abril de 1989, no contexto da promulgação da Constituição Federal de 1988 — que inovou no que tange aos prazos prescricionais trabalhistas, aumentando-o, de 2 para 5 anos —, bem como pela pressão que sofria pela criação da categoria "ato único do empregador", o TST cancelou a Súmula n. 198 e editou a Súmula n. 294, baseada na distinção entre ato nulo e ato anulável capitaneada por Orlando Gomes, com a seguinte redação:

> Súmula n. 294. PRESCRIÇÃO. ALTERAÇÃO CONTRATUAL. TRABALHADOR URBANO. Tratando-se de ação que envolva pedido de prestações sucessivas decorrente de alteração do pactuado, a prescrição é total, exceto quando o direito à parcela esteja também assegurado por preceito de lei.

Orlando Gomes defende que a aplicação da teoria das nulidades do Direito Civil ao Direito do Trabalho, segundo a qual o tipo de invalidade do ato jurídico (nulidade absoluta, relativa e anulabilidade) depende da natureza do direito violado, destacando que: "se os atos nulos estivessem excluídos do âmbito da regra estatuída no art. 11, teria a Consolidação consagrado um preceito ocioso, pois, a prevalecer o entendimento de que nulo todo ato infringente de lei imperativo, dominaria a regra da imprescritibilidade, eis que as disposições trabalhistas têm essa natureza. Por outro lado, o art. 11 da Consolidação das Leis do Trabalho não autoriza, para efeito de prescrição, a distinção entre atos nulos e anuláveis mas, ao contrário, deixa bem claro o propósito de cobrir com a prescrição todos os atos infringentes das suas disposições".[321]

Após estas considerações, podemos sistematizar as seguintes conclusões: a) não há que se falar em prescritibilidade ou não dos atos nulos, mas sim da prescritibilidade do

---

(321) GOMES, Orlando. *Ensaios de direito civil e de direito do trabalho*. Rio de Janeiro: Aide, 1986. p. 213.

direito de ação que vise anular os efeitos dos atos supostamente nulos; b) pela falta de previsão expressa, eis que o disposto nos arts. 794 a 798 da CLT refere-se apenas às nulidades processuais, deve ser aplicada, no Direito do Trabalho, a teoria das nulidades do direito comum.

A Súmula n. 294 do TST chegou a uma espécie de ponto médio, entendendo que se a lesão for relacionada com parcela de natureza contratual e o empregado não demandar o empregador mesmo no curso da relação de emprego, haverá prescrição total. Se a lesão decorrer de afronta a dispositivo legal, a prescrição será parcial, ou seja, dentro do prazo não abrangido pela prescrição, as diferenças serão devidas, mesmo que a lesão original tivesse ocorrido em período anterior. Isso ocorre porque a lesão se renovaria mês a mês e adentraria dentro do período não abrangido pela prescrição.

Baseado nas normas de Direito Civil (diferentemente de Délio Maranhão que construiu sua tese sob o art. 468 da CLT, conforme acima referido), Orlando Gomes sustentava que o tipo de invalidade do ato jurídico depende da natureza (origem) da estipulação da prestação trabalhista.

É preciso lembrar que o próprio Código Civil, promulgado em 1916, obra toda ela calcada no individualismo jurídico que marcou o pensamento do início deste século, consagra a prescrição parcial em se tratando de prestações sucessivas (art. 178, § 10, inciso VI). Quando a violação de direitos é continuada não sendo razoável acolher-se a tese da prescrição total em decorrência de ato único do empregador.

19.1. Prescrição total

As lesões sobre prestações de origem contratual — estabelecidas originariamente por pacto entre os sujeitos, em contrato individual de trabalho, por exemplo — geram anulabilidade[322] do ato e sobre as respectivas pretensões incide prescrição total, cuja fluência do prazo prescricional quinquenal inicia na data de lesão.

Dito de outro modo, a lesão sobre parcelas que não tenham origem legal ensejam prescrição total, que inicia a contar no instante da lesão e se consuma em cinco anos[323]. Em consequência, as pretensões de origem não legal decorrentes de lesões que ocorreram a mais de cinco anos do ajuizamento da ação ficam totalmente prescritas.

São anuláveis os atos que exigem atitude da parte interessada. Nessa linha, o raciocínio externado é o seguinte: nas lesões sobre prestações de origem contratual o empregado deverá ajuizar a ação no curso do contrato de trabalho, para não ter fulminadas suas pretensões sobre créditos decorrentes das relações de trabalho.

---

(322) O ato anulável exige a manifestação expressa da parte interessada e o nulo não.
(323) DELGADO, Mauricio Godinho. *Curso de direito do trabalho*. 5. ed. São Paulo: LTr, 2006. p. 275.

19.2. Alguns casos de prescrição total

Neste tópico, serão analisados os possíveis efeitos da prescrição sobre os casos de supressão ou alteração de comissões, supressão de horas extras, planos econômicos, horas extras pré-contratadas e enquadramento funcional.

19.2.1. Prescrição total: supressão ou alteração de comissões

Nos casos que versam sobre a supressão das comissões ou a alteração quanto à forma ou ao percentual, em prejuízo do empregado, incide prescrição total da ação, conforme a Orientação Jurisprudencial n. 175 da SBDI-I do TST (DJ 22.11.2005). O texto é o seguinte:

> OJ-SDI1-175. Comissões. Alteração ou Supressão. Prescrição total (nova redação em decorrência da incorporação da Orientação Jurisprudencial n. 248 da SBDI-I) — DJ 22.11.2005.

A supressão das comissões, ou a alteração quanto à forma ou ao percentual, em prejuízo do empregado, é suscetível de operar a prescrição total da ação, nos termos da Súmula n. 294 do TST, em virtude de cuidar-se de parcela não assegurada por preceito de lei.

As comissões não são impostas normativamente, mas pactuadas entre empregado e empregador. Portanto, são obrigações decorrentes de uma cláusula de natureza dispositiva (contratual). Assim, tais lesões (supressão ou alteração quanto à forma ou ao percentual) ensejam anulabilidade desse ato e, portanto, o empregado precisa manifestar sua inconformidade durante o curso do contrato. Se não o fizer, sobre as respectivas pretensões incide prescrição total, iniciando a fluência da prescrição quinquenal na data de lesão.

Se a lesão ocorreu a mais de 5 anos contados do ajuizamento da ação a pretensão resta totalmente prescrita, não sendo possível postular sequer as parcelas que se projetam para dentro do período não prescrito.

19.2.2. Prescrição total: supressão de realização e de pagamento de horas extras

O TST pacificou entendimento de que, embora haja previsão legal para o direito à hora extra, inexiste previsão legal para a incorporação ao salário do respectivo adicional. Por esta razão, deve incidir a prescrição total sobre a pretensão de pagamento de indenização por horas extras suprimidas (que foram pagas com habitualidade de pelo menos 1 ano e em certo momento o empregador pagou de permitir sua realizar e de pagar o respectivo adicional), conforme dispõe a Orientação Jurisprudencial n. 242 da SBDI-I. O texto é o que segue:

> TST, OJ-SDI1-242. PRESCRIÇÃO TOTAL. HORAS EXTRAS. ADICIONAL. INCORPORAÇÃO (inserida em 20.6.2001).

Embora haja previsão legal para o direito à hora extra, inexiste previsão para a incorporação ao salário do respectivo adicional, razão pela qual deve incidir a prescrição total.

De fato, a questão envolvendo a incorporação das horas extras a remuneração/indenização por supressão de horas extras foi construída pela jurisprudência, não tendo previsão em lei.

A Súmula n. 76 do TST[324] previa a incorporação do pagamento das horas extras à remuneração. Basicamente, previa a hipótese de um empregado ter trabalhado horas extras de forma habitual e, com o passar do tempo, a estabilidade econômica do contrato e a alteração contratual tácita (prestação habitual de horas extras), faziam com que tal circunstância passasse a integrar o contrato. Uma alteração (supressão) caracterizaria, por esse entendimento, alteração lesiva do contrato de trabalho, em afronta ao art. 468 da CLT. Por essa razão, quando da vigência da Súmula n. 76 do TST, o entendimento é de que a supressão de horas extras ensejava prescrição parcial. Entretanto, essa Súmula foi cancelada em 2003 e substituída pela Súmula n. 291.

A partir do entendimento firmado pelo Tribunal Superior do Trabalho, por meio da Súmula n. 291[325], de que a supressão total ou parcial, pelo empregador, de serviço suplementar prestado com habitualidade, durante pelo menos 1 (um) ano, assegura ao empregado o direito à indenização por essa supressão (correspondente ao valor de 1 (um) mês das horas suprimidas, total ou parcialmente, para cada ano ou fração igual ou superior a seis meses de prestação de serviço acima da jornada normal), acabou com a incidência de prescrição sobre horas extras suprimidas, porque manda pagar indenização. Indiretamente, o TST passou a entender que as horas extras originam-se de cláusula contratual, e não legal, forçando que o empregado entre já Justiça do Trabalho, no curso do contrato de trabalho. Se não o fizer, o direito prescreve totalmente se passados mais de 5 anos da alteração lesiva.

Para o TST, o direito ao pagamento de horas extras com adicional de no mínimo 50% sobre à hora normal é definido por lei (art. 7º, XVI e art. 61 da Consolidação das Leis do Trabalho), mas a indenização pela supressão de realização de horas extras e do pagamento do respectivo adicional não tem previsão legal, mas sim na avença contratual pela prestação de horas extras, o que foi acolhido pela Súmula n. 291 do TST, motivo da incidência de prescrição total dos últimos cinco anos contados a partir do ato de supressão de horas extras habituais.

19.2.3. Prescrição total: planos econômicos

Os chamados "planos econômicos" eram tentativas, via legislação, de controlar a espiral inflacionária que assolou o Brasil entre 1985 e 1994, tendo como ápice o Plano Real (Lei n.

---

(324) TST, Súmula n. 76: HORAS EXTRAS (cancelada) — Res. n. 121/2003, DJ 19, 20 e 21.11.2003. O valor das horas suplementares prestadas habitualmente, por mais de 2 (dois) anos, ou durante todo o contrato, se suprimidas, integra-se ao salário para todos os efeitos legais.
(325) TST, Súmula n. 291: HORAS EXTRAS. HABITUALIDADE. SUPRESSÃO. INDENIZAÇÃO. A supressão total ou parcial, pelo empregador, de serviço suplementar prestado com habitualidade, durante pelo menos 1 (um) ano, assegura ao empregado o direito à indenização correspondente ao valor de 1 (um) mês das horas suprimidas, total ou parcialmente, para cada ano ou fração igual ou superior a seis meses de prestação de serviço acima da jornada normal. O cálculo observará a média das horas suplementares nos últimos 12 (doze) meses anteriores à mudança, multiplicada pelo valor da hora extra do dia da supressão.

8.177/94), que, por fim, controlou a hiperinflação. O Plano Real foi o décimo terceiro plano econômico com tentativa de estabilização da inflação e da economia brasileira como um todo, desde o início da década de 1980[326]. Para se ter uma ideia, a inflação, entre junho de 1993 e junho de 1994, oscilava entre 30,72% e 46,58% ao mês!

De forma bastante resumida, os planos anteriores obtiveram um resultado positivo nos primeiros meses de vigência, mas nenhum deles foi bem-sucedido em longo praz. Traziam algum tipo de norma jurídica relacionada com a reposição das perdas inflacionárias dos salários. Naquela época, a política governamental dedicava especial atenção aos salários, por força da inércia inflacionária que estava inserida nas suas reposições automáticas. Na verdade, os salários faziam parte de um contexto maior de indexação geral da economia, tanto preços públicos quanto privados. Os salários, assim como os preços em geral, precisavam ser controlados e, por essa razão, quando a inflação saía de controle, uma nova legislação trazia novos critérios de correção das perdas inflacionárias e, não raras vezes, com perdas para os trabalhadores. Muitos recorriam à Justiça do Trabalho para questionar essas leis e assegurar seus direitos adquiridos com base nos critérios anteriores, de regra mais vantajosos. Como havia defasagem temporal entre as datas que as lesões ocorriam (perdas na correção monetária dos salários mês a mês) e as datas de ajuizamento das ações (normalmente ajuizadas depois do trabalhador ser despedido), eram frequentes as alegações nas defesas a respeito da inicidência da prescrição total ou parcial.

De acordo com o TST é aplicável a prescrição total sobre o direito (a pretensão) de reclamar diferenças salariais resultantes de planos econômicos (por exemplo, plano BRESSER, COLLOR etc.), conforme a Orientação Jurisprudencial n. 243 da SBDI-I do TST:

OJ-SDI1-243. PRESCRIÇÃO TOTAL. PLANOS ECONÔMICOS (inserida em 20.6.2001).

Aplicável a prescrição total sobre o direito de reclamar diferenças salariais resultantes de planos econômicos.

Não é compreensível que os planos econômicos tenham sido "pactuados" entre empregado e empregador, de modo a incidir a prescrição total. Tratam-se de lesões no salário do trabalhador decorrentes de normas legais que, por força da Súmula n. 294, TST, ensejam a prescrição parcial.

Nesse sentido, há quem defenda, ao contrário da Orientação Jurisprudencial do TST, que a prescrição deveria ser parcial, porque se trata de redução de salário fixado em norma legal (leis que criaram os planos econômicos), como, por exemplo, Raymundo A. Carneiro Pinto e Cláudio Mascarenhas Brandão[327].

---

(326) O Plano Real tinha como principais diretrizes: a desindexação da economia (preços públicos e privados); o controle das contas públicas, para evitar que o déficit pressionasse a emissão de moeda; amplo sistema de privatizações; abertura econômica maior para o mercado externo, mas com o câmbio artificialmente valorizado; e políticas monetárias de cunho restritivo.
(327) PINTO, Raymundo A. Carneiro; BRANDÃO, Cláudio Mascarenhas Brandão. *Orientações jurisprudenciais do TST comentadas*. São Paulo: LTr, 2008. p. 128.

O tema perde um pouco a sua intensidade na jurisprudência a partir da vigência do Plano Real que, por ter atingido satisfatoriamente o objetivo de acabar com a indexação de salários, não ensejou mais a edição de novas legislações a respeito de correção de salários na iniciativa privada por força de lei. As correções salariais passaram a ser feitas pelos contratos individuais ou pelas normas coletivas.

19.2.4. Prescrição total: horas extras pré-contratadas

Certas categorias profissionais, por disposição de lei, têm horário de trabalho inferior a 8 horas diárias. É o caso dos bancários, que possuem jornada legal de 6 horas diárias (art. 224, CLT). Isso leva a uma prática de pré-contratação de duas horas extras a mais, o que é considerado ilegal pelo TST, nos termos da Súmula n. 199 do TST.

De acordo com o TST em se tratando de horas extras contratadas por ocasião da admissão de trabalhador bancário (pré-contratadas, uma vez que combinadas antes da efetiva realização de jornada extraordinária) enseja nulidade, incidindo prescrição total se a ação não for ajuizada no prazo de cinco anos, a partir da data em que foram retiradas pelo empregador. O texto da Súmula n. 199 do TST é o seguinte:

> SÚMULA N. 199. BANCÁRIO. PRÉ-CONTRATAÇÃO DE HORAS EXTRAS (incorporadas as Orientações Jurisprudenciais ns. 48 e 63 da SBDI-I) — Res. n. 129/2005, DJ 20, 22 e 25.4.2005
>
> I — A contratação do serviço suplementar, quando da admissão do trabalhador bancário, é nula. Os valores assim ajustados apenas remuneram a jornada normal, sendo devidas as horas extras com o adicional de, no mínimo, 50% (cinquenta por cento), as quais não configuram pré-contratação, se pactuadas após a admissão do bancário. (ex-Súmula n. 199 — alterada pela Res. n. 41/1995, DJ 21.2.1995 — e ex-OJ n. 48 da SBDI-I — inserida em 25.11.1996)
>
> II — Em se tratando de horas extras pré-contratadas, opera-se a prescrição total se a ação não for ajuizada no prazo de cinco anos, a partir da data em que foram suprimidas. (ex-OJ n. 63 da SBDI-I — inserida em 14.3.1994)

Para o TST, trata-se de parcela pactuada entre as partes (como o nome indica é uma parcela "contratada" entre as partes) e sua supressão é um ato anulável, passível de prescrição total, caso não seja exigida judicialmente essa pretensão dentro de cinco anos, contados da data da supressão do pagamento do valor correspondente as horas extras pré-contratadas (lesão). Existe outra posição, minoritária, de que as horas extras decorrem de dispositivo de lei e, portanto, a prescrição seria parcial.

19.2.5. Prescrição total: reenquadramento funcional

O instituto do reenquadramento visa a correção da posição do empregado na estrutura da empresa quando não observadas promoções devidas. Para um empregado ter esse direito há necessidade de ter no seu empregador quadro organizado de carreira, conforme entendimento predominante na doutrina e na jurisprudência.

Em se tratando de pretensão de que o empregador realize reenquadramento (correto enquadramento) da função do empregado, que supostamente não foi adequadamente enquadrada pelo empregador, a prescrição é total, contada da data do enquadramento do empregado (supostamente incorreto), conforme a Súmula n. 275, II, do TST:

SÚMULA N. 275. PRESCRIÇÃO. DESVIO DE FUNÇÃO E REENQUADRAMENTO (incorporada a Orientação Jurisprudencial n. 144 da SBDI-I) — Res. n. 129/2005, DJ 20, 22 e 25.4.2005.

[...]

II — Em se tratando de pedido de reenquadramento, a prescrição é total, contada da data do enquadramento do empregado. (ex-OJ n. 144 da SBDI-I — inserida em 27.11.1998)

De acordo com esse entendimento, quando o empregador altera o enquadramento da função de um empregado, em prejuízo do trabalhador, pratica lesão derivada de uma alteração de natureza contratual (não normativa), podendo operar prescrição total se não for ajuizada ação dentro de cinco anos, contados da data em que houve a alteração no enquadramento do empregado (lesão).

O instituto do enquadramento funcional pode gerar confusão com o desvio de função, que será abordado a seguir, razão pela qual foram ambos abordados na mesma Súmula n. 275 do TST, porém com consequências diversas no que tange a prescrição: em se tratando de pretensão de reenquadramento, a prescrição é total (item II da Súmula n. 275) e em caso de pretensão de correção de desvio de função a prescrição é parcial (item I da Súmula n. 275)[328].

19.3. Alguns casos de prescrição parcial

As lesões sobre prestações sucessivas estipuladas originariamente em lei ("preceito de lei" é a expressão do art. 11, § 2º, da CLT), geram nulidade[329] do ato e, portanto, sobre as respectivas pretensões incide prescrição parcial, e nesse caso a fluência da prescrição incide sobre a data de vencimento (inadimplemento) de cada uma das prestações periódicas e não da data de lesão.

---

(328) Veja-se, exemplificativamente, a diferença conceitual entre os institutos: "EMENTA RECURSO ORDINÁRIO DA RECLAMANTE. REENQUADRAMENTO. DESVIO DE FUNÇÃO. QUADRO DE CARREIRA ORGANIZADO INEXISTENTE. Os institutos do reenquadramento (correção da posição do empregado na estrutura da empresa quando não observadas promoções devidas) e do desvio de função (desempenho de atividade diversa daquela formalmente ocupada) têm como pressuposto justamente a existência de quadro organizado de carreira. No caso, a autora recorre defendendo não possuir a empregadora tal nível de organização, o que entende favorável, mas, na verdade, fulmina sua pretensão. Apelo da demandante não provido. (...)TRT 4ª Região, Acórdão — Processo 0021819-81.2015.5.04.0405 (RO) Data: 30.1.2017 Órgão julgador: 2ª Turma Relator: Carlos Henrique Selbach".
(329) Uma das consequências do caráter protetivo do Direito do Trabalho é ter o empregador os deveres oriundos do contrato de trabalho, mesmo quando há nulidade. Embora nulo o contrato individual de trabalho, se o trabalho foi prestado, tem de ser retribuído como se válido fosse, já ensinava Pontes de Miranda (PONTES DE MIRANDA, Francisco Cavalcanti. *Tratado de direito privado*. Rio de Janeiro: Borsoi, 1964. v. 47, p. 492).

Delgado[330] chama a atenção que "tem ganhado prestígio na jurisprudência a interpretação *ampla* da expressão 'preceito de lei' da Súmula n. 294, como se correspondesse a 'lei em sentido lato', isto é, *norma jurídica*". Prevalecendo este entendimento aumentariam os casos de incidência de prescrição parcial. A prescrição seria parcial em todos os casos de não pagamento de verbas estabelecidas em acordos coletivos, convenções coletivas e sentença normativa.

Por se tratar de uma prestação devida sucessivamente com origem legal o ato de supressão é nulo e a fluência da prescrição quinquenal é renovada a cada novo mês em que houve o inadimplemento da prestação.

Nesse caso, ainda que a ação trabalhista seja ajuizada após dez anos do ato supressão (lesão), para fins de verificação da prescrição contar-se-á cinco anos do ajuizamento da ação (Súmula n. 308, I, do TST) e desde que ajuizada dentro de dois anos da extinção do contrato (para casos de contratos de trabalho extintos) haverá prestações periódicas não atingidas pela prescrição.

Assim, mesmo que o ato do empregador, considerado lesivo pelo empregado, tenha ocorrido há mais de cinco anos do ajuizamento da ação, a fluência do prazo prescricional é renovado periodicamente, de forma sucessiva, a cada pagamento incorreto das verbas de origem contratual, adentrando no período não prescrito.

Com isso, as prestações de origem legal cujo inadimplemento é renovado mês a mês, projetam-se para dentro do período não prescrito (últimos cinco anos contados do ajuizamento da ação), mesmo que a lesão (início do inadimplemento) tenha ocorrido há mais de cinco anos do ajuizamento da ação.

Em síntese, o critério utilizado pelo art. 11, § 2º, da CLT para distinguir prescrição total e prescrição parcial é a origem da parcela pretendida: legal ou contratual. Segundo a jurisprudência firmada no Tribunal Superior do Trabalho há prescrição parcial em casos de equiparação salarial, desvio de função, congelamento de gratificação semestral, diferenças salariais decorrentes de planos de cargos e salários, entre outros.

19.3.1. Prescrição parcial: equiparação salarial

Imagine que o trabalhador "X" faça as mesmas atividades do trabalhador "Y", com a presença de todos os requisitos do art. 461 da CLT, e ganhe R$ 1.000,00 a menos, tendo essa situação iniciado 10 anos antes do ajuizamento da ação, persistindo até o final de seu contrato de trabalho. A ação foi ajuizada dentro de 2 anos da extinção do contrato.

Na ação que pede diferenças de salário por equiparação salarial, a prescrição é parcial e, com isso, salva-se da prescrição os últimos 5 anos contados do ajuizamento da ação. Essa é a posição da Súmula n. 6, IX, do TST, cujo texto é o que segue:

---

(330) DELGADO, Mauricio Godinho. *Curso de direito do trabalho*. 5. ed. São Paulo: LTr, 2006. p. 276.

SÚMULA N. 6. EQUIPARAÇÃO SALARIAL. ART. 461 DA CLT.

[...]

IX — Na ação de equiparação salarial, a prescrição é parcial e só alcança as diferenças salariais vencidas no período de 5 (cinco) anos que precedeu o ajuizamento. (ex-Súmula n. 274 — alterada pela Res. n. 121/2003, DJ 21.11.2003)

O fundamento de a prescrição ser parcial é de que a equiparação salarial tem previsão em lei (art. 461, CLT).

O direito a equiparação salarial previsto no art. 461 da CLT teve alterações e acréscimos de requisitos por força da reforma trabalhista (Lei n. 13.467/2017). Não obstante, no que tange a prescrição das prestações periódicas não sofreu alteração.

19.3.2. Prescrição parcial: desvio de função

O desvio de função é caracterizado quando o trabalhador, apesar de ter sido contratado para exercer determinada função, executa outra diversa, sem o pagamento do salário respectivo. Pressupõe uma alteração contratual, gerando violação do art. 468 da CLT, que trata dos requisitos para validade das alterações contratuais unilaterais.

Para um empregado ter esse direito também há necessidade de ter no seu empregador quadro organizado de carreira, conforme entendimento predominante na doutrina e na jurisprudência.

Não se confunde com o enquadramento de função, conforme acima esclarecido, nem com a equiparação salarial, pois o direito ao desvio de função não exige a presença de paradigma no mesmo estabelecimento, nem todos os demais requisitos do art. 461 da CLT.

Na ação que objetive corrigir desvio funcional, a prescrição é parcial e, com isso, salva-se da prescrição os últimos 5 anos contados do ajuizamento da ação, conforme a Súmula n. 275 do TST, que tem a seguinte redação:

SÚMULA N. 275. PRESCRIÇÃO. DESVIO DE FUNÇÃO E REENQUADRAMENTO (incorporada a Orientação Jurisprudencial n. 144 da SBDI-I) — Res. n. 129/2005, DJ 20, 22 e 25.4.2005.

I — Na ação que objetive corrigir desvio funcional, a prescrição só alcança as diferenças salariais vencidas no período de 5 (cinco) anos que precedeu o ajuizamento. (ex-Súmula n. 275 — alterada pela Res. n. 121/2003, DJ 21.11.2003)

Poderá haver alteração deste entendimento em função da Reforma Trabalhista (Lei n. 13.467/2017). Ocorre que, pelo novo texto legal, não é mais necessária a homologação do quadro de pessoal em carreira por parte do Ministério do Trabalho, conforme disposto no art. 461, §§ 2º e 3º, da CLT[331]. Em face disso, pode-se passar a entender que o Plano

---

(331) O texto legal é o seguinte:

de Cargos e Salários constitui cláusula contratual, e não normativa, pois agora prescinde de homologação pelo Poder Público e, por consequência, a prescrição passa a ser total. Em qualquer caso, se houver mudança de entendimento na posição do TST, deverá ser observada a modulação dos efeitos em relação aos fatos ocorridos antes da Reforma Trabalhista, para resguardar o direito adquirido e o ato jurídico perfeito.

19.3.3. Prescrição parcial: gratificação semestral — congelamento

Tratando-se de pedido de diferença de gratificação semestral que teve seu valor congelado, a prescrição aplicável é a parcial, de acordo com a Súmula n. 373 do TST:

> SÚMULA N. 373. GRATIFICAÇÃO SEMESTRAL. CONGELAMENTO. PRESCRIÇÃO PARCIAL (conversão da Orientação Jurisprudencial n. 46 da SBDI-I) — Res. n. 129/2005, DJ 20, 22 e 25.4.2005. Tratando-se de pedido de diferença de gratificação semestral que teve seu valor congelado, a prescrição aplicável é a parcial. (ex-OJ n. 46 da SBDI-I — inserida em 29.3.1996)

A gratificação semestral prevista em contrato, não tem previsão em lei e com isso diferenças salariais daí resultantes implicariam em prescrição total pela lógica da Súmula n. 294 do TST e do art. 11, § 2º da CLT. Entretanto, se a previsão for em norma coletiva, o que normalmente acontece, seu congelamento, supressão ou redução implicam em alteração contratual lesiva ao empregado e violação de norma jurídica. Por isso a prescrição é parcial.

Alice Monteiro de Barros[332] sustenta que o congelamento e redução de gratificações semestrais não traduz ato único do empregador, mas ato negativo, a justificar, portanto, a incidência de prescrição parcial para pleitear as diferenças.

19.3.4. Prescrição parcial: diferenças salariais decorrentes de plano de cargos e salários

Em se tratando de pretensão de pagamento de diferenças salariais decorrentes da inobservância dos critérios de promoção estabelecidos em Plano de Cargos e Salários criado pela empresa, a prescrição aplicável é a parcial, conforme a Súmula n. 452 do TST:

Art. 461. Sendo idêntica a função, a todo trabalho de igual valor, prestado ao mesmo empregador, no mesmo estabelecimento empresarial, corresponderá igual salário, sem distinção de sexo, etnia, nacionalidade ou idade. (Redação dada pela Lei n. 13.467, de 2017)
[...]
§ 2º Os dispositivos deste artigo não prevalecerão quando o empregador tiver pessoal organizado em quadro de carreira ou adotar, por meio de norma interna da empresa ou de negociação coletiva, plano de cargos e salários, dispensada qualquer forma de homologação ou registro em órgão público. (Redação dada pela Lei n. 13.467, de 2017)
§ 3º No caso do § 2º deste artigo, as promoções poderão ser feitas por merecimento e por antiguidade, ou por apenas um destes critérios, dentro de cada categoria profissional. (Redação dada pela Lei n. 13.467, de 2017)
(332)   BARROS, Alice Monteiro de. *Curso de direito do trabalho*. 4. ed. São Paulo: LTr, 2008. p. 1036.

SÚMULA N. 452. DIFERENÇAS SALARIAIS. PLANO DE CARGOS E SALÁRIOS. DESCUMPRIMENTO. CRITÉRIOS DE PROMOÇÃO NÃO OBSERVADOS. PRESCRIÇÃO PARCIAL. (conversão da Orientação Jurisprudencial n. 404 da SBDI-I) — Res. n. 194/2014, DEJT divulgado em 21, 22 e 23.5.2014. Tratando-se de pedido de pagamento de diferenças salariais decorrentes da inobservância dos critérios de promoção estabelecidos em Plano de Cargos e Salários criado pela empresa, a prescrição aplicável é a parcial, pois a lesão é sucessiva e se renova mês a mês.

Não previsão em lei da obrigação dos empregadores terem planos de cargos e salários, nem de conceder a seus empregados qualquer tipo de promoção. Esse direito pode ser previsto, por exemplo, pela voluntária criação de um plano de cargos e salários, por regulamento empresarial etc. Entretanto, a posição do TST era a de que, ao ser homologado pelo Ministério do Trabalho, adquiria a categoria de norma jurídica (em hierarquia regulamentar), incidindo a prescrição parcial. O raciocínio era o mesmo da Súmula n. 275, I, do TST, tratada no item 17.2.2, inclusive em relação à possibilidade de mudança de entendimento em virtude da nova redação do art. 461, §§ 2º e 3º, da CLT.

A liberdade está em criar ou não o plano de cargos e salários. Uma vez criado deve ser cumprido. A inobservância dos critérios de promoção estabelecidos em Plano de Cargos e Salários criado pela empresa viola o art. 468 da CLT. Daí porque incide prescrição parcial.

19.4. Prescrição parcial: estudo de caso

> João, empregado urbano da empresa "X" [...]
>
> Admissão: 20.7.2005
>
> Despedida: 20.7.2012
>
> Ajuizamento da ação: 20.7.2013
>
> A reclamada arguiu prescrição na contestação.

Pretensões:

> A) Diferenças salariais pela supressão de comissões ocorrida em 20.7.2006.
>
> B) Equiparação salarial a partir de 20.7.2006 até o fim do contrato.

Análise:

> A) Diferenças salariais pela supressão de comissões ocorrida em 20.7.2006 → Prescrição total (OJ n. 175 da SDI-1, TST): pretensão totalmente fulminada, pois não tem previsão em lei (origem contratual).
>
> B) Equiparação salarial a partir de 20.7.2006 → Prescrição parcial (Súmula n. 6, IX, TST), porque tem previsão em lei. Pretensões anteriores a 20.7.2008 prescritas. Restam não prescritas as pretensões de 20.7.2008 até 20.7.2012.

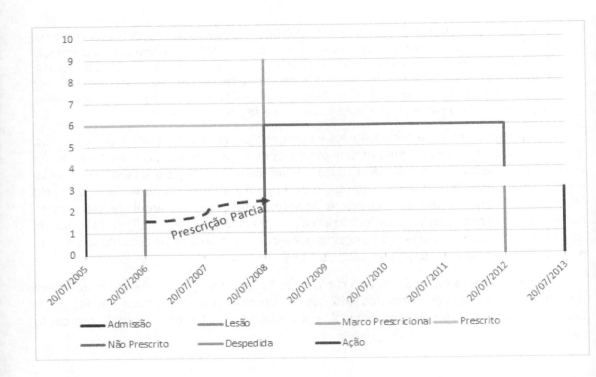

19.5. Esquema

— Prestações de origem normativa → Ato nulo → Prescrição PARCIAL

— Prestações de origem contratual → Ato anulável → Prescrição TOTAL.

20. Ação Rescisória. Prazo Prescricional. Prescrição Total ou Parcial. Matéria Infraconstitucional

O Tribunal Superior do Trabalho tem entendido que a polêmica a respeito do tipo de prescrição aplicável, se total ou parcial, nas demandas envolvendo pedidos de prestações sucessivas, e mesmo a discussão a respeito da *actio nata*, desenvolvem-se no plano doutrinário e jurisprudencial, decorrendo de interpretação alcançada a partir dos preceitos do Código Civil sobre prescrição (art. 178, § 10 e incisos, do Código Civil/1916; art. 206, § 2º, do Código Civil/2002, entre outros), e não do art. 11 da CLT[333].

Em outras palavras, o art. 11 da Consolidação apenas prevê as modalidades prescricionais quinquenal e bienal, dispondo sobre a prescrição do direito de ação quando não exercido até o limite de cinco anos, contados da data da lesão, ou de dois anos, a partir do término do contrato de trabalho. A prescrição parcial ou total se aplica, conforme o caso, às demandas que envolvem pedidos de prestações sucessivas, cuja base legal é constituída pelos arts. 178, § 10, I a VI, do Código Civil/1916 e 206, § 2º, do Código Civil/2002, de forma que a interpretação que ensejou a edição da Súmula n. 294 do TST e outros precedentes, sempre levou em consideração os dispositivos do Código Civil, e não da Consolidação das Leis do Trabalho.

A discussão acerca da aplicação de prescrição parcial ou total na esfera trabalhista se desenvolve no âmbito jurisprudencial, que não representa uma das hipóteses previstas no art. 485 do CPC, apta a ensejar o corte rescisório[334].

Na diretriz da Orientação Jurisprudencial n. 119 da SBDI-2 do TST, posteriormente convertida na Súmula n. 409 do TST, não há que se cogitar de ofensa ao art. 7º, XXIX, da Constituição, tendo em vista que "não procede ação rescisória calcada em violação do art. 7º, XXIX, da CF/88 quando a questão envolve discussão sobre a espécie de prazo prescri-

---

(333) TST, Subseção II Especializada em Dissídios Individuais, ROAR 25600-89.2007.5.06.0000, Relator Ministro Alberto Luiz Bresciani de Fontan Pereira, DJ 4.5.2010.
(334) TST, Subseção II Especializada em Dissídios Individuais, ROAR 2806/2002-000-01-00.7, Relator Ministro Ives Gandra Martins Filho, 26.9.2008.

cional aplicável aos créditos trabalhistas, se total ou parcial, porque a matéria tem índole infraconstitucional, construída, na Justiça do Trabalho, no plano jurisprudencial" (Súmula n. 409 do TST).

Assim, por exemplo, quanto ao debate em torno da incidência de prescrição total ou parcial para se pleitear diferenças de comissões, decorrentes de alegado ato único patronal, praticado em 1999, objeto da ex-Súmula n. 198 do TST, não se vislumbra ofensa direta à previsão contida no art. 11 da Consolidação das Leis do Trabalho[335].

---

(335) TST, Subseção II Especializada em Dissídios Individuais, ROAR 25600-89.2007.5.06.0000, Relator Ministro Alberto Luiz Bresciani de Fontan Pereira, DJ 4.5.2010.

21. Prescrição da Pretensão de Indenização por Danos Morais

A Justiça do Trabalho tem competência para apreciar pedidos de dano moral, conforme previsão expressa no inciso VI do art. 114 da Constituição Federal, acrescentado pela Emenda Constitucional n. 45/04.

Antes da previsão constitucional, o TST havia firmado entendimento de que "nos termos do art. 114 da CF/1988, a Justiça do Trabalho é competente para dirimir controvérsias referentes à indenização por dano moral, quando decorrente da relação de trabalho" (OJ n. 327 da SDI-1, posteriormente incorporada pela Súmula n. 392 do TST).

No que tange à prescrição da pretensão por danos morais há controvérsia na doutrina e na jurisprudência sobre qual legislação e qual prazo prescricional devem ser aplicáveis as pretensões de danos morais.

Esta controvérsia, assim como a que ocorre em relação à prescrição da pretensão de indenização por acidente do trabalho e casos equiparados (cuja pretensão pode contemplar indenização por danos materiais e/ou morais), tem por base a dissonância entre o prazo prescricional de 3 anos previsto no Código Civil para ações dessa natureza (art. 206, § 3º, V, do Código Civil de 2002, observada a regra de transição do art. 2.028 do Código Civil, quando for o caso) e o prazo prescricional de 2 anos contados da extinção contratual e de 5 anos contados do ajuizamento da ação (previsto no art. 7º, inciso XXIX, da Constituição Federal, com redação dada pela EC n. 45/2004).

Todavia, neste ponto, não está centrada no fato de os danos morais terem ocorrido antes ou depois da vigência da EC n. 45/2004 (publicada em 31.12.2004), porque esta matéria já era de competência da Justiça do Trabalho antes da EC n. 45/2004 (conforme a OJ n. 327 da SDI-1, posteriormente incorporada pela Súmula n. 392). A discussão sobre a prescrição da pretensão dos danos morais centra-se na natureza dos danos morais e a partir daí a legislação que deve ser aplicada em relação aos prazos prescricionais:

No Tribunal Superior do Trabalho[336] tem prevalecido o entendimento de que em se tratando de pretensão de indenização por danos morais (e materiais) perante a Justiça do

---

(336) TST, 3ª Turma, RR-282/2006-29104.00-5, Relator Ministro Alberto Luiz Bresciani de Fontan Pereira, DJ 5.6.2009; TST, 5ª Turma, RR-1.519/2005-026-05-00.3, 5ª T, Rel. Min. Emmanoel Pereira, DJ 24.8.2007.

Trabalho, aplicam-se os prazos prescricionais previstos no art. 7º, inciso XXIX, da Constituição de 1988, sob o fundamento de que a lesão decorreu da relação de trabalho e o ordenamento jurídico trabalhista possui esta previsão específica para a prescrição.

Não obstante, há uma segunda corrente defendendo que a lesão por danos morais não possui propriamente natureza trabalhista, mas civil[337] ou o constitucional[338] e não havendo normas expressas a respeito aplicam-se de forma supletiva os prazos prescricionais da legislação comum civil, qual seja de 20 anos para as lesões ocorridas até 9.1.2003 (art. 177 do Código Civil/1916) e 3 anos para as reparações civis ocorridas a partir de 10.1.2003 (art. 206, § 3º, inciso V, do Código Civil/2002), observada a regra de transição prevista no art. 2.028 da Lei n. 10.406/2002 (Código Civil/2002).

O Código Civil de 1916 estabelecia prazo prescricional vintenário, e o novo Código (em vigor a partir de janeiro de 2003) fixou em três (3) anos a prescrição. Assim, para evitar prejuízo às partes, o legislador propôs uma regra de transição, pela qual os prazos serão os da lei anterior, quando reduzidos pelo novo Código e se, na data de sua entrada em vigor, já houver transcorrido mais da metade do tempo estabelecido na lei revogada (art. 2.028 do Código Civil).

Para uma terceira corrente, o dano moral envolve lesão aos direitos de personalidade, intransmissíveis, irrenunciáveis e imprescritíveis[339]. Para esta corrente, bastante minoritária, não haveria incidência de prescrição sobre a pretensão de indenização por danos morais.

Em síntese, embora a matéria seja controvertida, predomina o entendimento de que a pretensão por danos morais prescreve nos prazos prescricionais previstos no art. 7º, inciso XXIX, da Constituição de 1988: 2 anos contados da extinção contratual e 5 anos contados da lesão (do dano moral)[340].

---

(337) Conforme explica Sérgio Pinto Martins, citando Georges Ripert, René Demogue e Savatier, "há autores que entendem que a natureza jurídica da indenização por dano moral é uma pena, uma pena civil" (MARTINS, Sergio Pinto. *Dano moral decorrente do contrato de trabalho*. São Paulo: Atlas, 2007. p. 32).
(338) MELO, Raimundo Simão de. *Direito ambiental do trabalho e a saúde do trabalhador*. 2. ed. São Paulo: LTr, 2006. p. 187.
(339) Conforme explica CHAVES, Luciano Athayde. Prescrição e decadência. In: CHAVES, Luciano Athayde (org.). *Curso de processo do trabalho*. São Paulo: LTr, 2009. p. 427-428.
(340) O julgado a seguir exemplifica a matéria: "Prescrição. Indenização por danos morais. A indenização por dano moral decorrente de relação de emprego é de natureza trabalhista, motivo pelo qual aplica-se a prescrição quinquenal, observada a bienal, prevista no art. 7º, inciso XXIX, da Constituição Federal. Caso em que a pretensão está fulminada pela prescrição quinquenal, tendo em vista que os fatos que ensejaram o pedido ocorreram há mais de cinco anos da extinção contratual. Acórdão — Processo 0021478-74.2014.5.04.0022 (RO) Data: 2.6.2017 Órgão julgador: 9ª Turma. Relator: Manuel Cid Jardon.

22. Prescrição das Pretensões de Complementação de Aposentadoria

As demandas sobre complementação de aposentadoria na Justiça do trabalho são muito comuns e têm a seguinte base fática: a empresa, por meio de regulamento interno, cria um fundo de complementação de aposentadoria, de forma que seus empregados, uma vez aposentados pelo regime Geral da Previdência Social, possam ter uma complementação de renda, e não sofram queda abrupta nos seu padrão de vida; os fundos são compostos de aportes tanto da própria empresa quanto dos trabalhadores e funcionam como uma espécie de previdência privada, cujo equilíbrio de contas se dá por cálculos atuariais; com o passar do tempo, os fundos ficam desequilibrados e ocorrem mudanças nos regulamentos das empresas que, em regra, geram diminuições nos valores pagos a seus ex-empregados. Esses trabalhadores recorriam à Justiça do Trabalho para a recomposição de suas perdas. Atualmente, por decisão do STF[341], a competência para tal tema é da Justiça Estadual. Entre-

---

(341) A decisão paradigmática é a que segue: "20.2.2013 PLENÁRIO RE 586.453/SERGIPE. RELATORA: MIN. ELLEN GRACIE. REDATOR DO ACÓRDÃO RISTF: MIN. DIAS TOFFOLI RECTE.(S): FUNDAÇÃO PETROBRAS DE SEGURIDADE SOCIAL — PETROS ADV.(A/S): MARCOS VINÍCIUS BARROS OTTONI E OUTRO(A/S) RECDO(A/S): NIVALDO MERCENAS SANTOS ADV.(A/S): PEDRO LOPES RAMOS E OUTRO(A/S) RECDO.(A/S): PETRÓLEO BRASILEIRO S.A. — PETROBRAS ADV.(A/S): CANDIDO FERREIRA DA CUNHA LOBO E OUTRO(A/S) INTDO.(A/S): FEDERAÇÃO NACIONAL DAS ASSOCIAÇÕES DE APOSENTADOS, PENSIONISTAS E ANISTIADOS DO SISTEMA PETROBRAS E PETROS INTDO.(A/S): ASSOCIAÇÃO DOS APOSENTADOS E PENSIONISTAS DA PETROBRAS E DEMAIS EMPRESAS EXTRATIVAS E PETROQUÍMICAS E DE REFINAÇÃO DO ESTADO DA BAHIA — ASTAPE — BA INTDO. (A/S): ASSOCIAÇÃO DE MANTENEDORES E BENEFICIÁRIOS DA PETROS ADV.(A/S): MARCOS LUÍS BORGES DE RESENDE E OUTRO(A/S) INTDO.(A/S): ASSOCIAÇÃO DOS ENGENHEIROS DA PETROBRAS — AEPET ADV.(A/S): PAULO TEIXEIRA BRANDÃO E OUTRO(A/S) INTDO.(A/S): ASSOCIAÇÃO DE MANTENEDORES E BENEFICIÁRIOS DA PETROS — AMBEP — REPRESENTAÇÃO PORTO ALEGRE/RS INTDO(A/S): SINDICATO DOS TRABALHADORES NA INDÚSTRIA DO PETRÓLEO DO RIO GRANDE DO SUL — SINDIPETRO/RS INTDO(A/S): ASSOCIAÇÃO DOS APOSENTADOS E PENSIONISTAS DA COPESUL E SUAS SUCESSORAS — AAPEC INTDO.(A/S): ASSOCIAÇÃO DOS APOSENTADOS E PENSIONISTAS DO SISTEMA PETROBRAS NO CEARÁ — AASPECE ADV.(A/S): CÉSAR VERGARA DE ALMEIDA MARTINS COSTA E OUTRO(A/S) INTDO.(A/S): ASSOCIAÇÃO NACIONAL DOS MAGISTRADOS DA JUSTIÇA DO TRABALHO — ANAMATRA ADV.(A/S): ALBERTO PAVIE RIBEIRO E OUTRO(A/S)".
EMENTA. Recurso extraordinário — Direito Previdenciário e Processual Civil — Repercussão geral reconhecida — Competência para o processamento de ação ajuizada contra entidade de previdência privada e com o fito de obter complementação de aposentadoria — Afirmação da autonomia do Direito Previdenciário em relação ao

tanto, permanecem muitos casos ainda tramitando na Justiça do Trabalho e a jurisprudência sobre esta matéria é caudalosa.

Em relação as pretensões de complementação de proventos aposentadoria pagas pelo ex-empregador, o TST sistematizou a matéria nas Súmulas ns. 326 e 327. Disso resultou duas situações distintas, sendo uma resolvida pela prescrição total e outra pela prescrição parcial.

22.1. Complementação dos proventos de aposentadoria. Parcela nunca recebida. Prescrição total

Em se tratando de pedido de complementação de aposentadoria derivada de regulamento empresarial e nunca paga ao ex-empregado, incide a prescrição total, iniciando-se a contagem do biênio para ajuizamento da pretensão a partir da data de aposentadoria. É o que dispõe a Súmula n. 326 do TST:

> TST, Súmula n. 326: COMPLEMENTAÇÃO DOS PROVENTOS DE APOSENTADORIA. PARCELA NUNCA RECEBIDA. PRESCRIÇÃO TOTAL. Tratando-se de pedido de complementação de aposentadoria oriunda de norma regulamentar e jamais paga ao ex-empregado, a prescrição aplicável é a total, começando a fluir o biênio a partir da aposentadoria.

Alice Monteiro de Barros alerta para o fato de que, se uma parcela nunca compôs a complementação de aposentadoria, como, por exemplo, uma gratificação, mas a comple-

---

Direito do Trabalho — Litígio de natureza eminentemente constitucional, cuja solução deve buscar trazer maior efetividade e racionalidade ao sistema — Recurso provido para afirmar a competência da Justiça comum para o processamento da demanda — Modulação dos efeitos do julgamento, para manter, na Justiça Federal do Trabalho, até final execução, todos os processos dessa espécie em que já tenha sido proferida sentença de mérito, até o dia da conclusão do julgamento do recurso (20.2.2013). 1. A competência para o processamento de ações ajuizadas contra entidades privadas de previdência complementar é da Justiça comum, dada a autonomia do Direito Previdenciário em relação ao Direito do Trabalho. Inteligência do art. 202, § 2º, da Constituição Federal a excepcionar, na análise desse tipo de matéria, a norma do art. 114, inciso IX, da Magna Carta. 2. Quando, como ocorre no presente caso, o intérprete está diante de controvérsia em que há fundamentos constitucionais para se adotar mais de uma solução possível, deve ele optar por aquela que efetivamente trará 2 Documento assinado digitalmente conforme MP n. 2.200-2/2001 de 24.8.2001, que institui a Infraestrutura de Chaves Públicas Brasileira — ICP-Brasil. O documento pode ser acessado no endereço eletrônico <http://www.stf.jus.br/portal/autenticacao/> sob o n. 3493249. 2. RE 586453/SE maior efetividade e racionalidade ao sistema. 3. Recurso extraordinário de que se conhece e ao qual se dá provimento para firmar a competência da Justiça comum para o processamento de demandas ajuizadas contra entidades privadas de previdência buscando-se o complemento de aposentadoria. 4. Modulação dos efeitos da decisão para reconhecer a competência da Justiça Federal do Trabalho para processar e julgar, até o trânsito em julgado e a correspondente execução, todas as causas da espécie em que houver sido proferida sentença de mérito até a data da conclusão, pelo Plenário do Supremo Tribunal Federal, do julgamento do presente recurso (20.2.2013). 5. Reconhecimento, ainda, da inexistência de repercussão geral quanto ao alcance da prescrição de ação tendente a questionar as parcelas referentes à aludida complementação, bem como quanto à extensão de vantagem a aposentados que tenham obtido a complementação de aposentadoria por entidade de previdência privada sem que tenha havido o respectivo custeio.

mentação vinha sendo recebida normalmente, aplica-se a prescrição total (Súmula n. 326) e não a parcial (Súmula n. 327), porque a parcela gratificação nunca havia sido incorporada à complementação. Nesse sentido aponta jurisprudência da SDI-1 do TST (de 9.5.2003, relator Min. João Oreste Dalazen, TST-E-RR-414.085/1998). Primeiro, a parte teria de pedir a parcela em si e, por consequência, observar o prazo prescricional da parcela pedida, para depois discutir a complementação de aposentadoria e seu recálculo por inclusão da parcela, em caso de procedência. Por essa razão, a prescrição é total.

22.2. Complementação dos Proventos de Aposentadoria. Diferenças. Prescrição Parcial

Nos casos de pedido de diferenças complementação de aposentadoria, parcela que, portanto, estava sendo paga ao ex-empregado durante a vigência do contrato de trabalho, incide a prescrição parcial (cinco anos), segundo a Súmula n. 327 do TST:

TST, Súmula n. 327: COMPLEMENTAÇÃO DOS PROVENTOS DE APOSENTADORIA. DIFERENÇA. PRESCRIÇÃO PARCIAL Tratando-se de pedido de diferença de complementação de aposentadoria oriunda de norma regulamentar, a prescrição aplicável é a parcial, não atingindo o direito de ação, mas, tão somente, as parcelas anteriores ao quinquênio.

Uma leitura descuidada dessa Súmula pode levar a pensar que não incide prescrição bienal no caso concreto, pois o Verbete n. 327 usa a expressão "não atingindo o direito de ação, mas, tão somente, as parcelas anteriores ao quinquênio". Embora não tenha a melhor redação esse não foi o intuito do TST, até porque tal interpretação implicaria em afronta ao art. 7º, XXIX, da Constituição, que prevê sucessivamente a prescrição bienal e a quinquenal[342].

Justamente para esclarecer o real sentido da Súmula n. 327, o TST editou a Orientação Jurisprudencial n. 156 da SDI-1, expressando também incide a prescrição total (bienal) sobre o pedido de diferenças de complementação de aposentadoria, quando as mesmas derivem de suposto direito a parcelas não recebidas no curso da relação de emprego e já prescritas, à época da propositura da ação[343].

---

(342) DELGADO, Mauricio Godinho. *Curso de direito do trabalho*. 5. ed. São Paulo: LTr, 2006. p. 273-274.
(343) O texto da OJ é o seguinte:
OJ N. 156. COMPLEMENTAÇÃO DE APOSENTADORIA. DIFERENÇAS. PRESCRIÇÃO. (cancelada em decorrência da nova redação da Súmula n. 327 do TST) — Res. n. 175/2011, DEJT divulgado em 27, 30 e 31.5.2011
Ocorre a prescrição total quanto a diferenças de complementação de aposentadoria quando estas decorrem de pretenso direito a verbas não recebidas no curso da relação de emprego e já atingidas pela prescrição, à época da propositura da ação.

23. Prescrição da Pretensão de Parcelas Oriundas de Sentença Normativa

A prescrição relativa às parcelas previstas na sentença normativa começam a correr do trânsito em julgado desta e não do descumprimento do disposto na sentença normativa, de acordo com o entendimento firmado pelo TST, por meio da Súmula n. 350, cujo texto é o que segue:

TST, Súmula n. 350: PRESCRIÇÃO. TERMO INICIAL. AÇÃO DE CUMPRIMENTO. SENTENÇA NORMATIVA. O prazo de prescrição com relação à ação de cumprimento de decisão normativa flui apenas da data de seu trânsito em julgado.

Não obstante, cabe salientar que para a propositura da ação de cumprimento não é necessário ter havido o trânsito em julgado da decisão proferida na ação de dissídio coletivo, conforme se depreende da Súmula n. 397 do TST segundo a qual a sentença normativa não faz coisa julgada material, mas apenas formal[344].

---

(344) MARTINS, Sergio Pinto. *Direito do trabalho*. 24. ed. São Paulo: Atlas, 2007. p. 671. Nesse sentido, a Súmula n. 397 do TST, cujo texto é o seguinte:

TST, Súmula n. 397: AÇÃO RESCISÓRIA. ART. 485, IV, DO CPC. AÇÃO DE CUMPRIMENTO. OFENSA À COISA JULGADA EMANADA DE SENTENÇA NORMATIVA MODIFICADA EM GRAU DE RECURSO. INVIABILIDADE. CABIMENTO DE MANDADO DE SEGURANÇA (conversão da Orientação Jurisprudencial n. 116 da SBDI-2) — Res. n. 137/2005, DJ 22, 23 e 24.8.2005. Não procede ação rescisória calcada em ofensa à coisa julgada perpetrada por decisão proferida em ação de cumprimento, em face de a sentença normativa, na qual se louvava, ter sido modificada em grau de recurso, porque em dissídio coletivo somente se consubstancia coisa julgada formal. Assim, os meios processuais aptos a atacarem a execução da cláusula reformada são a exceção de pré-executividade e o mandado de segurança, no caso de descumprimento do art. 572 do CPC.

24. Prescrição e Mudança de Regime Jurídico de Celetista para Estatutário

A Constituição de 1988 estabeleceu o chamado Regime Jurídico Único (RJU) para a Administração Pública (art. 39, *caput*), determinado que "a União, os Estados, o Distrito Federal e os Municípios instituirão, no âmbito de sua competência, regime jurídico único e planos de carreira para os servidores da administração pública direta, das autarquias e das fundações públicas". Em 1994, no governo do Presidente Fernando Henrique Cardoso, foi enviado ao Congresso Nacional a Proposta de Emenda Constitucional (PEC) n. 173-A/1995, conhecida como "Emenda da Reforma Administrativa", pela qual se pretendia, entre outras mudanças, extinguir o regime único dos servidores públicos. A referida PEC sofreu alterações que, ao final, resultaram na Emenda Constitucional n. 19, de 4.6.1998, a qual deu nova redação ao *caput* do art. 39, afirmando que "a União, os Estados, o Distrito Federal e os Municípios instituirão conselho de política de administração e remuneração de pessoal, integrado por servidores designados pelos respectivos Poderes". Isso significou o fim do RJU e o convívio de regimes jurídicos distintos na Administração Pública, sendo os mais importantes o Estatutário, o Celetista e o Temporário. A todos se condicionou a regra do concurso público (art. 37, II, Constituição).

Muitos servidores, entre 1988 e 1998, trocaram seu regime jurídico celetista para o estatutário, algumas vezes sem concurso público, criando uma série de questões que acabaram parando no Poder Judiciário Trabalhista, em virtude de possíveis lesões nessa "passagem". Sobre essas questões era alegada a incidência da prescrição.

A transferência do regime jurídico de celetista para o estatutário implica extinção do contrato de trabalho, fluindo o prazo da prescrição bienal a partir da mudança de regime (Súmula n. 382 do TST)[345]. Dito de outra maneira, quando o autor era transferido de re-

---

(345) O texto é o seguinte:

Súmula n. 382 do TST — MUDANÇA DE REGIME CELETISTA PARA ESTATUTÁRIO. EXTINÇÃO DO CONTRATO. PRESCRIÇÃO BIENAL (conversão da Orientação Jurisprudencial n. 128 da SBDI-1) — Res. n. 129/2005, DJ 20, 22 e 25.4.2005.

gime, tal transferência era interpretada como término do contrato de trabalho e início de uma nova relação, de natureza estatutária. A Súmula n. 382 do TST aplica a regra do art. 7º, XXIX, da Constituição, para a contagem desse prazo. O trabalhador teria dois anos para entrar com a ação a partir da transferência, pois esta data foi considerada como término do contrato de trabalho.

A transferência do regime jurídico de celetista para estatutário implica extinção do contrato de trabalho, fluindo o prazo da prescrição bienal a partir da mudança de regime. (ex-OJ n. 128 da SBDI-1 — inserida em 20.4.1998)

25. Complementação da Pensão e Auxílio-Funeral

Complementação de pensão e auxílio-funeral não são verbas previstas em lei. São decorrentes de Regulamentos internos de empresas ou de normas coletivas. A prescrição extintiva para pleitear judicialmente o pagamento da complementação de pensão e do auxílio-funeral é de 2 (dois) anos, contados a partir do óbito do empregado (Orientação Jurisprudencial n. 129 da SBDI-I do TST).

Isso ocorre porque o óbito do empregado acarreta o término do contrato de trabalho e é dessa data que se conta o prazo de dois anos, de acordo com o art. 7º, XXIX, da Constituição.

26. Prescrição e os Direitos Trabalhistas com Objeto Difuso. Novas Bases para Compreensão do Problema

O tema da prescrição envolvendo direitos trabalhistas de objeto difuso requer uma atenção especial, tendo em vista a abrangência social deste tipo de ação.

O presente capítulo será subdividido em quatro partes. A primeira, tratará do conceito tradicional de direito subjetivo e direito potestativo. A segunda, de direito difuso e interesse legítimo, sob o ponto de vista da doutrina italiana, em comparação com a doutrina brasileira sobre o tema. A terceira, tratará dos direitos difusos sob perspectiva objetiva, conectando com o tema da pretensão de direito material. Por último, a quarta parte abordará a prescritibilidade de tais direitos.

26.1. Os conceitos tradicionais de relação jurídica e de direito subjetivo

A exposição, neste tópico, será subdividida em duas partes. Na primeira, será realizada a abordagem do conceito de relação jurídica. Na segunda, será estudado o direito subjetivo sob o ponto de vista tradicional, ou seja, sob a perspectiva dos direitos individuais. Ambos conceitos são fundamentais para que se compreenda a prescrição, principalmente por se relacionarem com o conceito de lesão.

26.1.1. Relação jurídica

Em sentido amplo, relação jurídica pode ser toda a relação da vida social relevante para o Direito, ou seja, aquela que produz efeitos jurídicos. Em sentido estrito, é a relação da vida social disciplinada pelo Direito, mediante a atribuição a uma pessoa de um dever jurídico ou de uma sujeição[346]. Desse modo, a relação de emprego inclui-se entre as relações jurídicas.

---

(346) PINTO, Carlos Alberto da Mota. *Teoria geral do direito civil*. 3. ed. Coimbra: Coimbra, 1994. p. 167.

Para Karl Larenz, o primeiro conceito fundamental do Direito Privado é a pessoa enquanto sujeito de direito e destinatário de obrigações e o segundo é a relação jurídica, considerada como nexo que une entre si os sujeitos de direito[347]. Citando Andreas Von Tuhr, o referido autor diz que as relações de Direito Privado contêm sempre, ao menos, um direito subjetivo. A concepção de que a relação jurídica é elemento nuclear do Direito Privado é originária da Alemanha, em especial dos Pandectistas, deslocando o eixo do Direito do sujeito, como acontecia no antigo direito romano, para fazê-lo girar em torno do conceito de relação jurídica[348]. Esse posicionamento está refletido na existência da divisão do Código Civil alemão em parte geral e parte especial, que também foi adotada no Código Civil Brasileiro[349].

Na perspectiva de Orlando Gomes, a relação jurídica pode ser analisada sob dois aspectos: no primeiro, é o vínculo entre dois ou mais sujeitos de direito que obriga um deles, ou os dois, a ter certo comportamento, sendo possível, também, ser o poder direto sobre uma determinada coisa; no segundo, é o quadro no qual se reúnem todos os efeitos atribuídos por lei a esse vínculo, ou a esse poder[350].

A relação jurídica, normalmente, é encarada sob um ponto de vista subjetivo, inspirada na doutrina alemã dos pandectistas, ou sob o ponto de vista objetivo, privilegiando o papel desempenhado pela norma jurídica. Para os subjetivistas, sempre haveria um sujeito ativo e um sujeito passivo em qualquer relação jurídica. Mesmo nos direitos reais, haveria um sujeito ativo e um sujeito passivo indeterminado, destinatário dos direitos exercidos pelo titular sobre a coisa[351]. Para os objetivistas, o que tem relevância é a relação do sujeito com o ordenamento jurídico e a forma como ele regula a sua conduta. Quando há uma relação jurídica, é a lei que determina quais os efeitos que a conduta dos sujeitos vai provocar na sua esfera jurídica, ou na de outrem, ou quais os efeitos jurídicos que serão produzidos pelo sujeito em relação a uma coisa.

Algumas relações jurídicas formam-se entre pessoas individualmente determinadas, e outras não. Na grande maioria dos casos, as relações são formadas entre dois sujeitos como, por exemplo, no vínculo obrigacional, deixando de fora a participação de terceiros. Entretanto, em algumas situações, como os direitos de personalidade ou o direito de propriedade, há uma relação do indivíduo com todos em geral, que possuam o dever de respeitar esse direito, não

---

(347) LARENZ, Karl. *Derecho civil.* Madrid: Revista de Derecho Privado, 1978. p. 245-246.
(348) GOMES, Orlando. *Introdução ao direito civil.* 10. ed. Rio de Janeiro: Forense, 1991. p. 96-97.
(349) O sistema romano dividia o Direito Privado em pessoas, objetos e ações. O código de Napoleão traz o tratamento distinto de pessoas, bens e modos diversos de aquisição da propriedade. No sistema alemão, que influencia o código brasileiro, há uma divisão entre parte geral e especial. Na primeira estão os princípios comuns, e, na segunda, tratam-se do direito de família, das coisas, das obrigações e, finalmente, das sucessões. Sobre o tema, ver: GOMES, Orlando. *Memória justificativa do anteprojeto de reforma do Código Civil.* Brasília: Departamento de Imprensa Nacional, 1963; GUIMARÃES, Hahnemann. Estudo comparativo do anteprojeto do código das obrigações e do direito vigente. *Rev. Forense,* v. 97, fev. 1944; LEME, Lino de Morais. O anteprojeto do código das obrigações. *Rev. Forense,* v. 97, fev. 1944; BEVILÁQUA, Clóvis. *Teoria geral do direito civil.* 2. ed. Rio de Janeiro: Francisco Alves, 1976. p. 67 e seguintes; WIEACKER, Franz. *História do direito privado moderno.* Lisboa: Calouste Gulbenkian, 1980. p. 558-561.
(350) GOMES, Orlando. *Introdução ao direito civil.* 10. ed. Rio de Janeiro: Forense, 1991. p. 97.
(351) GOMES, Orlando. *Introdução ao direito civil.* 10. ed. Rio de Janeiro: Forense, 1991. p. 99.

lhe causando lesões[352]. Tanto o nexo jurídico existente entre as partes individualizadas em uma relação obrigacional quanto o dever jurídico de não lesionar os direitos de personalidade ou de propriedade, decorrem do ordenamento jurídico, e esta é a característica da relação jurídica, objetivamente considerada. É certo, porém, que, no caso das obrigações, a presença de dois polos na relação jurídica é imediatamente constatável, enquanto, no segundo caso (direitos reais e direitos personalíssimos), isso será verificado mediatamente.

O papel do ordenamento jurídico será novamente questionado quando da análise da noção de direito subjetivo.

A relação jurídica é sempre uma situação organizada e disciplinada pelo ordenamento jurídico, tendo em vista a sua função social e econômica, com caráter concreto entre sujeitos determinados ou determináveis. Por esse motivo, o mero contato social entre as pessoas não constitui uma situação jurídica[353]. Seu substrato, portanto, é a relevância para o Direito. Somente se constituirá uma relação jurídica a partir de um fato jurídico[354].

A estrutura da relação jurídica está composta de três elementos: sujeitos, objeto e conteúdo[355]. Há autores que afirmam ser a garantia também um dos elementos da relação jurídica. Por garantia, entendem-se as providências coercitivas necessárias à satisfação correspondente ao sujeito ativo da relação[356].

Os sujeitos das relações jurídicas são as pessoas entre as quais a relação se estabelece. Em toda a relação jurídica existem extremos cuja conexão ocorre através dela. Os sujeitos da relação jurídica são o titular do direito subjetivo e o onerado com o correspondente dever ou sujeição[357]. Em algumas relações jurídicas, pode haver uma pluralidade de sujeitos, como, por exemplo, na constituição de uma sociedade comercial. A existência do sujeito de direito pressupõe a capacidade e o estudo dela será realizado oportunamente.

Objeto é a matéria social afetada pela relação (bens e interesses)[358]. Sobre ele, incide o direito subjetivo do sujeito. Veja-se que podem ser objetos de relações jurídicas não somente as coisas, mas também as ações e omissões humanas. Nesse contexto, incluem-se tanto os bens materiais como os bens puramente imateriais ou intelectuais. Para uma determinada coisa ser objeto de relação jurídica, ela precisa ter economicidade, permutabilidade e limitabilidade, no sentido de que deve ser suscetível de avaliação pecuniária, podendo submeter-se ao domínio da pessoa, sendo o seu uso e quantidade limitados ou limitáveis[359].

---

(352) LARENZ, Karl. *Derecho civil*. Madrid: Revista de Derecho Privado, 1978. p. 246-247.
(353) DIEZ-PICAZO, Luis; GULLON, Antonio. *Instituciones de derecho civil*. Madrid: Tecnos, 1973. v. I, p. 177.
(354) Para PONTES DE MIRANDA, F. C. *Tratado de direito privado*. Rio de Janeiro: Borsoi, 1954. t. II, p. 184, os fatos jurídicos classificam-se em: a) fatos jurídicos em sentido estrito; b) fatos jurídicos ilícitos (contrários ao Direito), compreendendo os fatos ilícitos em sentido estrito, atos-fatos ilícitos e atos ilícitos; c) atos-fatos jurídicos; d) atos jurídicos em sentido estrito; e) negócios jurídicos.
(355) GOMES, Orlando. *Introdução ao direito civil*. 10. ed. Rio de Janeiro: Forense, 1991. p. 101.
(356) PINTO, Carlos Alberto da Mota. *Teoria geral do direito civil*. 3. ed. Coimbra: Coimbra, 1994. p. 168-169. No mesmo sentido ver ANDRADE, Manuel A. Domingues de. *Teoria geral da relação jurídica*. Coimbra: Almedina, 1987. v. I, p. 19.
(357) ANDRADE, Manuel A. Domingues de. *Teoria geral da relação jurídica*. Coimbra: Almedina, 1987. v. I, p. 19.
(358) DIEZ-PICAZO, Luis; GULLON, Antonio. *Instituciones de derecho civil*. Madrid: Tecnos, 1973. v. I, p. 178.
(359) GOMES, Orlando. *Introdução ao direito civil*. 10. ed. Rio de Janeiro: Forense, 1991. p. 104.

O conteúdo da relação jurídica é a posição jurídica do sujeito, podendo ser uma situação de poder, ou uma situação de dever. A lei atribui ao fato jurídico propulsor da relação jurídica o poder de criar, modificar e extinguir direitos. Dessa forma, há uma vinculação do aspecto abstrato (lei) ao aspecto concreto (relação). Karl Larenz lembra que as relações jurídicas não existem no espaço, e sim no tempo. Explica tal afirmação dizendo que para existir qualquer relação jurídica, ela deve ter a potencialidade de ser conhecida em todo o tempo, tanto pelo sujeito, como por terceiros[360].

Na análise de direito subjetivo e de direito potestativo, que será feita a seguir, será abordado com mais profundidade o conteúdo da relação jurídica.

26.1.2. Direito subjetivo e direito potestativo

Para que se entenda, inicialmente, a diferença entre direitos subjetivos e direitos potestativos, é necessário relacionar direito subjetivo e direito objetivo, uma das mais conhecidas formulações dentro da Teoria Geral do Direito Civil e mesmo dentro da Teoria Geral do Direito.

A concepção tradicional é a de que o direito subjetivo preexiste ao direito objetivo. No positivismo normativista de Hans Kelsen sustenta-se o contrário. Normalmente, distingue-se o direito subjetivo como sendo faculdade de agir (*facultas agendi*), e o direito objetivo como norma de ação (*norma agendi*). O certo é que são faces da mesma moeda, existindo um em função do outro, pois é inconcebível a existência de uma ordem jurídica sem direitos subjetivos, e de direitos subjetivos sem uma ordem jurídica[361]. A matéria é vastíssima e objeto das mais variadas teorias. A pretensão, nesse ponto, é apenas desenvolver as ideias básicas, no sentido de tornar possível uma correlação destas com o problema da prescrição nos direitos difusos. Na verdade, como será visto no decorrer da exposição, o contrato de emprego insere-se dentro dos direitos subjetivos, mas, em alguns casos, pressupõe o exercício de direitos potestativos.

A existência, ou não, do conceito de direito subjetivo é debatida na doutrina. Alguns autores, como Leon Duguit e Hans Kelsen, por razões distintas, negam a sua existência. Outros o situam no plano da vontade, como Bernard Windscheid, ou no plano teleológico, como Rudolf Von Jhering.

A primeira discussão envolvendo o tema está no plano da existência. Como já afirmado, alguns autores negam a existência do direito subjetivo. Para Leon Duguit, somente existe o direito objetivo, pois o indivíduo não tem poder de comando sobre a vontade de outra pessoa. É o ordenamento jurídico que orienta o comportamento das pessoas, e, por essa razão, sua aplicação é individual, gerando uma situação jurídica, que é a mesma regra objetiva,

---

(360) LARENZ, Karl. *Derecho civil*. Madrid: Revista de Derecho Privado, 1978. p. 249. O autor exemplifica a importância do aspecto temporal nos negócios jurídicos de trato sucessivo como, por exemplo, a locação, a constituição de uma sociedade ou a relação de emprego.
(361) GOMES, Orlando. *Introdução ao direito civil*. 10. ed. Rio de Janeiro: Forense, 1991. p. 111.

vista do lado do indivíduo[362]. Sua concepção objetivista desconhece o indivíduo isolado e afirma só viver e existir o homem se considerada a sociedade com suas regras de conduta. As regras de conduta passam à condição de regras jurídicas quando a massa das consciências individuais, movidas pelos sentimentos de solidariedade e justiça, levam à compreensão de que é necessário o estabelecimento de sanções[363]. O autor opõe-se à existência de direito subjetivo por não compreender como a vontade humana poderia sobrepor-se ao Estado.

A negação do direito subjetivo também está presente em Hans Kelsen. O autor parte do pressuposto de que o Direito se confunde com o Estado, no sentido de caracterizá-los como um sistema de normas impostas aos indivíduos, não havendo prerrogativas individuais em relação ao Estado. Ao estabelecer uma determinada norma, no momento de sua concreção, o Estado tratará de impor a sua observância, utilizando o seu poder coercitivo. O fato de alguém reclamar, perante o Estado, a aplicação de determinada norma jurídica não caracteriza a existência de um direito subjetivo, mas apenas uma faculdade anteriormente reconhecida no próprio ordenamento jurídico. A declaração de vontade pode criar uma norma individual, mas esta tem força vinculante mediante aquiescência do Estado, e sua efetividade será obtida de acordo com as garantias estabelecidas no ordenamento jurídico[364].

Hans Kelsen afirma que a situação descrita como "direito" ou "pretensão" de um indivíduo nada mais é do que o dever do outro ou dos outros. Assim, criam-se, aparentemente, duas situações juridicamente relevantes, onde uma só existe. Dizer que um indivíduo é obrigado a uma determinada conduta é dizer que, na hipótese da conduta oposta, se deve verificar uma sanção. A norma, ao mesmo tempo, prescreve a conduta e estipula a sanção na ocorrência de conduta oposta. A conduta do indivíduo, em face da qual o dever existe, correlativa da conduta devida, está já conotada na conduta que forma o conteúdo do dever[365]. O direito de ação, nesse caso, é um simples efeito reflexo do direito objetivo do correspondente dever jurídico.

Segundo Jean Dabin, existe uma diferença radical na forma de tratamento da questão da existência do direito subjetivo, em Duguit e em Kelsen. Para Kelsen, a questão não se situa na anterioridade ou na superioridade da norma de direito objetivo, nem por razões antimetafísicas, lógicas ou sociológicas invocadas por Duguit. Kelsen preocupa-se com o plano da teoria puro, afastando tudo o que não qualifica como propriamente Direito (teologia, moral, política, sociologia). Nesse raciocínio é que não existe direito subjetivo como prerrogativa do indivíduo, já que, em Kelsen, o Direito se confunde com o Estado, uma vez que Estado e ordem jurídica são uma coisa só[366].

A crítica feita à posição que nega a existência de direito subjetivo é de que, tanto Kelsen quanto Duguit, não prescindem, nas suas posições, de uma posição individual em relação

---

(362) PEREIRA, Caio Mário da Silva. *Instituições de direito civil*. 5. ed. Rio de Janeiro: Forense, 1980. v. 1, p. 38.
(363) MATA-MACHADO, Edgar de Godoi da. *Elementos de teoria geral do direito*. Belo Horizonte: Vega, 1976. p. 260-262.
(364) KELSEN, Hans. *Teoria pura do direito*. 2. ed. São Paulo: Martins Fontes, 1960. p. 138-143.
(365) *Ibidem*, p. 140.
(366) DABIN, Jean. *Le droit subjectif*. Paris: Dalloz, 1952. p. 14.

à norma jurídica, o que denotaria a possibilidade de existência de um poder por parte do indivíduo, que se efetiva pela sujeição do outro, ou a possibilidade de reclamação perante o Estado. Caio Mário da Silva Pereira, citando Jean Dabin, diz que é impossível construir o Direito sem a noção de que o homem, embora submetido à regra social, nunca deixa de constituir ser individual, e que, coexistindo a sociedade e a norma social, existe o indivíduo[367]. O próprio Jean Dabin afirma que a visão de direito subjetivo é não só defensável, mas indispensável. É impossível construir uma ideia de Direito sem ela, pois ela é a tradução de uma regra imediata, de que os homens são submetidos a uma regra social. Há, segundo o autor, um duplo movimento: de um lado, o direito subjetivo cria uma regra social de garantia; de outro, em execução de sua missão de coordenação e harmonia, a regra social estabelece uma série de direitos subjetivos puramente jurídicos[368].

A noção de direito subjetivo é indispensável para a ciência do Direito como fonte apriorística. Algumas definições tendem a ter esse caráter basilar dentro de toda a organização sistemática de um ordenamento jurídico. Nesse sentido, a própria distinção entre Direito Público e Direito Privado. Karl Larenz lembra que o direito subjetivo não pode ter sua definição condicionada pelo direito objetivo, denotando um conceito obstativo e errôneo. A realidade nazista da Alemanha mostrou o equívoco dessa concepção. Na verdade, segundo o autor, o direito subjetivo é um conceito originário, não abstraído de normas particulares relativas a direitos, em que se relaciona com a relação jurídica fundamental. Sem a ideia de que algo pode corresponder por direito a uma pessoa, e de que esta pode ter direito a ele, não poderiam ser compreendidas as normas do direito positivo referentes aos direitos subjetivos, qualquer que fosse a sua classe[369].

A posição parece ser a mais acertada. Sem dúvida, a formulação de Hans Kelsen é bastante interessante, e contribui substancialmente para a discussão. Entretanto, o problema principal é saber quais as consequências da negação da existência de direitos subjetivos. O ordenamento jurídico não basta por si mesmo. Seu caráter é instrumental e a existência de normas jurídicas pressupõe destinatários, trazendo-lhes certas vinculações, poderes ou sujeições. Essa dinâmica ocorre com relação a determinada pessoa (ex.: obrigações) ou com relação a todas as demais (ex.: direitos personalíssimos), conforme a natureza da relação jurídica.

Para Bernard Windscheid, a tarefa do Direito Privado é traçar os limites dos campos da vontade dos indivíduos que vivem em comum, e definir em que medida a vontade de cada indivíduo deve ser decisiva para os indivíduos com os quais se enfrenta[370]. O referido autor define direito subjetivo, como o poder ou o domínio da vontade conferido pela ordem jurídica[371]. É a chamada teoria da vontade (*Willenstheorie*), na qual esta é elevada ao máximo e apresenta algumas valorações, desde o máximo fator de sujeição dos outros indivíduos, até

---

(367) PEREIRA, Caio Mário da Silva. *Instituições de direito civil*. 5. ed. Rio de Janeiro: Forense, 1980. v. 1, p. 40.
(368) *Ibidem*, p. 51.
(369) LARENZ, Karl. *Derecho civil* — parte general. Madrid: EDERSA, 1978. p. 257.
(370) WINDSCHEID, Bernard. *Lehrbuch des pandektenrechts*: apêndice. In: JHERING, Rudolf Von. *La dogmática jurídica*. Buenos Aires: Losada, 1946. p. 217.
(371) GOMES, Orlando. *Ensaios de direito civil e de direito do trabalho*. Rio de Janeiro: Aide, 1986. p. 111; PEREIRA, Caio Mário da Silva. *Instituições de direito civil*. 5. ed. Rio de Janeiro: Forense, 1980. v. 1, p. 40-41.

à possibilidade de restrição imposta pelo direito objetivo. Nessa doutrina, o direito objetivo estabelece uma conduta, e a vontade pode expandir-se dentro dos limites traçados. O comando formador do direito subjetivo é a vontade, mas a ação somente se concretiza quando subordinada ao comando estatal (direito objetivo)[372]. O autor afirma que a ordem jurídica (direito objetivo) emite um mandato (norma, imperativo) com base num fato concreto, no sentido de o indivíduo observar certa conduta, colocando à sua livre disposição essa norma para utilizá-la quando melhor lhe aprouver[373]. Exemplifica com o direito de propriedade, com o qual o indivíduo utiliza, ou não, a norma jurídica correspondente, no momento que julgar necessário. Windscheid sustentava que o direito subjetivo é sempre uma expressão da vontade, com características de faculdade psicológica. O homem sabe, quer e age, situando-se, variavelmente, no âmbito de regras de Direito. A expressão do autor é a de que o direito subjetivo é a vontade juridicamente protegida[374].

As críticas à posição subjetivista foram muitas. Rudolf Von Jhering formulou, com base na crítica à teoria de Windscheid, a teoria de que o direito subjetivo é o interesse juridicamente protegido. O autor afirma que os direitos não existem de modo nenhum para realizar a ideia de vontade jurídica abstrata, mas, sim, para garantir os interesses da vida, ajudar as suas necessidades e realizar seus fins[375]. O termo interesse revela a participação de uma pessoa em algo, e, em sentido amplo, também o objeto de sua participação. Partindo de uma análise histórica sobre a forma de gozo dos direitos, principalmente no direito romano, Jhering sustenta que a vontade não tem para si apenas o papel de representar a ideia de dominação ou força. A lei regula os direitos de forma que estes sirvam a uma direção, ou a uma necessidade, ou a objetos de determinado sujeito. Por esse motivo, gozar é o próprio objeto do Direito. Reivindicar um direito é, pois, o meio de chegar a poder gozá-lo. Nenhum direito pode ocorrer no abandono. Para o autor, gozar de um direito sem dispor dele pode conceber-se, mas dispor sem gozá-lo é impossível[376].

Existem dois elementos na doutrina de Jhering, sendo um substancial, situado na sua finalidade prática (interesse) e outro formal, através do qual se efetiva o primeiro. O elemento formal é a proteção jurídica destinada ao interesse do sujeito e concretiza-se por meio da ação judicial[377].

Várias são as tentativas de conciliação entre os pensamentos acima apontados, buscando uma mistura entre o elemento psicológico e o elemento teleológico. A primeira questão é a de que o interesse individual, mais do que estar protegido por uma norma, deve estar à disposição do sujeito. O direito subjetivo é a expressão de uma vontade, visando à realização de um interesse. Na sua concepção, estão presentes tanto o elemento interno quanto o

---

(372) PEREIRA, Caio Mário da Silva. *Instituições de direito civil*. 5. ed. Rio de Janeiro: Forense, 1980. v. 1, p. 41.
(373) MATA-MACHADO, Edgar de Godoi da. *Elementos de teoria geral do direito*. Belo Horizonte: Vega, 1976. p. 270.
(374) REALE, Miguel. *Lições preliminares de direito*. 13. ed. São Paulo: Saraiva, 1986. p. 249.
(375) MATA-MACHADO, Edgar de Godoi da. *Elementos de teoria geral do direito*. Belo Horizonte: Vega, 1976. p. 271.
(376) JHERING, Rudolf Von. *La dogmática jurídica*. Buenos Aires: Losada, 1946. p. 188-189.
(377) PEREIRA, Caio Mário da Silva. *Instituições de direito civil*. 5. ed. Rio de Janeiro: Forense, 1980. v. 1, p. 41.

externo. O direito objetivo estabelece uma conduta a ser seguida pelo indivíduo, segundo sua faculdade de querer. Uma vez exercendo o seu poder de vontade, o indivíduo visa a uma finalidade concreta, dentro dos limites estabelecidos pela norma[378]. O legislador estabelece algum tipo de proteção a um determinado tipo de interesse, através de uma norma jurídica. O direito subjetivo é a mesma norma jurídica enquanto posta à disposição do indivíduo. Desta maneira, a norma jurídica prevê uma sanção acaso seja descumprida a sua determinação. O direito subjetivo é, portanto, a possibilidade de pleitear a aplicação dessa sanção[379].

Há de ser lembrado que o direito subjetivo não consiste em apenas postular-se uma sentença judicial. Existe a possibilidade de exercício extrajudicial de direitos, que não perdem a sua característica apenas porque os tribunais não os examinaram. Essa característica denota uma ideia de poder por parte do sujeito. Assim, liga-se a noção de direito subjetivo com a possibilidade do exercício de determinada potestade. Direito subjetivo é, portanto, a potestade jurídica do indivíduo realizar seus próprios interesses, segundo seu livre-arbítrio, dentro dos limites impostos pela lei.

Não existe direito subjetivo sem sujeito e sem objeto. Também a sua existência está diretamente ligada a uma relação jurídica. Os direitos subjetivos podem ser classificados, segundo a sua eficácia, em absolutos e relativos, e, segundo o seu conteúdo, em públicos e privados.

Por direitos subjetivos absolutos entendem-se aqueles que possuem eficácia sobre todos — *erga omnes* —, podendo ser opostos a qualquer pessoa (direitos reais, direitos personalíssimos). Os direitos relativos podem ser opostos a apenas algumas pessoas (direitos das obrigações).

São públicos os direitos subjetivos que acontecem nas relações de Direito Público entre o Estado e os cidadãos. No direito subjetivo público o Estado aparece no exercício de sua soberania. Os direitos subjetivos privados são oriundos de relações de Direito Privado. A dificuldade que aparece nessa classificação é a mesma abordada na distinção entre Direito Público e Direito Privado[380]. É preciso fazer-se uma análise detida a respeito da natureza das normas e de seus efeitos para se estabelecer a classificação. É possível, como já analisado, que uma norma de ordem pública esteja presente em uma relação de Direito Privado, e vice-versa, sem que seja descaracterizado o caráter público ou privado de uma disciplina ou relação jurídica. No próprio Direito do Trabalho, existem inúmeras normas de ordem pública e, conforme o entendimento defendido, ele não deixa de ser considerado Direito Privado. Os direitos subjetivos, no Direito do Trabalho, teriam, portanto, natureza privada, embora muitos deles decorram de normas de ordem pública.

Os direitos subjetivos privados teriam as seguintes subdivisões: direitos de personalidade, direitos de família e direitos patrimoniais[381].

---

(378) PEREIRA, Caio Mário da Silva. *Instituições de direito civil*. 5. ed. Rio de Janeiro: Forense, 1980. v. 1, p. 442-43.
(379) DIEZ-PICAZO, Luis; GULLON, Antonio. *Instituciones de derecho civil*. Madrid: Tecnos, 1973. v. I, p. 181-182.
(380) Esta dificuldade é lembrada por GOMES, Orlando. *Introdução ao direito civil*. 18. ed. Rio de Janeiro: Forense, 2001. p. 117.
(381) DIEZ-PICAZO, Luis; GULLON, Antonio. *Instituciones de derecho civil*. Madrid: Tecnos, 1973. v. I, p. 184.

Na análise do contrato de emprego e da aplicação do princípio da boa-fé, neste contrato há uma classificação de extrema relevância. De um lado estão os direitos subjetivos em sentido estrito e, de outro, os direitos potestativos. Nos direitos subjetivos em sentido estrito, encontra-se o poder de exigir ou pretender de outrem um determinado comportamento, positivo (ação) ou negativo (omissão). Da outra parte, há um dever jurídico de fazer, ou não fazer. A partir dessa relação, fica estabelecido um vínculo entre as partes. Se esse vínculo não for cumprido, a outra parte poderá exigir seu cumprimento através de uma ação perante a jurisdição, que determinará as providências coercitivas de modo a proteger seus interesses[382].

Os direitos potestativos consistem nos poderes jurídicos de, por ato de livre vontade, só de *per si* ou integrado por uma decisão judicial, produzir efeitos jurídicos que ineluctavelmente se impõem à outra parte[383]. Com relação ao polo passivo, cria-se um estado de sujeição, no sentido de que há uma imposição da vontade por parte do declarante, com relação ao destinatário.

Nos direitos potestativos, o titular pode levar a término uma relação jurídica entre ela e outra pessoa, ou determinar especificamente seu conteúdo, ou modificá-la mediante um ato constitutivo unilateral, que é, por sua natureza, uma declaração receptícia[384]. Podem ser constitutivos (ex.: constituir servidão, aceitar proposta de contrato), modificativos (ex.: eleger obrigação alternativa, alterar condições de trabalho) ou extintivos (ex.: pedido de divisão de coisa comum, aviso prévio para o fim do contrato de emprego).

O exercício dos direitos subjetivos pressupõe uma série de atos ou atividades facultadas pelo ordenamento jurídico por parte daquele que o tem concedido dentro do ordenamento jurídico. Conforme demonstrado, esse exercício ocorre tanto no âmbito judicial, quanto no âmbito extrajudicial. Em uma relação de emprego, devido ao seu caráter de continuidade, esse exercício ocorre diariamente. Enorme número de cláusulas contratuais são formadas, modificadas e extintas no decorrer de uma contratualidade. Pode ocorrer litígio no interpretar de algumas dessas cláusulas ou na incidência da lei sobre elas. Pode ocorrer, também, que o desenrolar dessa relação jurídica seja normal, e que os direitos subjetivos, em sentido lato, sejam exercidos sem qualquer conflito. Portanto, o exercício dos direitos subjetivos ocorre tanto na esfera judicial quanto na esfera extrajudicial.

A boa-fé, assim como a lei, opera como um limitador dos direitos subjetivos. Trata-se de uma conduta de valoração ética, com seus efeitos verificados no caso concreto, no sentido de impor às partes uma conduta socialmente admissível e eticamente aceitável. É inadmissível o exercício de um direito subjetivo que se contraponha ao princípio da boa-fé. A parte não pode utilizar seu direito subjetivo para impor à outra um gravame excessivo, não admitido pelo ordenamento jurídico. O direito subjetivo deve ser exercido com base na lealdade e confiança, necessárias ao bom desenvolvimento do tráfico jurídico[385]. Karl Larenz enumera alguns casos

---

(382) PINTO, Carlos Alberto da Mota. *Teoria geral do direito civil*. 3. ed. Coimbra: Coimbra, 1994. p. 174.
(383) ANDRADE, Manuel A. Domingues de. *Teoria geral da relação jurídica*. Coimbra: Almedina, 1987. v. I, p. 12; PINTO, Carlos Alberto da Mota. *Teoria geral do direito civil*. 3. ed. Coimbra: Coimbra, 1994. p. 174.
(384) LARENZ, Karl. *Derecho civil*. Madrid: Revista de Derecho Privado, 1978. p. 281
(385) DIEZ-PICAZO, Luis; GULLON, Antonio. *Instituciones de derecho civil*. Madrid: Tecnos, 1973. v. I, p. 196.

típicos de limitação ao exercício do direito subjetivo com base na boa-fé: a) infringe a boa-fé quem faz valer um direito que tenha adquirido de maneira desleal ou anticontratual; b) obra contra a boa-fé quem exercita um direito, especialmente o direito potestativo ou um direito à ação constitutiva, em oposição ao objeto para o qual lhe confere o ordenamento jurídico, a fim de lograr, por esse meio, algo a que não tem direito; c) infringe a boa-fé quem, com o exercício de seu direito, se põe em desacordo com sua própria conduta anterior, na qual confia a outra parte; d) infringe especialmente a boa-fé quem deixa de exercer por tanto tempo o seu direito, que a outra parte, segundo as circunstâncias, pode contar de fato que não o exercitará[386].

26.2. A gênese do conceito de interessi legitimi na doutrina italiana como tentativa de fundamentar interessi colletivi e diffusi. A transposição desse conceito para o ordenamento jurídico brasileiro. Direitos com objeto difuso

O direito italiano tem o conceito de *interessi legitimi* em seu ordenamento, concedendo-lhe tamanha importância a ponto de, juntamente, com o direito subjetivo, constituir critério para julgamento perante a jurisdição italiana. Na presente exposição, traduzir-se-á por interesse legítimo.

Os interesses legítimos, no sistema processual italiano, são julgados pela Justiça Administrativa, diversamente dos direitos subjetivos, que o são pela Justiça Ordinária, ligada ao Poder Judiciário. Note-se que, no modelo italiano, não é a presença da Administração Pública que determina a competência da Jurisdição, podendo ela figurar como parte tanto na Justiça Administrativa como na Justiça Ordinária. A competência se dá pela presença, no caso concreto submetido à jurisdição, de *interessi legitimi* (Justiça Administrativa) ou de direito subjetivo (Justiça Ordinária)[387].

---

(386) LARENZ, Karl. *Derecho civil* — parte general. Madrid: EDERSA, 1978. p. 300-301. É bom lembrar que a doutrina alemã estabelece todo o seu controle do exercício dos direitos subjetivos privados com base no princípio da boa-fé. No âmbito dos direitos subjetivos públicos, o controle ocorre através da aplicação da teoria dos conceitos jurídicos indeterminados à noção de discricionariedade administrativa. Na França, em se tratando de direitos subjetivos públicos, o controle ocorre através da doutrina do desvio de poder (*détournement de pouvoir*). A doutrina e jurisprudência brasileiras recebem, em grande parte, a teoria do desvio de poder, revelando forte influência francesa. Entretanto, nos últimos tempos, é sensível a influência da doutrina alemã. Sobre o assunto, a bibliografia é muito rica. A obra mais influente é a de FAGUNDES, M. Seabra. *O controle dos atos administrativos pelo poder judiciário*. 5. ed. Rio de Janeiro: Forense, 1979. Destacam-se, ainda, DI PIETRO, Maria Sylvia Zanella. *Discricionariedade administrativa na Constituição de 1988*. São Paulo: Atlas, 1991; REALE, Miguel. *Revogação e anulamento do ato administrativo*. 2. ed. Rio de Janeiro: Forense, 1980; MELLO, Celso Antônio Bandeira de. *Discricionariedade e controle jurisdicional*. São Paulo: Malheiros, 1992; CRETELLA JÚNIOR, José. *Controle jurisdicional do ato administrativo*. 3. ed. Rio de Janeiro: Forense, 1993; FRANCO SOBRINHO, Manoel de Oliveira. *O princípio constitucional da moralidade administrativa*. Curitiba: Genesis, 1993; LEITE, Luciano Ferreira. *Discricionariedade administrativa e controle judicial*. São Paulo: Revista dos Tribunais, 1991; ZANCANER, Weida. *Da convalidação e da invalidação dos atos administrativos*. 2. ed. São Paulo: Malheiros, 1993.
(387) A *giustizia amministrativa* foi criada no Estado Absoluto, mas se afirma no Estado Social, após a Revolução Francesa. Consiste num conjunto de tutela dos cidadãos em face da Administração Pública, diversamente daquele assegurado aos cidadãos nas relações entre privados (justiça civil e penal), sendo que na primeira há

De acordo com Nigro[388], interesse legítimo é o poder que os cidadãos tem de reagir em face de um ato administrativo ilegítimo, visando a sua anulação perante a Justiça Administrativa. Nesse sentido, Cannada-Bartoli[389] diz que os *interessi legitimi* significam uma posição jurídica subjetiva do cidadão frente à Administração Pública.

Consoante a lição de Guastini[390], interesse legítimo é uma noção ideológica fruto de uma doutrina *illiberale* segundo a qual: a) o interesse público é preeminente sobre o interesse privado; b) o interesse privado é tutelado em confronto com a Administração Pública mediatamente e, eventualmente, somente se ocasionalmente coincidir com o interesse público; e, c) em última análise, no confronto com a Administração Pública não se tem direitos subjetivos, mas no máximo interesses.

Note-se que o interesse legítimo é uma categoria também pensada para tutelar apenas indivíduos. A definição tradicional de interesse legítimo tem por base interesse individual, estreitamente conectado com o interesse público e protegido pelo ordenamento jurídico por meio da tutela jurídica deste último, "não de forma direta e específica, mas por via ocasional e indireta", conforme Nigro[391]. Nesse pensar, Alpa[392] averba que "interesse exprime uma exigência individual".

Guastini[393] frisa que a noção de "interesse legítimo" é uma característica da doutrina administrativista italiana, sendo desconhecida na teoria geral do direito contemporânea. Esse registro também é feito por Micheli[394], advertindo que ampliar esse conceito para outros ramos do direito é inadequado, pois foi historicamente concebido para o direito administrativo.

Segundo Álvaro de Oliveira, os excessos cometidos durante o período totalitário levaram o constituinte italiano de 1947 a preocupar-se com eventuais abusos da Administração Pública[395]. Nessa linha, o art. 113 da Constituição da Itália em vigor dispõe: "*Contro gli atti della pubblica amministrazione è sempre ammesa la tutela giurisdizionale dei diritti e degli interessi legittimi dinanzi agli organi di giurisdizione ordinaria o amministrativa*".

---

juízes *ad hoc* e na segunda há juízes ordinários, conforme NIGRO, Mario. *Giustizia amministrativa*. 4. ed. Bologna: Mulino, 1994. p. 22.
(388) NIGRO, Mario. *Giustizia amministrativa*. 4. ed. Bologna: Mulino, 1994. p. 21. O autor entende que o interesse legítimo é uma noção de direito material e não "um poder de reação processual". Sustenta tratar-se de um interesse material, mas em "ambito sostanziale dinamico, strumentale, non statico e di godimento" (p. 96).
(389) CANNADA-BARTOLI, Eugenio. Prescrizione (Interesse dir. amm.). *Enciclopedia del Diritto*, Milano: Giuffrè, XXII. p. 1-28, em especial p. 9, 1972.
(390) GUASTINI, Ricardo. *La sintassi del diritto*. Torino: Giappichelli, 2011. p. 103.
(391) NIGRO, Mario. *Giustizia amministrativa*. 4. ed. Bologna: Mulino, 1994. p. 88.
(392) ALPA, Guido. Interesi diffusi. *Revista de Processo*, São Paulo: Revista dos Tribunais, n. 81. p. 146-159, em especial p. 146, jan./mar.1996.
(393) GUASTINI, Ricardo. *La sintassi del diritto*. Torino: Giappichelli, 2011. p. 103.
(394) MICHELLI, Gian Antonio. Sentenza di annullamento di un atto giuridicco e riscarcimento del danno patrimoniale derivante da lesione di interessi legitimi. *Rivista di Diritto Processuale*, Padova: Cedam, v. 19, p. 396-434, em especial p. 409 e 411, giu./set. 1964.
(395) ÁLVARO DE OLIVEIRA, Carlos Alberto. *Do formalismo no processo civil*. 2. ed. São Paulo: Saraiva, 2003. p. 138.

Nessa linha de argumentação, Dinamarco[396] explica que existe uma sutil distinção entre os direitos subjetivos e os interesses legítimos, que, em conjunto com a discricionariedade do poder administrativo, decorrem da ideia fascista de liberdade política da administração (Poder Executivo) e que foi usada como "escudo", para evitar a censura jurisdicional em regimes totalitários.

Para o presente trabalho, importa destacar que a figura do interesse legítimo concebida como uma alternativa distinta do direito subjetivo, ainda que idealizada para outros objetivos, acabou sendo utilizada também como o fundamento jurídico para tentar explicar o fenômeno dos *interessi difusi*, quando se começa a direcionar luzes ao estudo dessa matéria.

Em artigo publicado em 1948, Denti[397] chama a atenção para problemas da categoria do interesse legítimo, o qual ele chama de *discussa figura*. O autor aponta objeções à possibilidade de se conceber o interesse legítimo como posição jurídica, entre as quais, que o interesse não é um elemento constitutivo do próprio direito (subjetivo), mas está fora dele, sendo um elemento teleológico criado pelo Direito objetivo.

Alpa[398] refere que a utilização da categoria dos interesses legítimos para tentar fundamentar os interesses difusos é uma tentativa frustrada de superar o individualismo.

Para Denti[399], o interesse legítimo é tão somente um elemento teleológico do poder jurídico de provocar a anulação do ato administrativo inválido que causou a lesão, que se insere no mundo jurídico por previsão legislativa, e, adiante, conceitua-o: "*precisamente, l'interesse legittimo è una situazione creata dal diritto obiettivo, allo scopo di tutelare eventuali interessi di un soggetto che siano in rapporto di coincidenza con un altrui direttamente tutelato*".

Em artigos posteriores, daí enfrentando, especificamente, o problema do acesso à Justiça dos "*interessi diffusi*", Denti[400] — que, juntamente, com Cappelletti[401] e

---
(396) DINAMARCO, Cândido Rangel. *A instrumentalidade do* processo. 6. ed. São Paulo: Malheiros, 1998. p. 304.
(397) DENTI, Vittorio. Sul concetto di funzione cautelare. *Studia Ghisleriana:* studi giuridici in memoria id Pietro Ciapessoni. Pavia: Tipografia del Llivro, 1948. p. 1-31, em especial p. 26. Nas palavras do autor: "*Alla possibilità di concepire l'interesse legittimo quale posizione giuridica soggettiva sono state mosse di recente gravi obiezioni. Si è detto che, come l' interesse del titolare di un diritto soggettivo non è elemento costitutivo del diritto stesso, ma sta al di fuori di esso, quale elemento teleologico, così l'interesse legittimo non si risolve concettualmente in una particolare situazione giuridica soggettiva, ma è un puro elemento teleologico rispetto al potere giuridico di provocare l'annullamento dell'atto amministrativo invalido, che ne abbia causato la lesione. Si dovrebbe contrapporre al diritto soggetivo, pertanto, non l'interesse legittimo, ma il potere giuridico, di cui è titolare il portatore dell'interesse medesimo*" (p. 26).
(398) ALPA, Guido. Interessi diffusi. *Revista de Processo*, São Paulo: Revista dos Tribunais, n. 81, p. 146-159, em especial p. 149, jan./mar.1996.
(399) DENTI, Vittorio. Sul concetto di funzione cautelare. *Studia Ghisleriana:* studi giuridici in memoria id Pietro Ciapessoni. Pavia: Tipografia del Livro, 1948. p. 1-31, em especial p. 27. Esclarece Denti que a figura do interesse legítimo também serviu de tentativa para explicar as situações cautelares (p. 29).
(400) DENTI, Vittorio. Valori costituzionali e cultura processuale. *Rivista di Diritto Processuale*, Padova: Cedam, v. 39, 2. Serie, p. 443-464, 1984, em especial p. 449; DENTI, Vittorio. Aspetti processuali della tutela dell'ambiente. In: *Studi in memória di Salvatore Satta*. Padova: Cedam, 1982. v. 1, p. 451.
(401) CAPPELLETTI, Mauro. Libertà individuale e giustizia sociale nel processo civile italiano. *Rivista di Diritto Processuale*, Padova: Cedam, v. 27, 2. Serie, p. 11-34, em especial p. 11-13, 1972; CAPPELLETTI, Mauro. Forma-

Vigoritti[402] "iluminaram" o estudo da tutela dos interesses difusos — ressalta a falta de consenso, inclusive na doutrina italiana, a respeito do enquadramento dos interesses difusos na lógica do direito subjetivo ou do interesse legítimo, destacando que há oscilação quanto a tal enquadramento, por parte dos juristas[403].

Ainda que, em 1948, Denti questionasse a adequação técnica da terminologia "interesse legítimo", apontando objeções importantes, a legislação brasileira se utilizou dessa terminologia ao tratar dos direitos transindividuais. Não raro se encontra a denominação conjunta "direitos e interesses" referindo-se aos direitos coletivos *lato sensu* (art. 21 da Lei n. 7.347/85, art. 81 da Lei n. 8.078/90, art. 129, III, da Constituição Federal de 1988, entre outros).

O legislador brasileiro usou os termos *direitos* e *interesses* como sinônimos, conforme esclarece Watanabe[404] — um dos redatores do anteprojeto que originou o Código de Defesa do Consumidor —, considerando prescindível para a prática a diferenciação entre essas expressões: "Os termos 'interesses' e 'direitos' foram utilizados como sinônimos, certo é que, a partir do momento em que passam a ser amparados pelo direito, os 'interesses' assumem *status* de 'direitos', desaparece qualquer razão prática, e mesmo teórica, para a busca de uma diferenciação ontológica entre eles". Essa foi a proposta de superação do problema dada pela legislação brasileira.

Apreciando essa questão, Barbosa Moreira[405] salienta que o problema da distinção entre direito e interesse é "muito relevante em nível teórico", sendo menos importante "ao ângulo prático", pois, "desde que se esteja persuadido da necessidade de assegurar aos titulares proteção jurisdicional eficaz, não importará tanto, basicamente, saber a que título se lhes há de dispensar tal proteção".

Esclarece Ricardo de Barros Leonel[406] que o legislador não se preocupou em diversificar o tratamento entre os termos, "porque o que se busca com a ampliação das categorias jurídicas tuteláveis é a obtenção da maior efetividade no processo; por isto é que a tutela abrange direitos e interesses".

No Brasil, por muito tempo, os interesses relevantes para a sociedade eram considerados matérias pertinentes à Administração Pública, estranhos ao Poder Judiciário. O legislador

---

zioni sociali e interessi di grupo davanti alla giustizia civile. *Rivista di Diritto Processuale*, Padova: Cedam, v. 30, 2. serie, p. 361-402, em especial p. 364, 1975; CAPPELLETTI, Mauro; GARTH, Bryant. *Acess to justice:* a world survey. Milano: Giuffrè, 1978 (há versão traduzida para o português por Ellen Gracie Northfleet. Acesso à justiça. Porto Alegre: Fabris, 1988).
(402)   VIGORITI, Vicenzo. *Interessi collettivi e processo*: la legittimazione ad agire. Milão: Giuffrè, 1979. p. 40.
(403)   Nesse sentido: ALPA, Guido. Interessi diffusi. *Revista de Processo*, São Paulo: Revista dos Tribunais, n. 81, p. 146-159, em especial p. 146, jan./mar.1996; NIGRO, Mario. *Giustizia amministrativa*. 4. ed. Bologna: Mulino, 1994. p. 92.
(404)   WATANABE, Kazuo et al. *Código brasileiro de defesa do consumidor:* comentado pelos autores do anteprojeto. 6. ed. Rio de Janeiro: Forense Universitária, 1999. p. 718.
(405)   MOREIRA, José Carlos Barbosa. A ação popular no direito brasileiro como instrumento de tutela jurisdicional dos chamados interesses difusos. *Temas de direito processual*. São Paulo: Saraiva, 1977. p. 113-114.
(406)   LEONEL, Ricardo de Barros. *Manual do processo coletivo*. São Paulo: Revista dos Tribunais, 2002. p. 84-87.

consumerista evitou que o Judiciário pudesse negar tutela aos interesses, ampliando o acesso à Justiça.

Nessa linha de ampliação da tutela, Denti[407] chama a atenção para a necessidade de a tutela dos direitos transindividuais ser menos condicionada a pressupostos dogmáticos, devendo ser pensada a partir da perspectiva constitucional. Isso exige repensar as situações subjetivas em termos de "justiciabilidade" e dos "balanceamentos" de interesses.

Realmente, essa parece ter sido a ideia do legislador brasileiro, muito embora a diferenciação dos institutos possa não ser de importância crucial para a efetividade da tutela jurisdicional. Contudo, "interesse" não é categoria inequívoca, muito pelo contrário.

Embora existam autores[408] que admitam a utilização da categoria dos interesses legítimos no Brasil, essa categoria atrapalha bem mais do que ajuda a resolver os problemas de efetividade dos direitos transindividuais, pois é fruto da transposição de uma categoria que, mesmo na Itália, é bastante contestada, conforme objeções levantadas por Denti já em 1948.

De acordo com Zaneti[409], no Brasil, deu-se mera transposição da doutrina italiana: "um italianismo decorrente da expressão *interessi legitimi* e que granjeou espaço na doutrina nacional e, infelizmente, gerou tal fenômeno não desejado".

Ocorre que a distinção entre interesses legítimos e direitos subjetivos é peculiar ao sistema italiano, que prevê uma separação de órgãos jurisdicionais (dualidade de jurisdição). A doutrina italiana construiu dois conceitos distintos, um referente aos direitos subjetivos e outro, aos chamados interesses legítimos. Os primeiros são julgados pela justiça civil (relações entre particulares); os segundos, perante órgãos da justiça administrativa (relações entre particulares e administração pública ou de interesse social relevante). A nota essencial na distinção é que, enquanto o direito subjetivo se vincula diretamente ao indivíduo, protegendo seu interesse individual, os interesses legítimos dirigem-se ao interesse geral e favorecem o indivíduo apenas como parte integrante da coletividade, "na sua qualidade de membro do Estado".[410]

Conforme Micheli[411], em que pese sejam dois conceitos distintos na doutrina italiana, tanto o direito subjetivo clássico quanto o interesse legítimo se tornam concretos na titularidade de um poder de dar início ao processo judicial.

---

(407) DENTI, Vittorio. Valori costituzionali e cultura processuale. *Rivista di Diritto Processuale*, Padova: Cedam, v. 39, 2. Serie, p. 443-464, 1984, em especial p. 450.
(408) Por exemplo: MANCUSO, Rodolfo de Camargo. *Interesses difusos:* conceito e legitimação para agir. 2. ed. São Paulo: Revista dos Tribunais, 1991. p. 53-58; NERY, Ana Luíza Barreto de Andrade Fernandes. O fenômeno jurídico de interesse transindividual. *Revista de Direito Privado*, v. 36, p. 33-49, em especial p. 38, out. 2008.
(409) ZANETI JÚNIOR, Hermes. *Mandado de segurança coletivo:* aspectos processuais controversos. Porto Alegre: Fabris, 2001. p. 62.
(410) ÁLVARO DE OLIVEIRA, Carlos Alberto. *Do formalismo no processo civil*. 2. ed. São Paulo: Saraiva, 2003. p. 139; DIDIER JÚNIOR, Fredie; ZANETI JÚNIOR, Hermes. *Curso de direito processual civil: processo coletivo*. 5. ed. Salvador: JusPodivm, 2010. v. 4, p. 87-93.
(411) MICHELLI, Gian Antonio. Sentenza di annullamento di un atto giuridicco e riscarcimento del danno patrimoniale derivante da lesione di interessi legitimi. *Rivista di Diritto Processuale*, Padova: Cedam, v. 19, p. 396-434, em especial p. 408-409, giu./set. 1964.

A partir dessas premissas, Zaneti[412] afirma que, no Brasil, "o direito subjetivo e o interesse legítimo são, portanto, direitos", não se justificando a distinção feita na doutrina italiana, destacando que o ordenamento jurídico brasileiro prevê a unidade de jurisdição.

Esse ponto é digno de nota: o interesse legítimo é uma categoria jurídica da cultura jurídica italiana, que não se justifica, como regra geral, no ordenamento jurídico brasileiro, em que os conceitos de interesse legítimo e direito subjetivo estão abrangidos pela categoria dos direitos subjetivos (públicos ou privados), além de que, no Brasil, há unidade de jurisdição (não dualidade, como no sistema italiano).

Analisando essa matéria, Calmon de Passos[413] diz que, ao trazer para o direito brasileiro "categorias já sem funcionalidade como a dos interesses legítimos", para colocá-los ao lado dos direitos subjetivos, insistiu-se "numa visão do direito, do Estado, da organização política e da sociedade já ultrapassada".

Nesse sentido, Álvaro de Oliveira[414] assevera que o legislador consumerista teria agido com melhor técnica, se a redação fosse "direitos básicos do consumidor", em vez de "interesses e direitos", como fez no Título III da Lei n. 8.078/1990. E, comentando a distinção entre interesse legítimo e direito subjetivo na doutrina estrangeira, refere que não obstante tal diferenciação possa ser importante para determinar qual o órgão jurisdicional será competente (nos países em que há dualidade de jurisdição, como na Itália), não lhe altera a categoria dos direitos submetidos à jurisdição e sua imperatividade.

Comparando os ordenamentos jurídicos italiano e brasileiro nesse particular, Álvaro de Oliveira[415] diz que a distinção entre direito subjetivo e interesse, na doutrina nacional, assenta-se na coercibilidade posta à disposição da vontade autônoma do indivíduo frente a um interesse seu tutelado pela norma.

Gidi[416] igualmente rejeita a dúplice terminologia adotada pelo ordenamento jurídico brasileiro, assim se posicionando: "não utilizamos (e mesmo rejeitamos) a dúplice terminologia adotada pelo CDC". O autor sustenta que, no Brasil, deve-se utilizar a terminologia "direitos", e não "interesses", e defende a ampliação do conceito de direito subjetivo (propõe o alargamento do conceito tradicional de direito subjetivo), dizendo que o contrário seria pactuar com um "ranço individualista" decorrente de "um preconceito ainda que inconsciente em

---

(412) ZANETI JÚNIOR, Hermes. *Mandado de segurança coletivo:* aspectos processuais controversos. Porto Alegre: Fabris, 2001. p. 66-67.
(413) PASSOS, José Joaquim Calmon. *Mandado de segurança coletivo, mandado de injunção* e habeas data. Rio de Janeiro: Forense, 1989. p. 11.
(414) ÁLVARO DE OLIVEIRA, Carlos Alberto. A ação coletiva de responsabilidade civil e seu alcance. In: BITTAR, Carlos Alberto (coord.). *Responsabilidade civil por danos a consumidores.* São Paulo: Saraiva, 1992. p. 87-116, em especial p. 98.
(415) ÁLVARO DE OLIVEIRA, Carlos Alberto. A ação coletiva de responsabilidade civil e seu alcance. In: BITTAR, Carlos Alberto (coord.). *Responsabilidade civil por danos a consumidores.* São Paulo: Saraiva, 1992. p. 87-116, em especial p. 98-99. A coercibilidade como forma de atuação do direito subjetivo, em comparação com os interesses, também é destacada por NEVES, Celso. Mandado de segurança, mandado de segurança coletivo e mandado de injunção. *Revista LTr*, v. 52, n.11, p. 1315-1320, em especial p. 1318, nov. 1998).
(416) GIDI, Antônio. *Coisa julgada e litispendência em ações coletivas.* São Paulo: Saraiva, 1995. p. 17-18.

admitir a operacionalidade técnica do conceito de direito transindividual" e da dificuldade de enquadrar um direito com características de indivisibilidade quanto ao objeto e impreciso quanto à titularidade do direito (subjetivo).

Zaneti[417], após referir que parte da doutrina insiste na necessidade de aceitar a denominação "interesses", porque configuraria uma maior amplitude de tutela também para situações não reconhecidas como direitos subjetivos (tendo em vista a própria "novidade" dos direitos coletivos *lato sensu*) e elogiar que essa preocupação é válida e coerente com os valores a serem tutelados (principalmente, em relação ao direito ao meio ambiente e aos direitos do consumidor), sustenta, contudo, que a melhor solução passa não por admitir a categoria dos "interesses" tuteláveis pelo processo, mas, sim, pela ampliação do conceito de direito subjetivo, para abarcar as diversas "posições jurídicas judicializáveis" que decorrem do direito subjetivo *prima facie* (portanto, não expressas) e que merecem igualmente guarida pelo Judiciário.

A ideia de "direito subjetivo coletivo"[418] é uma incongruência, pois a noção de direito subjetivo foi idealizada tendo em mente exclusivamente a tutela de indivíduos. E, ampliar demais o conceito de direito subjetivo, como tem ocorrido, descaracteriza-o.

Nesse sentido, a lição de Pontes de Miranda[419]: "O 'direito' é dotado, assim, de individualidade, como eu, a minha filha mais velha, o marido de A. Estamos no plano dos direitos individuais. Rege, pois, o "princípio da individualidade dos direitos" (grifos do autor).

De fato, o direito subjetivo foi criado para operar e opera de forma hegemônica no plano dos direitos individuais. Dentro dessa noção de individualidade que reflete a cultura e a sociedade do modelo de Estado liberal, o termo direito — no sentido subjetivo — somente é utilizado nas hipóteses em que a sua titularidade pertence a um sujeito determinado e há um objeto delimitado.[420]

De acordo com Pontes de Miranda: "não há direitos sem sujeitos. Nem todos os direitos são subjetivos. Interêsses são protegidos sem que a ordem jurídica crie direitos subjetivos. Muitas vêzes, os mais eficazmente protegidos, ou, até, os mais enèrgicamente assegurados, são interesses que não permitem a invocação do direito subjetivo. São esferas não menos importantes, da função só preventiva ou só repressiva do Estado".[421] Essa lição de Pontes

---

(417) ZANETI JÚNIOR, Hermes. *Direitos coletivos* lato sensu: a definição conceitual dos direitos difusos, dos direitos coletivos *stricto sensu* e dos direitos individuais homogêneos. Disponível em: <http://www.abdpc.org.br/abdpc/artigos/Hermes%20Zaneti%20Jr(2)%20-%20formatado.pdf>. Acesso em: 14 nov. 2012.
(418) Vocino fala em "novos direitos subjetivos", os "direitos subjetivos coletivos" (VOCINO, Corrado. Sui cosiddetti interessi diffusi. In: *Studi in memoria di Salvatore Satta*. Padova: Cedam, p. 1879-1912, em especial, 1900-1903, 1982. v. 2). Também defendem essa ideia, entre outros: GIDI, Antônio. *Coisa julgada e litispendência em ações coletivas*. São Paulo: Saraiva, 1995. p. 17-18; MORAIS, José Luis Bolzan de. *Do direito social aos interesses transindividuais*: o estado e o direito na ordem contemporânea. Porto Alegre: Livraria do Advogado, 1991. p. 109.
(419) PONTES DE MIRANDA, Franscisco Cavalcanti. *Tratado de direito privado*. Rio de Janeiro: Borsoi, 1955. t. 5, p. 230.
(420) MORAIS, José Luis Bolzan de. *Do direito social aos interesses transindividuais*: o estado e o direito na ordem contemporânea. Porto Alegre: Livraria do Advogado, 1991. p. 109.
(421) PONTES DE MIRANDA, Francisco Cavalcanti. *Tratado da ação rescisória*. 3. ed. Rio de Janeiro: Borsoi, 1957. p. 8.

de Miranda, quando ele trata do tema "sujeito e subjetivo", é importante para os direitos com objeto difuso, pois a ordem jurídica protege-os, lhes dá eficácia, mas sem lhes conferir direitos subjetivos.

Morais sustenta que "a hegemonia do direito subjetivo implica a desqualificação do interesse como portador de alguma relevância jurídica".[422] O pensamento de que direito e interesse competiriam pelo mesmo espaço é compreensível para a época em que os conceitos eram mais importantes do que a efetivação dos direitos. O Direito evoluiu, deu passos importantes rumo a significativas interseções entre o público e o privado e passou a transcender a tutela de indivíduos isoladamente — norteada pelo conceito nuclear de direito subjetivo —, ampliando a tutela para outros interesses relevantes para a sociedade e/ou para a humanidade como um todo, como o caso do meio ambiente. No Brasil, eventual problemática que persistisse existir restou superada pela positivação dos interesses difusos de forma ampla.

Dito de outro modo, os interesses difusos e os coletivos *stricto sensu* foram protegidos pelo Direito positivo brasileiro e, só a partir de então, ganharam clara dimensão jurídica. Conforme Mancuso[423]: "é sempre importante não perder de vista que é *por força de lei* que esses interesses metaindividuais foram libertados do 'limbo jurídico' em que se encontravam, para se exteriorizarem como posições relevantes, dignas, portanto, de tutela jurisdicional diferenciada" (grifos do autor).

Nesse contexto, tendo em vista a inadequação da noção de *interessi legitimi* para o sistema jurídico brasileiro e a positivação dos interesses difusos no nosso país, a melhor denominação para o fenômeno é "direito com objeto difuso"[424], pois não é o direito que é difuso, mas é o seu objeto que pode ser difuso, entre outras classificações.

De acordo com Pontes de Miranda[425], o objeto de direito "é algum bem da vida que pode ser elemento do suporte fáctico de alguma regra jurídica, de cuja incidência emane fato jurídico, produto de direito", esclarecendo o autor que objeto do direito é "o que *pode* ser atingido pela eficácia do fato jurídico: nos direitos reais, é o substrato mesmo deles, e diz-se coisa; nos direitos de crédito, é a promessa; nos outros direitos, é a vida, a liberdade, o nome, a honra, a própria pessoa, ou a pessoa de outrem, ou outro direito".

Nos difusos, os objetos do direito podem ser: o patrimônio público ou de entidade de que o Estado participe; a moralidade administrativa; o meio ambiente; o patrimônio histórico e cultural; as relações de consumo; as relações de trabalho; bens e direitos de valor artístico, estético, turístico e paisagístico; a ordem econômica; a ordem urbanística, entre outros.

---

(422) MORAIS, José Luis Bolzan de. *Do direito social aos interesses transindividuais*: o estado e o direito na ordem contemporânea. Porto Alegre: Livraria do Advogado, 1991. p. 109.
(423) MANCUSO, Rodolfo de Camargo. Interesses difusos e coletivos. *Revista dos Tribunais*, São Paulo: Revista dos Tribunais, v. 747, p. 67-84, em especial p. 71, jan. 1998.
(424) Não obstante entenda-se que "direito com objeto difuso" é a expressão mais adequada para o fenômeno, também se utiliza no presente trabalho a expressão "direito difuso" por ser a mais usada na doutrina e na jurisprudência pátrias.
(425) PONTES DE MIRANDA, Franscisco Cavalcanti. *Tratado de direito privado*. 3. ed. Rio de Janeiro: Borsoi, 1970. t. 2, p. 9 e 16.

Adverte Pontes de Miranda[426] ser "da máxima relevância evitar-se confusão entre objeto dos atos jurídicos (e até dos fatos jurídicos *stricto sensu*) e objeto de direito". Exemplifica dizendo que o objeto do negócio jurídico bilateral de compra e venda não é a coisa, mas a prestação prometida (a promessa).

O objeto do direito pode ser considerado no presente, no passado e no futuro. Segundo a lição de Pontes de Miranda, o objeto de direito "ou é considerado *no futuro,* como bem da vida que pode ser atingido pela eficácia jurídica, ou *no presente* e *no passado,* como bem da vida que foi ou está sendo atingido pela eficácia jurídica".[427] Essa observação é importante para os direitos com objeto difuso, pois muito se fala nas futuras gerações no que tange ao direito ao meio ambiente, por exemplo.

Conforme observa Tesheiner[428], "as gerações futuras guiar-se-ão por seus próprios critérios, independentemente do que dizemos agora. Se vierem a respeitar nossos decretos de prescrição, será simplesmente por entenderem que essa é a melhor solução. Poderão ou não respeitar as decisões passadas, assim como nós, as de nossos antepassados".

Nos direitos com objeto difuso, o objeto é considerado como um só, "de natureza indivisível", segundo a legislação brasileira[429], gerando "a consequente comunhão de destinos dos respectivos titulares, de modo tal que a satisfação de um só implicaria, por força, a satisfação de todos, assim como a lesão de um só constitui lesão à inteira comunidade", conforme destaca Barbosa Moreira.[430] Essa destinação "unitária" dos direitos com objeto difuso (indivisibilidade) é uma de suas características diferenciadas. A respeito dessa característica do objeto, averba Pontes de Miranda: "o objeto é considerado como um só, se é utilizado como um só bem jurídico (utilização unitária)".[431]

Observe-se que só se pode falar em objeto de direito no plano da eficácia. Conforme destaca Pontes de Miranda[432], "no mundo jurídico, para os três planos não há a mesma sorte para os objetos, inclusive as coisas: no plano da existência jurídica, não há falar-se em objetos de direitos; nem no plano da validade; só no plano da eficácia, em que os direitos, as pretensões, as ações e as exceções se produzem, é que se pode falar em objetos de direito e, pois, em coisas". Em outros termos, o meio ambiente ou o patrimônio histórico só é objeto de direito a partir do momento em que há direito, pretensões, ações ou exceções em relação a ele, o que se dá no plano da eficácia.

---

(426) PONTES DE MIRANDA, Franscisco Cavalcanti. *Tratado de direito privado*. 3. ed. Rio de Janeiro: Borsoi, 1970. t. 2, p. 9.
(427) *Ibidem,* p. 17.
(428) Artigo inédito, gentilmente cedido pelo autor.
(429) Conforme o conceito disposto no art. 81, I, da Lei n. 8.078/90. In: BRASIL. Lei n. 8.078, de 11 de setembro de 1990. Dispõe sobre a proteção do consumidor e dá outras providências. Coletânea de Legislação e Jurisprudência, Brasília. *Lex:* Legislação Federal e Marginália.
(430) MOREIRA, José Carlos Barbosa. Os temas fundamentais do direito brasileiro nos anos 80: direito processual civil. In: *Temas de direito processual*. 4. série. São Paulo: Saraiva, 1989. p. 8.
(431) PONTES DE MIRANDA, Franscisco Cavalcanti. *Tratado de direito privado*. 3. ed. Rio de Janeiro: Borsoi, 1970. t. 2, p. 9.
(432) *Ibidem,* p. 17. Sobre os planos do mundo jurídico, ver também MELLO, Marcos Bernardes de. *Teoria do fato jurídico:* plano da existência. 8. ed. São Paulo: Saraiva, 1998. p. 79-85.

Observe-se que alguns direitos com objeto difuso são denominados pelo próprio ordenamento jurídico como "bens", como ocorre na Lei da ação civil pública (Lei n. 7.347/85), ao tutelar "bens e direitos de valor artístico, estético, histórico, turístico e paisagístico" (art. 1º, III).

De acordo com Pontes de Miranda, o conceito de "bem", no Código Civil (ainda que o autor estivesse se referindo ao Código Civil de 1916, essa parte conceitual sobre os bens foi mantida pelo Código Civil de 2002), "é aproximativamente o de objeto de direito; mais amplo, pois, que o de coisa". Conforme Gomes[433], a noção jurídica de bem "compreende toda utilidade, física ou ideal, que possa incidir na faculdade de agir do sujeito. Abrange as coisas propriamente ditas, suscetíveis de apreciação pecuniária, e as que não comportam essa avaliação, as que são *materiais* ou não". Para o autor, o objeto dos direitos "são os bens e as prestações", portanto, os bens são um dos objetos de direito, sendo que "tomada no sentido mais claro, a palavra *bem* confunde-se com o objeto dos direitos".

Estabelecidas essas premissas, passa-se, agora, ao estudo dos direitos e dos deveres com objeto difuso sob a perspectiva objetiva, avançando para a tutela de Direito objetivo e alguns desdobramentos importantes e necessários para o desiderato do presente trabalho.

26.3. A dupla perspectiva dos direitos fundamentais. Direitos e deveres com objeto difuso a partir da perspectiva objetiva. Aplicação do Direito objetivo. O exemplo do Direito Coletivo do Trabalho. Pretensão de direito material

Os direitos e os deveres com objeto difuso precisam ser estudados a partir da Constituição e dos direitos e dos deveres fundamentais. Os direitos e os deveres fundamentais vinculam-se (ainda que essa vinculação não seja exclusiva) ao que passou a ser denominado de perspectiva ou dimensão objetiva dos direitos fundamentais, que os considera não apenas sob o ponto de vista da pessoa individual e sua posição perante o Estado (perspectiva subjetiva), mas também valoriza o ponto de vista da sociedade, da comunidade na sua totalidade (perspectiva objetiva), quando se tratar de valores e fins que ultrapassem a esfera do indivíduo tanto em direitos como em deveres.[434]

A constatação de que os direitos fundamentais possuem dupla perspectiva (objetiva e subjetiva) constitui uma das mais relevantes formulações do direito constitucional contemporâneo, de acordo com Sarlet.[435]

---

(433) GOMES, Orlando. *Introdução ao direito civil*. 18. ed. Rio de Janeiro: Forense, 2001. p. 199.
(434) SARLET, Ingo Wolfgang. *A eficácia dos direitos fundamentais:* uma teoria geral dos direitos fundamentais na perspectiva constitucional. 10. ed. Porto Alegre: Livraria do Advogado, 2011. p. 141. Uma outra terminologia pode ser encontrada sob a forma de eficácia vertical e eficácia horizontal dos direitos, envolvendo a posição do Estado em relação aos indivíduos e em relação aos indivíduos entre si. Nesta segunda acepção, dos indivíduos entre si, podem ser considerados individualmente ou coletivamente.
(435) SARLET, Ingo Wolfgang. *A eficácia dos direitos fundamentais:* uma teoria geral dos direitos fundamentais na perspectiva constitucional. 10. ed. Porto Alegre: Livraria do Advogado, 2011. p. 141.

Analisando a dupla perspectiva dos direitos fundamentais, Konrad Hesse[436] diz que, por um lado, "eles são direitos subjetivos, direitos do particular", e, por outro lado, "eles são elementos fundamentais da ordem objetiva da coletividade".

Canotilho[437] diferencia o que ele chama de "fundamentação" subjetiva e objetiva dos direitos fundamentais afirmando que um fundamento é subjetivo quando se refere ao significado ou relevância da norma consagradora de um direito fundamental para o particular, para os seus interesses, para a situação da vida, para a sua liberdade. Assim, por exemplo, quando se consagra, no art. 37º/1 da Constituição da República Portuguesa, o 'direito de exprimir e divulgar livremente o seu pensamento pela palavra, pela imagem ou por qualquer outro meio', verificar-se-á um fundamento subjetivo ou individual se estiver em causa a importância desta norma para o indivíduo, para o desenvolvimento da sua personalidade, para os seus interesses e ideias. Mais adiante, argumenta que se fala de uma fundamentação objetiva de uma norma consagradora de um direito fundamental quando se tem em vista o seu significado para a coletividade, para o interesse público, para a vida comunitária. É esta 'fundamentação objectiva', segundo o autor, que se pretende salientar quando se assinala à 'liberdade de expressão' uma 'função objectiva', um 'valor geral', uma 'dimensão objectiva' para a vida comunitária ('liberdade institucional').

Esse ângulo de visão — perspectiva objetiva — elastece a compreensão do tema, adequando-se à largueza dos direitos e dos deveres com objeto difuso, embora não se possa nem se queira negar que a agressão a um bem difuso também pode ferir direitos individuais (mas os direitos individuais não são o objeto do presente trabalho). Pelo contrário, em muitos casos, há coexistência entre ambas as perspectivas[438], quando um mesmo fato (poluição de um rio, por exemplo) gera lesão ou ameaça de lesão a direitos com objeto difuso (perspectiva objetiva) e lesão ou ameaça de lesão a direitos individuais (perspectiva subjetiva).

A doutrina especializada tem realçado a coexistência da dupla perspectiva dos direitos fundamentais. Nesse sentido, Gilmar Mendes[439], com forte em Konrad Hesse, sustenta que conquanto a perspectiva subjetiva seja a de maior realce dos direitos fundamentais, "ela convive com uma dimensão objetiva — ambas mantendo uma relação de remissão e de complemento recíproco".

Igualmente nessa linha de valorização da dupla perspectiva dos direitos fundamentais, Marinoni[440] refere que "geralmente convivem, na norma de direito fundamental, as

---

(436) HESSE, Konrad. Elementos de direito constitucional da República Federal da Alemanha. Tradução de Luís Afonso Heck. Porto Alegre: Fabris, 1998. p. 228.
(437) CANOTILHO, José Joaquim Gomes. Direito constitucional. 5. ed. Coimbra: Almedina, 1991. p. 546. Nesse sentido, também ANDRADE, José Carlos Vieira de. Os direitos fundamentais na Constituição portuguesa de 1976. 3. ed. Coimbra: Almedina, 2004. p. 114.
(438) Nesse sentido: PISARELLO, Gerardo. Los derechos sociales y sus garantias. Madrid: Trotta, 2007. p. 72; SARLET, Ingo Wolfgang. Direitos fundamentais e processo: o direito à proteção e promoção da saúde entre tutela individual e transindividual. Revista de Processo, São Paulo: Revista dos Tribunais, v. 199, p. 13-39, em especial p. 23-24, set. 2011; LEDUR, José Felipe. Direitos fundamentais sociais. Efetivação no âmbito da democracia participativa. Porto Alegre: Livraria do Advogado, 2009. p. 85-86.
(439) MENDES, Gilmar Ferreira; BRANCO, Paulo Gustavo Gonet. Curso de direito constitucional. 6. ed. São Paulo: Saraiva, 2011. p. 189.
(440) MARINONI, Luiz Guilherme. Teoria geral do processo. 4. ed. São Paulo: Revista dos Tribunais, 2010. p. 74.

perspectivas objetiva e subjetiva", destacando que, além de poder ser pensada nessas duas perspectivas, uma mesma norma de direito fundamental pode instituir um direito fundamental dotado de diversas e complexas funções, remetendo ao tema da chamada multifuncionalidade dos direitos fundamentais.

A face objetiva dos direitos fundamentais transcende a face subjetiva, atuando como "uma espécie de mais-valia jurídica, no sentido de um reforço da juridicidade das normas de direitos fundamentais".[441]

Saliente-se que a perspectiva objetiva possui "função autônoma" na concretização do Direito, mediante o "reconhecimento de efeitos jurídicos autônomos", consoante explica Sarlet[442]: "cuida-se aqui de apontar para os desdobramentos da perspectiva objetiva dos direitos fundamentais na qualidade de efeitos potencialmente autônomos, no sentido de não necessariamente atrelados aos direitos fundamentais consagradores de direitos subjetivos".

No Direito Ambiental — típico direito com objeto difuso —, Amado Gomes[443] posiciona-se contrariamente ao reconhecimento subjetivo ao meio ambiente, sustentando que ele deve ser pensado sob uma perspectiva exclusivamente objetiva.

Canotilho[444], examinando o ordenamento jurídico português, entende que o direito ao ambiente é um direito subjetivo. Demonstrando que a compreensão dessa questão depende do ordenamento jurídico de cada país, o autor refere o direito ao ambiente que não é um direito subjetivo no direito constitucional espanhol, "porque não assegura, só por si, um direito de acção em tribunal".

Sarlet e Fensterseifer[445] não admitem que o direito ambiental seja apreciado exclusivamente a partir da perspectiva objetiva, compreendendo-o sob a dupla perspectiva

---

(441) SARLET, Ingo Wolfgang. *A eficácia dos direitos fundamentais:* uma teoria geral dos direitos fundamentais na perspectiva constitucional. 10. ed. Porto Alegre: Livraria do Advogado, 2011. p. 141, 147 e 228.
(442) Ibidem, p. 141, 147 e 228.
(443) "[...] entendemos ser o direito ao ambiente uma fórmula vazia de significado jurídico em virtude da impossibilidade de determinação de um conteúdo para tal posição jurídica, a construção baseia-se na 2ª parte do n. 1 do art. 66º da CRP, que autonomiza o dever fundamental de protecção do ambiente, densificável a partir da definição de prestações concretas relativamente a bens naturais determinados. Esta nossa construção pressupõe, no entanto, a existência de deveres (de protecção do ambiente) *por causa* do exercício de direitos (de circulação, de propriedade, de investigação científica). Ou seja, sobretudo na presença de obrigações de *facere*, o raciocínio implica que o dever de protecção do ambiente — cuja configuração concreta depende da(s) actividade(s) desenvolvida(s) pelo sujeito —, emerja como contrapartida do exercício de determinados direitos. Não significa isto que o dever de protecção do ambiente seja correlativo de um direito com o mesmo objecto — já vimos que essa orientação é de rejeitar. Trata-se, isso sim, de verificar uma ligação incindível entre uma responsabilidade individual de uso racional de um bem de uso colectivo e a pretensão jurídica de levar a cabo determinadas actividades que, pela sua incidência ambiental, requerem cuidados mais ou menos acrescidos" (GOMES, Carla Amado. *Risco e modificação do acto autorizativo concretizador de deveres de protecção do ambiente*. Lisboa: Faculdade de Direito de Lisboa, 2007. p. 129).
(444) CANOTILHO, José Joaquim Gomes. O direito ao ambiente como direito subjetivo. In: *Estudos sobre direitos fundamentais*. Coimbra: Coimbra, 2004. p. 186-187.
(445) SARLET, Ingo Wolfgang; FENSTERSEIFER, Tiago. *Direito constitucional ambiental:* estudos sobre a constituição, os direitos fundamentais e a proteção do ambiente. São Paulo: Revista dos Tribunais. p. 130.

(objetiva e subjetiva). Não obstante, Sarlet reitera a importância da perspectiva objetiva como "terreno fértil" para desenvolvimentos, enfatizando que "este processo de valorização dos direitos fundamentais "na condição de normas de direito objetivo enquadra-se, de outra banda, naquilo que foi denominado de uma autêntica mutação dos direitos fundamentais (*Grundrechtswandel*) provocada não só — mas principalmente — pela transição do modelo Liberal para o do Estado Social e Democrático de Direito, como também pela conscientização da insuficiência de uma concepção dos direitos fundamentais como direitos subjetivos de defesa para a garantia de uma liberdade efetiva para todos, e não apenas daqueles que garantiram para si sua independência social e o domínio de seu espaço de vida pessoal"[446].

Em que pese o aprofundamento acerca dessa querela no âmbito do direito ambiental fugir dos limites do presente trabalho, partilha-se do entendimento de Amado Gomes e, ampliando-o, entende-se que os direitos com objeto difuso devem ser pensados sob a perspectiva objetiva e não são passíveis de subjetivação. São "direitos assubjetivos" ou "Direito objetivo não subjetivado", conforme as expressões de Pontes de Miranda.[447] De uma certa maneira, esta visão aproxima-se da noção de direito subjetivo como reflexo do dever jurídico correspondente, defendida por Hans Kelsen. Apenas as normas que estabelecem o dever jurídico correspondente não regrariam a conduta de um indivíduo ou um grupo de indivíduos passíveis de especificação, mas passariam a reger condutas de grupos sem especificação.

Em clara alusão aos interesses transindividuais, Pontes de Miranda[448] afirma que há casos em que, "sem terem os particulares direitos subjetivos, a relevância do interêsse geral sugeriu que a esses se atribuísse ação dita popular (*actio popularis*)". Conclui o autor, na sequência do seu raciocínio: "destarte, há interesses protegidos, sem que se chegue, tecnicamente, à subjetivação".

Na linha de não subjetivação dos direitos coletivos, Clóvis do Couto e Silva refere que "há um problema semelhante em matéria de tutela de interesses coletivos. Estes interesses não podem ser qualificados como direitos subjetivos".[449] Nesse sentido, Tesheiner[450] afirma que "pelo menos quanto aos direitos difusos, é fácil ver-se que não se trata de direitos subjetivos".

Tratando da correlação entre direito e dever, Pontes de Miranda[451] diz que "o dever de atender à regra jurídica não é correlativo dos direitos que a regra jurídica cria ou transforma",

---

(446) SARLET, Ingo Wolfgang. *A eficácia dos direitos fundamentais:* uma teoria geral dos direitos fundamentais na perspectiva constitucional. 10. ed. Porto Alegre: Livraria do Advogado, 2011. p. 151.
(447) PONTES DE MIRANDA, Francisco Cavalcanti. *Tratado da ação rescisória*. 3. ed. Rio de Janeiro: Borsoi, 1957. p. 12.
(448) PONTES DE MIRANDA, Franscisco Cavalcanti. *Tratado de direito privado*. Rio de Janeiro: Borsoi, 1955. t. 5, p. 228.
(449) COUTO E SILVA, Clóvis Veríssimo do. O conceito de dano no direito brasileiro e comparado. In: FRADERA, Vera Jacob (org.). *O direito privado brasileiro na visão de Clóvis do Couto e Silva*. Porto Alegre: Livraria do Advogado, 1997. p. 217-235, em especial p. 222. Esse artigo foi publicado originalmente na Revista dos Tribunais, ano 80, v. 667, maio 1991.
(450) TESHEINER, José Maria Rosa. Jurisdição e direito objetivo. *Justiça do Trabalho*, n. 325, p. 31, jan. 2011.
(451) PONTES DE MIRANDA, Francisco Cavalcanti. *Tratado da ação rescisória*. 3. ed. Rio de Janeiro: Borsoi, 1957. p. 12.

ou seja, que o Direito objetivo pode optar por não criar direitos subjetivos, destacando que "o direito objetivo pode ser perfeito sem existir tal garantia"[452] (direito subjetivo).

Ajuda a compreender a matéria o exemplo dado por Pontes de Miranda, onde a regra que manda abrir a tantas horas os jardins públicos e fechá-los a certo momento da noite, ou conservá-los sempre abertos para que todos eles passem, possam sentar-se, descansar, é direito não subjetivo. Para o autor, os passantes, os frequentadores e os que deles se servem para ler, trabalhar, como as mulheres que aproveitam a sombra das árvores para coser ou vigiar crianças, não têm direito subjetivo a isso, porque nem todos os direitos e posições jurídicas que se gozam são direitos subjetivos.[453]

Frise-se o ponto: "nem todos os direitos e posições jurídicas *que se gozam* são direitos subjetivos" (*sic*) e isso não significa que não sejam passíveis de realização. Note-se que Pontes de Miranda grifou em itálico a expressão "que se gozam", evidenciando a possibilidade de fruição de certos direitos sem haver direito subjetivo. Esse exemplo de utilização dos parques públicos é tipicamente um interesse/direito difuso (ainda que o autor não tenha mencionado isso, pois não lhe interessava essa abordagem).

De fato, o direito subjetivo não é a única forma de gozar os direitos, nem a única posição jurídica subjetiva, ainda que seja hegemônica na nossa tradição jurídica. Analisando essa matéria, Hohfeld[454] aponta quatro significados básicos para as expressões "direito" e "dever", a partir da constatação de que um dos maiores obstáculos para a compreensão clara dos problemas jurídicos surge com frequência da suposição expressa ou tácita de que todas as relações jurídicas podem ser reduzidas a "direitos" (subjetivos) e "deveres".

Essa constatação de Hohfeld é a principal causa dos obstáculos para a adequada compreensão dos direitos com objeto difuso.

Para Hohfeld[455], dependendo do contexto, a expressão "direito" pode assumir quatro significados básicos: *rights* (direitos em sentido subjetivo), *liberty-rights* (privilégios), *powers* (poderes) e *immunities* (imunidades). Esses "direitos" mantêm duas relações lógicas de correlação e de oposição com outros quatro conceitos: *duty* (dever), *no-rights* (não direitos), *liability* (sujeição) e *disability* (incompetência). Estariam em correlação os conceitos: direito/dever; privilégio/não direito; poder/sujeição; imunidade/incompetência. E, em relação de oposição (negação): direito/não direito; privilégio/dever; poder/incompetência; imunidade/sujeição.

Desse trabalho analítico decorrem as seguintes considerações de Hohfeld[456]: a) ter direito-pretensão frente a alguém significa estar em posição de exigir algo de alguém; b) ter um privilégio frente a alguém significa não estar sujeito a qualquer pretensão sua;

---

(452) PONTES DE MIRANDA, Francisco Cavalcanti. *Tratado da ação rescisória*. 3. ed. Rio de Janeiro: Borsoi, 1957. p. 9.
(453) *Ibidem*, p. 6.
(454) HOHFELD, Wesley Newcomb. *Some fundamental legal conceptions as applied in judicial reasoning*. Yale: Yale Law Journal Company, 1913. p. 30.
(455) *Ibidem*, p. 30-59.
(456) *Ibidem*, p. 30-59.

c) ter um poder frente a alguém significa a capacidade jurídica (competência) de modificar a situação jurídica desse alguém; d) ter uma imunidade frente a alguém significa que esse alguém não tem o poder normativo de alterar-lhe a situação jurídica, pois é incompetente normativamente para isso.

A hegemonia dos direitos (subjetivos) e dos deveres que Hohfeld critica e para as quais aponta sugestões, demonstrando, acima de tudo, a inadequação do "reducionismo" a essas duas posições jurídicas, tem outro desdobramento importante: a primazia quase absoluta dos direitos subjetivos em detrimento dos deveres.

Essa "hipertrofia dos direitos" encontra razão de ser, por um lado, na configuração do modelo de Estado Constitucional e do que se poderia designar de uma 'herança liberal', no sentido de compreender a posição do indivíduo em face do Estado como a de titular de prerrogativas de não intervenção na sua esfera pessoal. E, por outro lado, guarda conexão com a noção de um cidadão pouco (ou quase nada) comprometido com a sua comunidade e seus semelhantes, que, na perspectiva do Estado Constitucional, acabou desafiando uma mudança.[457]

Conforme Casalta Nabais[458], o tema dos deveres fundamentais é reconhecidamente um dos mais "esquecidos" pela doutrina constitucional contemporânea, não dispondo de um regime constitucional equivalente (ou mesmo aproximado) àquele destinado aos direitos fundamentais. No âmbito da doutrina constitucional contemporânea, Sarlet[459] assevera que os deveres fundamentais não tiveram destino diferente, sendo praticamente inexistente o seu desenvolvimento doutrinário e jurisprudencial.

Aliás, o tema dos deveres fundamentais possui íntima relação com participação ativa dos cidadãos na vida pública e implica um "empenho solidário de todos na transformação das estruturas sociais", conforme adverte Vieira de Andrade.[460] Nessa linha, Amado Gomes[461] afirma que a figura do dever fundamental "assenta na lógica da solidariedade responsável inerente ao Estado Social".

Abordando essa temática no cenário constitucional brasileiro, especialmente naquilo que está delineado para a tutela ecológica, Sarlet e Fensterseifer[462] esclarecem que "encontra forte justificação no (e guarda íntima relação com o) princípio (e dever) constitucional de solidariedade, sem prejuízo das possibilidades no campo da assim designada eficácia do direito (mais propriamente, do complexo de direitos e deveres) fundamental à proteção e promoção do ambiente nas relações entre particulares".

---

(457) NABAIS, José Casalta. *O dever fundamental de pagar impostos*. Coimbra: Almedina, 1998. p. 16 e 59.
(458) *Ibidem*, p. 15.
(459) SARLET, Ingo Wolfgang. *A eficácia dos direitos fundamentais:* uma teoria geral dos direitos fundamentais na perspectiva constitucional. 10. ed. Porto Alegre: Livraria do Advogado, 2011. p. 226.
(460) ANDRADE, José Carlos Vieira de. *Os direitos fundamentais na Constituição portuguesa de 1976*. 3. ed. Coimbra: Almedina, 2004. p. 155.
(461) GOMES, Carla Amado. *Risco e modificação do acto autorizativo concretizador de deveres de protecção do ambiente*. Lisboa: Faculdade de Direito de Lisboa, 2007. p. 105.
(462) SARLET, Ingo Wolfgang; FENSTERSEIFER, Tiago. *Direito constitucional ambiental: estudos sobre a constituição, os direitos fundamentais e a proteção do ambiente*. São Paulo: Revista dos Tribunais. p. 130.

Acrescenta Casalta Nabais[463] que as limitações aos direitos fundamentais não se encontram unicamente fundamentadas na ordem subjetiva das liberdades ou dos direitos dos outros particulares, mas também por razões de ordem objetiva, representadas pelas justas exigências da moral, da ordem pública e do bem numa sociedade democrática.

A despeito disso, exige-se um mínimo de responsabilidade social no exercício da liberdade individual e implica, segundo Sarlet[464], "a existência de deveres jurídicos (e não apenas morais) de respeito pelos valores constitucionais e pelos direitos fundamentais, inclusive na esfera das relações entre privados, justificando, inclusive, limitações ao exercício dos direitos fundamentais".

Nesse cenário de inter-relação entre direitos e deveres fundamentais notadamente por meio da perspectiva objetiva dos direitos fundamentais, encontram explicação os direitos com objeto difuso. Foi o reconhecimento dos direitos sociais e ecológicos que, já no âmbito do Estado Constitucional, acabou levando a um fortalecimento da noção de deveres fundamentais.[465]

Procurando um caminho adequado para a fundamentação do que denomina "fenômeno jurídico de interesse transindividual", Nery[466] diz que pensar o direito valendo-se, tão somente, das relações intersubjetivas é compreender parcialmente o sistema jurídico, posto que algumas realidades, entre elas as de interesses transindividuais, não são por elas suficientemente explicadas. Sustenta a autora[467] que a terminologia relações jurídicas nem sempre é a mais adequada, sobretudo, quando se trata de casos com conteúdo mais abrangente que o de relações intersubjetivas, como nos direitos ou interesses transindividuais. Para esses casos que não se encaixam na estrutura limitada das relações subjetivas, a autora entende mais adequado partir da perspectiva das situações jurídicas, seguindo a doutrina de Roubier.[468]

---

(463) NABAIS, José Casalta. *O dever fundamental de pagar impostos*. Coimbra: Livraria Almedina, 1998. p. 30-31.
(464) SARLET, Ingo Wolfgang; FENSTERSEIFER, Tiago. *Direito constitucional ambiental: estudos sobre a constituição, os direitos fundamentais e a proteção do ambiente*. São Paulo: Revista dos Tribunais, p. 130.
(465) NABAIS, José Casalta. *O dever fundamental de pagar impostos*. Coimbra: Almedina, 1998. p. 49-50.
(466) NERY, Ana Luíza Barreto de Andrade Fernandes. O fenômeno jurídico de interesse transindividual. *Revista de Direito Privado*, v. 36. p. 33-49, em especial p. 36, out. 2008.
(467) *Ibidem*, p. 33-49, em especial p. 36, out. 2008; A autora segue o entendimento de Rosa Maria de Andrade Nery, que também usa a expressão "situações jurídicas", argumentando que "quando a doutrina trata das ações do sujeito em sociedade costuma elaborar a estrutura do raciocínio jurídico em torno da realidade de que o Direito é uma ciência relacional, de sujeitos com outros sujeitos, a partir de cujas *relações jurídicas* o Direito se realiza. Supõe que todo ato, ou ação, seja *imediatamente* relacional com outro sujeito, o que na verdade, não necessariamente ocorre num primeiro momento. Por isso que se diz, com acerto, que a peça fundamental do Direito realizado é *situação* jurídica e não a relação jurídica" (grifos da autora), conforme NERY, Rosa Maria de Andrade. *Noções preliminares de direito civil*. São Paulo: Revista dos Tribunais, 2002. p. 123.
(468) Duguit e Roubier enxergaram a necessidade de ver algo diferente do direito subjetivo. Duguit é conhecido por negar a existência do direito subjetivo, que ele considera uma ficção, assim como a pessoa jurídica. Destaca que a existência de direito subjetivo somente se coloca em face de um ato voluntário violador da lei. E, como nem sempre a vontade está presente, a possibilidade de pôr em movimento uma via de direito não é sinal certo da existência de direito subjetivo (tudo conforme TESHEINER, José Maria Rosa. Doutrina de Duguit a respeito do direito subjetivo. *Páginas de Direito*, Porto Alegre, 15 maio 2002. Disponível em: <http://www.tex.pro.br/tex/

Nesse contexto, tendo em vista a grande dificuldade conceitual do "fenômeno de interesse transindividual" decorrente da absoluta impossibilidade de identificação do sujeito de direito que é o titular do interesse protegido e que, no caso dos interesses difusos, esses não partem de uma relação jurídica base (como ocorre nos direitos ou interesses coletivos *stricto sensu*), mas exsurgem de situações de fato, de largo espectro social; sustenta Nery[469] que o sistema da técnica do direito realizado a partir de situações jurídicas objetivas viabiliza uma compreensão significativamente mais adequada do sistema de interesses difusos.

De fato, os direitos com objeto transindividual exigem o redimensionamento de conceitos jurídicos fundamentais que operam no âmbito dos direitos individuais, por isso se expôs a tentativa de explicar o fenômeno proposta por Nery.

Todavia, pensar os direitos difusos sob a perspectiva "situacional", em vez de "relacional", não é o melhor caminho para a solução dessa problemática. Seguindo Pontes de Miranda[470], não se abre mão da noção de relação jurídica na compreensão do Direito.

Nesse passo de propor noções jurídicas mais adequadas aos direitos com objeto difuso, entende-se mais adequado trabalhar com eles na perspectiva objetiva dos direitos fundamentais e com a aplicação do Direito objetivo.

---

listagem-de-artigos/267-artigos-mai-2002/4705-doutrina-de-duguit-a-respeito-do-direito-subjetivo>. Acesso em: 14 nov. 2012. Para Paul Roubier, a técnica jurídica busca identificar duas situações jurídicas: as subjetivas e as objetivas. O sujeito de direito, nas relações jurídicas que integra, por sua decisão, invariavelmente visa à obtenção de determinado bem ou vantagem, um interesse. A titularidade jurídica do direito desdobra-se em prerrogativas — poderes e faculdades — e em um complexo de deveres, ônus e obrigações, relacionado sistematicamente àquelas. Esse entrelaçamento de prerrogativas e complexo de deveres, ônus e obrigações conforma a situação jurídica subjetiva. As situações jurídicas objetivas são definidas pelo Direito objetivo e não se caracterizam pela decisão do sujeito de nelas se investir, mas se constituem a partir de certos atos ou fatos que implicam a ordem pública. Por isso, são caracterizadas não por direitos subjetivos — como prerrogativas ou vantagens perseguidas pelos sujeitos de direito — mas por deveres que são sancionados pelo direito positivo, tendo em vista exigências de ordem pública. Nas situações jurídicas objetivas, "é o direito objetivo que comanda e suas disposições imperativas não estão estabelecidas para satisfazer desejos de particulares, mas a determinadas exigências de ordem pública". Nas palavras originais: *"Dans les situations juridiques objectives, c'est le droit objectif qui commande, et ses dispositions impératives non sont pas établies en vue de satisfaire aux désirs des particuliers, mais bien à certaines exigences de l'ordre public"*. Um exemplo de situação jurídica objetiva seria "a solução para suprir a incapacidade da parte provém automaticamente da lei (maioria) ou de um processo de interdição ou de uma determinação do Conselho Judicial" (*"La fin de l'incapacité résulte, soit automatiquement de la loi (majorité) soit d'un jugement de main-levée d'interdiction ou de dation de conseil judiciaire"* — p. 10). O autor divide as situações jurídicas objetivas em: a) *situations réactionnelles* (situações reacionais) citando como exemplo a ação fundada em um delito ou quase delito (responsabilidade); b) *situations institutionnelles* (situações institucionais) citando como exemplos situações envolvendo questões de família e o casamento, tudo conforme ROUBIER, Paul. *Droits subjectifs et situations juridiques*. Paris: Dalloz, 1963. p. 10 e 73.
(469) Nesse sentido, NERY, Ana Luíza Barreto de Andrade Fernandes. O fenômeno jurídico de interesse transindividual. *Revista de Direito Privado*, v. 36, p. 33-49, em especial p. 33, out. 2008.
(470) "Relação jurídica é a relação inter-humana, a que a regra jurídica, incidindo sôbre os fatos, torna jurídica. [...]. O direito só se interessa pelo inter-humano; por isso, regra relações, cria-as, modifica-as, extingue-as". PONTES DE MIRANDA, Francisco Cavalcanti. *Tratado de direito privado*. 4. ed. São Paulo: Revista dos Tribunais, 1974. t. 1, p. 117 e 133.

Destacando a importância da realização do Direito objetivo, Pontes de Miranda[471] reafirma que "a finalidade preponderante, hoje, do processo é a realizar o Direito, o direito objetivo, e não só, menos ainda precipuamente, os direitos subjetivos". E o processo, segundo Pontes de Miranda[472], manifestará sua importância, justamente quando não houver a realização espontânea (automática) do Direito objetivo: "o processo não é mais do que o corretivo da imperfeita realização automática do direito objetivo".

Tesheiner[473] sustenta que, para explicar a tutela jurisdicional dos chamados direitos difusos, como a do meio ambiente, por exemplo, não se precisa lançar mão da noção de direitos subjetivos — noção que, nesse particular, "apenas turva a clareza do pensamento" —, podendo-se chegar à concretização pela aplicação do Direito objetivo: "nas ações relativas aos chamados 'direitos difusos', o juiz aplica, e às vezes também cria Direito objetivo". O autor justifica arguindo que há extensões do Direito objetivo que não geram direitos subjetivos, como no caso dos interesses difusos, e exemplifica: "não se precisa da ideia de 'direito ao ar puro', para explicar a proibição de poluir".

Há criação ou aplicação do Direito objetivo — inexistindo direito subjetivo nesses casos —, quando o Judiciário, por exemplo: a) determina a um Município (Tubarão — SC) a elaboração, no prazo de um ano, de projeto executivo de sistema de esgoto sanitário e a implementação, em dois anos, de rede de esgotos que sirva a 50% da população, devendo chegar à cobertura total no prazo de cinco anos; b) determina que empresas de ônibus regularizem o serviço de quatro linhas de ônibus (no Rio de Janeiro); c) determina que hospital restabeleça atendimento (em Duque de Caxias — RJ); d) obriga fabricante (Unilever) a informar, nas embalagens dos produtos que são comercializados, dados essenciais, como prazo de validade e medidas a serem adotadas no caso de ingestão indevida, de forma que possibilite a fácil leitura e compreensão pelo consumidor; e) impede a cobrança de ponto extra de TV por assinatura; f) mantém proibição de extração de areia nas margens do Rio Paraná.[474]

Tratando dos processos de controle concentrado de constitucionalidade, Zavascki[475] averba que, nesses casos, há aplicação de Direito objetivo: "faz-se atuar a jurisdição com o

---

(471) PONTES DE MIRANDA, Francisco Cavalcanti. *Comentários ao Código de Processo Civil*. Rio de Janeiro: Forense, 1999. t. 1, p. 77. A importância da concretização do ordenamento jurídico objetivo também é destacada por Molinaro e Milhoranza: "Jurisdição, no seu núcleo duro, é o poder do Estado de dizer o direito, o direito, o direito que é, ademais de concretizar o ordenamento jurídico objetivo" (MOLINARO, Carlos Alberto; MILHORANZA, Mariângela Guerreiro. Processo e direitos fundamentais — brevíssimos apontamentos. *Revista Brasileira de Direito Processual*, Belo Horizonte: Fórum, n. 79, p. 127-145, em especial p. 139, jul./set. 2012).
(472) PONTES DE MIRANDA, Francisco Cavalcanti. *Comentários ao Código de Processo Civil*. Rio de Janeiro: Forense, 2001. t. 1, p. 78.
(473) TESHEINER, José Maria Rosa. Revista eletrônica sobre os chamados "direitos difusos". *Processos Coletivos*, Porto Alegre, v. 3, n. 4, out./dez. 2012. Disponível em: <http://www.processoscoletivos.net/~pcoletiv/component/jcomments/feed/com_content/724>. Acesso em: 24 out. 2012.
(474) Todos esses casos foram retirados de <http://www.processoscoletivos.net/ponto-e-contraponto>. Acesso em: 30 out. 2012.
(475) ZAVASCKI, Teori Albino. *Processo coletivo:* tutela de direitos coletivos e tutela coletiva de direitos. 4. ed. São Paulo: Revista dos Tribunais, 2009. p. 241-242. Nesse sentido, Botelho diz que "com a expansão da jurisdição constitucional *potencializa-se a função primordial da jurisdição (comum) de tutela da ordem jurídica objetiva.* Tutela-se o direito objetivo, mediante efeitos expansivos de forma a acompanhar essa sociedade instantânea, globalizada e de relações de massa" (grifos do autor), conforme BOTELHO, Guilherme. *Direito ao processo qualificado:* o processo civil na perspectiva do estado constitucional. Porto Alegre: Livraria do Advogado, 2010. p. 45.

objetivo de tutelar não direitos subjetivos, mas sim a própria ordem constitucional, o que se dá mediante solução de controvérsias a respeito da legitimidade da *norma jurídica abstratamente considerada*, independentemente da sua incidência em específicos suportes fáticos. Aqui, portanto, o processo é objetivo. Nele não figuram *partes*, no sentido estritamente processual, mas entes legitimados a atuar institucionalmente, sem outro interesse que não o da preservação do sistema de direito" (grifos do autor).

A ênfase é no dever jurídico. Entretanto, surge o problema da sanção e da reparação. O destinatário da sanção é aquele sujeito cuja conduta é descrita pela norma jurídica como vedada. Pode ser um sujeito determinado ou pode ser genérico. A questão é saber se, ao ser genérico, poderá ser individualizado em determinado momento do processo, a fim de que a sanção se aplique individualmente, ou não poderá ser individualizado e a sanção também terá de ser genérica, com reparação genérica, ante a impossibilidade de individualização. Por exemplo, ninguém pode estabelecer uma empresa com meio ambiente nocivo às condições de trabalho. A responsabilidade do empregador e do empregado é a de cuidar ao máximo da observância das normas de higiene e segurança do trabalho. Toda aquela pessoa, natural ou jurídica, que se enquadrar no suporte fático da norma e negligenciar suas obrigações em relação ao meio ambiente laboral, sofrerão as sanções previstas. No caso concreto, através dos mecanismos de subsunção e concreção, deverão ser encontrados os destinatários da norma, que serão indivíduos isolados ou indivíduos considerados em seu conjunto, bastando que estejam unidos por uma relação jurídica.

Mas apenas identificar o sujeito passivo não é suficiente. Para coibir a conduta proibida pela norma, é necessário estipular sanções e o produto dessas sanções necessita de um beneficiário. Este é o tema, por exemplo, do destino das indenizações e multas pecuniárias aplicadas aos processos em que há interesses difusos, tanto no que se refere à tutela inibitória quanto no que se refere à tutela reparatória.

O grande problema da doutrina tradicional a respeito do direito subjetivo, de cunho individualista, é conectar o direito à reparação com um certo e determinado indivíduo ou grupo de indivíduos. Mesmo se fosse uma coletividade, quando da execução da sentença é necessário individualizar os destinatários da reparação, como ocorre nas ações de substituição processual trabalhista, admitidas pelo art. 8º, III, da Constituição, por exemplo. Ocorre que isso nem sempre é possível, dependendo da lesão e da natureza do direito violado. Em alguns casos, é impossível a individualização e nem por isso a sanção deixará de ser aplicada pois, do contrário, a conduta proibida pela norma ficaria sem sanção e o Direito não alcançaria o seu objetivo, que é impor a conduta correta. Uma empresa que mantém um ambiente laboral nocivo a seus empregados, pode ser condenada a pagar indenizações individuais, em face de acidentes de trabalho que ocorram nas suas dependências. Entretanto, a conduta reiterada ultrapassa os limites individuais e precisa ser coibida, sob pena de perpetuar-se a situação de descumprimento das normas legais. O sujeito beneficiário desta reparação não é mais individual, mas difuso e para reparar este tipo de dano, devem ser aplicadas sanções difusas, como a melhora geral do ambiente, treinamento, sinalização do local de trabalho e, eventualmente, uma reparação que pode reverter ao Fundo de Amparo ao Trabalhador ou alguma entidade beneficente específica.

Em outra esfera, o Direito do Trabalho e o Processo do Trabalho, no âmbito coletivo, há muito trabalham com a ideia de que os acordos coletivos de trabalho, as convenções coletivas de trabalho e a sentença normativa geram normas com eficácia ultrapartes. Comprovando o caráter normativo — criação de Direito objetivo —, esses instrumentos de composição de conflitos coletivos trabalhistas são chamados pelo gênero "instrumentos normativos" ou "normas coletivas de trabalho". E, a decisão do dissídio coletivo é chamada de sentença "normativa"[476], além disso, a competência da Jurisdição Trabalhista para julgar esses conflitos é chamada de "poder normativo da Justiça do Trabalho".[477]

A Constituição Federal de 1988[478] permite que as próprias partes destinatárias constituam normas para empresas ou categorias (acordo coletivo e convenção coletiva de trabalho, como instrumentos da negociação coletiva exitosa), ou, quando frustrada a negociação coletiva, o ajuizamento de dissídios coletivos[479], dos quais os Tribunais do Trabalho (competência originária da ação de dissídio coletivo) decidirão o conflito, respeitadas as disposições mínimas legais de proteção ao trabalho, bem como as convencionadas anteriormente.

A validade das normas coletivas trabalhistas está relacionada apenas à observância dos requisitos legais para legitimidade de participação e regularidade formal do processo, produzindo normas gerais e abstratas[480], dentro do âmbito territorial do conflito, podendo ser inclusive de abrangência nacional, nos casos envolvendo sindicatos nacionais ou confederações.[481] Tais normas possuem coercitividade como qualquer outra, podendo, inclusive, ser objeto de demanda judicial, por meio das chamadas ações de cumprimento.[482]

---

(476) Na chamada heterocomposição, restando sem êxito a negociação coletiva, "partir-se-á para a solução do conflito através da decisão de terceiros" (arbitragem ou jurisdição). A via jurisdicional, por meio do dissídio coletivo, é a última forma de composição do conflito coletivo de trabalho, conforme STÜRMER, Gilberto. *A liberdade sindical na Constituição da República Federativa do Brasil de 1988 e sua relação com a Convenção n. 87 da Organização Internacional do Trabalho*. Porto Alegre: Livraria do Advogado, 2007. p. 95-96. Para um estudo das características diferenciadas da sentença normativa, ver: COIMBRA, Rodrigo; ARAÚJO, Francisco Rossal de. Equilíbrio instável das fontes formais do direito do trabalho. *Justiça do Trabalho*, Porto Alegre: HS, n. 324, p. 57-59, dez. 2010.

(477) Referindo-se à expressão contrato coletivo, que passou a ser entendida como sinônimo de convenção coletiva de trabalho e de acordo coletivo de trabalho, Pontes de Miranda reconhece seu caráter normativo, salientando, contudo, que esse caráter não é único, destacando também a vinculatividade. O autor refere também que a "Justiça do Trabalho tem competência para, nos dissídios coletivos, estabelecer *normas* de trabalho" (PONTES DE MIRANDA, Francisco Cavalcanti. *Tratado de direito privado*. 3. ed. Rio de Janeiro: Borsoi, 1972. t. 48, p. 10 e 17).

(478) Constituição Federal, art. 7º: "São direitos dos trabalhadores urbanos e rurais, além de outros que visem à melhoria de sua condição social: [...] XXVI — reconhecimento das convenções e acordos coletivos de trabalho".

(479) Constituição Federal, art. 114, § 2º: "Recusando-se qualquer das partes à negociação coletiva ou à arbitragem, é facultado às mesmas, de comum acordo, ajuizar dissídio coletivo de natureza econômica, podendo a Justiça do Trabalho decidir o conflito, respeitadas as disposições mínimas legais de proteção ao trabalho, bem como as convencionadas anteriormente" (redação dada pela Emenda Constitucional n. 45, de 2004).

(480) Nesse ponto, importa o conceito de Direito objetivo de Molinaro: "Entendo como direito objetivo a regra (em sentido lato) geral e abstrata (que produz a norma) que está posta com função regulativa para garantir as conquistas sociais já alcançadas pela sociedade no mundo fático e que interessa ao direito" (MOLINARO, Carlos Alberto. A jurisdição na proteção da saúde: breves notas sobre a instrumentalidade processual. *Revista da Ajuris*, Porto Alegre: Ajuris, n. 115, p. 49-72, em especial p. 55, set. 2009).

(481) Nesse sentido, COIMBRA, Rodrigo. Jurisdição trabalhista coletiva e direito objetivo. *Justiça do Trabalho*, Porto Alegre: HS, n. 340, p.88-107, em especial p. 94-96, abr. 2012.

(482) Consolidação das Leis do Trabalho, art. 872: "Celebrado o acordo, ou transitada em julgado a decisão, seguir-se-á o seu cumprimento, sob as penas estabelecidas neste Título. Parágrafo único. Quando os empregadores

As normas coletivas trabalhistas possuem eficácia *ultra partes*, pois se estendem todos trabalhadores e empregadores que pertençam às empresas ou categorias acordantes (acordo ou convenção coletiva), independentemente de serem sócios (associados, filiados) do sindicato.[483]

A progressiva socialização do direito determinou o surgimento de novos tipos de conflitos relacionados a interesses não exclusivamente individuais, com importantes efeitos processuais, como a eficácia reflexa da sentença, ou seja, os efeitos de uma decisão de uma ação envolvendo direitos transindividuais ultrapassam as partes do respectivo processo, podendo ser *ultra partes* ou *erga omnes*, conforme a legislação, como destaca Pisani.[484]

Afirmando que se vive numa época marcada pela "pulverização" do "direito legislativo", Zagrebelsky[485] chama a atenção para a redução da generalidade e a abstração das leis atualmente, como características clássicas das leis, cujas razões podem ser buscadas, sobretudo, nas características da nossa sociedade, condicionada por uma ampla diversificação de grupos e estratos sociais que participam hoje do que chama de "mercado das leis". Esclarece o autor que ditos grupos dão lugar a uma acentuada diferenciação de tratamento normativo, seja como implicação empírica do princípio da igualdade do chamado "Estado social" (para cada situação uma disciplina adequada a suas particularidades), seja como consequência da pressão que os interesses corporativos exercem.[486] Nesse contexto, enquadra-se, de forma marcante, o Direito Coletivo do Trabalho, produzindo normas diferenciadas para as categorias de empregados/empregadores de acordo com as suas particularidades, como consequência da crise do princípio da generalidade e da importante tutela dos direitos coletivos trabalhistas.

A partir da perspectiva objetiva dos direitos fundamentais e da aplicação do Direito objetivo, saber quem são os sujeitos dos direitos com objeto difuso pouco importa. Os *"titulares indeterminados de direitos difusos" sequer precisam existir em alguns casos (como no de gerações futuras), para justificar a ação coletiva proposta pelos legitimados com vistas à concretização do Direito objetivo, conforme esclarece Tesheiner*.[487]

---

deixarem de satisfazer o pagamento de salários, na conformidade da decisão proferida, poderão os empregados ou seus sindicatos, independentes de outorga de poderes de seus associados, juntando certidão de tal decisão, apresentar reclamação à Junta ou Juízo competente, observado o processo previsto no Capítulo II deste Título, sendo vedado, porém, questionar sobre a matéria de fato e de direito já apreciada na decisão (redação dada pela Lei n. 2.275, de 30.7.1954)". Tribunal Superior do Trabalho, Súmula n. 286: "A legitimidade do sindicato para propor ação de cumprimento estende-se também à observância de acordo ou de convenção coletivos".

(483) LEITE, Carlos Henrique Bezerra. *Curso de direito processual do trabalho*. 6. ed. São Paulo: LTr, 2008. p. 1093.
(484) PISANI, Andrea Proto. Appunti sui rapporti tra i limiti tra i limiti soggettivi di efficacia della sentenza civile e la garanzia costituzionale del diritto di difesa. *Rivista Trimestrale di Diritto e Procedura Civile,* Milano: Giuffrè. p. 1216-1308, em especial p. 1237-1239, set. 1971; Nesse sentido, também: DENTI, Vittorio. Aspetti processuali della tutela dell'ambiente. In: *Studi in memória di Salvatore Satta*. Padova: Cedam, 1982. v. 1, p. 459-460.
(485) ZAGREBELSKY, Gustavo. *El derecho dúctil:* ley, derechos, justicia. 7. ed. Madrid: Trotta, 2007. p. 37.
(486) *Ibidem*, p. 37-38.
(487) TESHEINER, José Maria Rosa. O Ministério Público não é nunca substituto processual (uma lição heterodoxa). *Páginas de Direito*, Porto Alegre, 26 abr. 2012. Disponível em: <http://www.tex.pro.br/tex/listagem-de-artigos/353-artigos-abr-2012/8468-o-ministerio-publico-nao-e-nunca-um-substituto-processual-uma-licao-heterodoxa>. Acesso em: 14 nov. 2012. TESHEINER, José Maria Rosa. Jurisdição e direito objetivo. *Justiça do Trabalho*, Porto Alegre: HS, n. 325, p. 31.

Outra questão importante sobre o tema diz respeito à existência ou não de pretensão material nos direitos com objeto difuso. Esse questionamento está diretamente ligado ao tema da prescrição, pois o objeto da prescrição é a pretensão de direito material, tendo essa problemática sido levantada por Arenhart[488] nos seguintes termos: "isso põe um sério problema para o regime da prescrição em relação a tais interesses, pois se a prescrição está atrelada à pretensão — somente sendo possível cogitar da fluência de seu curso a partir do momento em que a pretensão pode ser exercida — então como se há de aplicar a figura num caso em que a pretensão não surge senão no processo judicial, já que o titular do direito sequer tem condições de manifestar sua vontade?".

De plano, observe-se que os conceitos de pretensão de direito material foram formulados tendo em mente apenas direitos individuais e toda sua contextualização estudada na primeira parte do presente trabalho.

Para o enfrentamento dessa questão, tem-se por fundamental retomar o conceito de pretensão de direito material. Para Windscheid[489], pretensão jurídica é "o que se pode exigir de outrem". Para Pontes de Miranda[490], "pretensão é a posição subjetiva de poder exigir de outrem alguma prestação positiva ou negativa". Prossegue afirmando que "é, pois, a tensão para algum ato ou omissão dirigida a alguém. 'O pre está, aí, por 'diante de si'. O direito é dentro de si-mesmo, tem extensão e intensidade; a pretensão lança-se'. Não é o direito, nem a ação, nem, *a fortiori*, a 'ação' (sentido processual)". E termina afirmando que "o correlato da pretensão é um dever 'premível' do destinatário dela, talvez obrigação (no sentido estrito), sempre obrigação (no sentido largo)".

A pretensão de direito material é, portanto, um aspecto dinâmico do direito subjetivo, que lhe confere a possibilidade de exigir o cumprimento do dever do sujeito passivo da relação jurídica. Ovídio Baptista[491] diz que, a partir desse momento, "o direito subjetivo está dotado de pretensão", saindo de um "estado de latência" e "adquirindo dinamismo". O autor adverte que "se, todavia, embora possa fazê-lo, deixo de exigir do obrigado o cumprimento da obrigação, terei, pelo decurso de tempo e por minha inércia, prescrita essa faculdade de exigir o pagamento, ou, de um modo geral, o cumprimento da obrigação". Note-se que essa constatação importante para fins de prescrição pressupõe que o sujeito ativo "possa fazê-lo", possa exigir do sujeito passivo.

---

(488) ARENHART, Sérgio Cruz. O regime da prescrição em ações coletivas. In: GOZZOLI, Maria Clara; CIANCI, Mirna; CALMON, Petrônio; QUARTIERI, Rita (coord.). *Em defesa de um novo sistema de processos coletivos:* estudos em homenagem a Ada Pellegrini Grinover. São Paulo: Saraiva, 2010. p. 599-617, em especial p. 607.
(489) "Pero si *actio* es efectivamente, como resulta de lo antedicho, el término romano para designar la pretensión jurídica, cuando los romanos dicen que algo es judicialmente perseguible, nosotros décimos que está jurídicamente fundado" (WINDSCHEID, Bernard. La "actio" del derecho romano, desde el punto de vista del derecho actual. In: *Polemica sobre la "actio"*. Buenos Aires: Europa-America, 1974. p. 11).
(490) PONTES DE MIRANDA, Francisco Cavalcanti. *Tratado de direito privado*. Rio de Janeiro: Borsoi, 1955. t. 5, p. 451-452. A pretensão também é conceituada como: "a faculdade de se poder exigir a satisfação do direito", conforme BAPTISTA DA SILVA, Ovídio Araújo. Direito subjetivo, pretensão de direito material e ação. In: MACHADO, Fábio Cardoso; AMARAL, Guilherme Rizzo (orgs.). *Polêmica sobre a ação:* a tutela jurisdicional na perspectiva das relações entre direito e processo. Porto Alegre: Livraria do Advogado, 2006. p. 17-18.
(491) BAPTISTA DA SILVA, Ovídio Araújo. *Curso de processo civil*. 7. ed. Rio de Janeiro: Forense, 2005. v.1, p. 64.

Essa potencialidade de que o direito subjetivo se reveste a partir do momento em que se torna exigível (que, como poder, não se confunde com o efetivo exercício da pretensão) "é um estado especial do direito subjetivo: irradia do mesmo (envolve-o como película), como decorrência natural da causalidade jurídica", nas palavras de Mitidiero.[492] Nessa linha, Arenhart[493] também entende que a pretensão é uma decorrência do direito subjetivo.

Os direitos com objeto difuso são materialmente marcados pela indivisibilidade e pela indisponibilidade de seus objetos e pela indeterminação dos seus titulares. Da insuscetibilidade de destaque em cotas individuais (indivisibilidade) decorre que nenhum titular pode fruí-las na sua integridade, bem como o gozo por um não impede ou impossibilita que outros as fruam com a mesma intensidade. Por transcenderem o âmbito individual, são insuscetíveis a atos de disposição (indisponibilidade). Os seus titulares encontram-se diluídos por toda a sociedade (indeterminação).[494] E, aqui, cabe repisar a lição de Tesheiner[495]: "pelo menos quanto aos direitos difusos, é fácil ver-se que não se trata de direitos subjetivos".

Ação de direito material e pretensão material, historicamente, estão ligadas, necessariamente, ao direito subjetivo, ainda que com ele não se confundam. Nesse sentido, manifesta Pontes de Miranda[496]: "rigorosamente, há três posições em vertical: o direito subjetivo, a pretensão e a ação, separáveis". E, essas três posições, em Pontes de Miranda, são algo que se acrescenta ao direito subjetivo. Essa constatação pode ser notada, quando Pontes de Miranda trata da precisão do conceito de pretensão e a refere como "algo *mais*", *in verbis*: "atividade potencial para frente, faculdade jurídica de exigir; portanto, algo *mais*"[497] (grifos do autor).

Sendo a pretensão "um aspecto dinâmico", "uma potência", "uma nova virtualidade", "um estado especial" do direito subjetivo, não se pode falar em pretensão de direito material, quando não existir direito subjetivo (ainda que o contrário seja possível[498]), pois a pretensão é um aspecto posterior do direito subjetivo.

De acordo com Marinoni[499], não há a pretensão de direito material nos direitos difusos, *in verbis:* "todos têm direito à tutela do meio ambiente (por exemplo) — embora ele tenha que ser exercido, na forma jurisdicional, por um ente legitimado —, mas ninguém possui

---

(492)   MITIDIERO, Daniel. A pretensão de condenação. *Revista de Processo*, São Paulo: Revista dos Tribunais, v. 129, p. 51-65, em especial p. 52, nov. 2005.
(493)   ARENHART, Sérgio Cruz. *Perfis da tutela inibitória coletiva*. São Paulo: Revista dos Tribunais, 2003. p. 52.
(494)   SANTOS, Ronaldo Lima dos. Notas sobre a impossibilidade de depoimento pessoal de membro do Ministério Público nas ações coletivas. *Revista da Faculdade de Direito da Universidade Federal de Minas Gerais*, Belo Horizonte, n. 58, p. 291-310, em especial p. 298, jan./jun. 2011.
(495)   TESHEINER, José Maria Rosa. Jurisdição e direito objetivo. *Justiça do Trabalho*, n. 325, p. 31, jan. 2011.
(496)   PONTES DE MIRANDA, Francisco Cavalcanti. *Tratado de direito privado*. Rio de Janeiro: Borsoi, 1955. t. 5, p. 451.
(497)   *Ibidem*, p. 452.
(498)   Porque "há direitos que perderam ou não tem pretensão", conforme PONTES DE MIRANDA, Francisco Cavalcanti. *Tratado de direito privado*. Rio de Janeiro: Borsoi, 1955. t. 5, p. 452.
(499)   MARINONI, Luiz Guilherme. Da ação abstrata e uniforme à ação adequada à tutela de direitos. In: MACHADO, Fábio Cardoso; AMARAL, Guilherme Rizzo (orgs.). *Polêmica sobre a ação*: a tutela jurisdicional na perspectiva das relações entre direito e processo. Porto Alegre: Livraria do Advogado, 2006. p. 197-252, em especial p. 248.

pretensão de direito material ou ação de direito material contra o poluidor". O autor[500] afirma que tal arcabouço conceitual (conceitos de pretensão de direito material e de ação de direito material) "é imprestável para explicar o que acontece diante dos direitos difusos".

Nesse sentido, Álvaro de Oliveira[501] sustenta que as demandas pertinentes aos direitos difusos e coletivos não possuem paralelo fora do processo, citando-as dentro do que chama de "meios mais sofisticados e apurados de tutela jurisdicional", salientando que os conceitos de pretensão de direito material (e de ação de direito material) só tinham razão "quando ainda não estavam maduros o arcabouço dos direitos fundamentais e a constitucionalização que se seguiu".

Consoante Pontes de Miranda[502], "a concepção, em direito comum e em direito contemporâneo, do direito subjetivo alude, veladamente ou não, ao poder da *vontade*, que se exerce se e quando se entender; vontade, portanto, potencial. Já aí se toma o exercício do direito pelo direito e se recorre à noção de potencialidade. Em verdade, porém, a proteção aos direitos é independente de serem ou não exercidos" (grifos do autor).

Em outras palavras, as teorias clássicas que procuram explicar o fundamento do direito subjetivo, basicamente, reduzem-se à teoria da vontade (de Windscheid) e à teoria do interesse juridicamente protegido (de Jhering), tendo em vista que a teoria de Jellinek combina as duas e, por isso, é chamada de mista ou eclética. Jhering buscou superar a teoria da vontade, para explicar a subsistência de direito subjetivo em relação aos incapazes, que não podem manifestar sua vontade, mas, ideologicamente, continuou preso à ideia de vontade, o que aparece na obra *A luta pelo direito*[503], cujo título evidencia a necessidade de manifestação de vontade para a realização do Direito. Por isso, Pontes de Miranda diz que a concepção do direito subjetivo alude, veladamente ou não, ao poder de vontade.[504]

O direito subjetivo e a pretensão de direito material são "*estados de que disfruta seu titular*", sendo o primeiro "*poder da vontade do seu titular*" (grifos do autor), conforme Ovídio Baptista[505], observações que corroboram a compreensão de que os direitos individuais sempre estiveram vinculados à ideia de vontade, e mais, à vontade do seu titular.

---

(500) MARINONI, Luiz Guilherme. Da ação abstrata e uniforme à ação adequada à tutela de direitos. In: MACHADO, Fábio Cardoso; AMARAL, Guilherme Rizzo (orgs.). *Polêmica sobre a ação:* a tutela jurisdicional na perspectiva das relações entre direito e processo. Porto Alegre: Livraria do Advogado, 2006. p. 197-252, em especial p. 248.
(501) ÁLVARO DE OLIVEIRA, Carlos Alberto. *Teoria e prática da tutela jurisdicional.* Rio de Janeiro: Forense, 2008. p. 61.
(502) PONTES DE MIRANDA, Francisco Cavalcanti. *Tratado de direito privado.* Rio de Janeiro: Borsoi, 1955. t. 5, p. 229.
(503) "Sem luta não há direito, como sem trabalho não há propriedade" (JHERING, Rudolf Von. *A luta pelo direito.* 16. ed. Rio de Janeiro: Forense, 1998. p. 87).
(504) Chiovenda, refletindo a sua época, também considera a vontade do titular como condição de buscar a atuação do Direito objetivo: "Questa iniziativa del privato, cioè il diritto di porre in essere la condizione pela attuazione della volontà dello Stato, è ciò la condizione per la attuazione della volontà dello Stato, è ciò che dicesi azione. Esso si esercita con un atto di volontà che se manifesta nella domanda giudiziale (CHIOVENDA, Giuseppe. L'azione nel sistema del diritti. In: *Saggi di dirittto processuale civile* (1894-1937). Milano: Giuffrè, 1993. v. 1, p. 18).
(505) BAPTISTA DA SILVA, Ovídio Araújo. *Curso de processo civil.* 7. ed. Rio de Janeiro: Forense, 2005. v. 1, p. 65 e 62, respectivamente.

Daí que todas estas noções — de direito subjetivo, pretensão, ação de direito material, titularidade determinada, manifestação de vontade — são conceitos característicos do plano de direitos individuais, tendo reduzida ou nenhuma função no plano de direitos transindividuais.

Sublinhe-se que a concretização dos direitos com objeto difuso não está subordinada à vontade do titular. O Direito objetivo pode prescindir da vontade do titular do direito. Nesse sentido, Pontes de Miranda[506] ensina que "a regra jurídica pode fazer suporte fáctico, em que se imprima, outros fatos que a vontade humana" e, já em 1955, o autor fazia essa ponderação no que tange aos interesses transindividuais: "O Estado, pensando intererêsses transindividuais, por vêzes estatui que fatos não humanos, ou fatos humanos não volitivos, sejam suporte fáctico de regras jurídicas; e daí emanam direitos e deveres".

Não há pretensão material de direito material nos direitos com objeto difuso, porque o conceito de pretensão de direito material está, historicamente, vinculado ao conceito de direito subjetivo — do qual é "um aspecto dinâmico", "uma potência", "uma nova virtualidade", "um estado especial" —, e, nos direitos com objeto difuso, tem-se outro mundo, norteado pela indivisibilidade e pela indisponibilidade do objeto, com a indeterminação dos sujeitos, conjunto de características que inviabiliza que se use de arcabouço conceitual com contexto individualista e obrigacional[507], completamente diferente do vivenciado pelos chamados direitos difusos.

Igualmente a partir da perspectiva objetiva dos direitos fundamentais deve ser visto o exercício da jurisdição dos direitos com objeto difuso. Os legitimados possuem o poder jurídico — imposto pelo Direito objetivo — de buscar o cumprimento dos direitos com objeto difuso nos moldes e nos limites outorgados pelo próprio Direito objetivo.

Discute-se, na doutrina especializada, se o Ministério Público, que é um dos legitimados para propor as ações coletivas, tem faculdade ou obrigatoriedade de ajuizar as ações coletivas de cuja lesão ou ameaça de lesão tiver ciência.

Na ação penal pública, por exemplo, o Ministério Público não tutela direito subjetivo, mas busca a aplicação do Direito objetivo.[508] Nesse sentido, Pacelli[509] averba que, "no processo penal condenatório, o autor da ação (como regra, o Ministério Público) não exerce *direito* em face do Estado, mas tão somente o *dever* que resulta do fato, previsto em lei, de ser ele o legitimado para a persecução penal" (grifos do autor).

---

(506) PONTES DE MIRANDA, Franscisco Cavalcanti. *Tratado de direito privado*. Rio de Janeiro: Borsoi, 1955. t. 5, p. 228.
(507) "Como se todo o direito material correspondesse a uma relação débito-crédito", conforme Ovídio Baptista ao criticar a relação entre o conceito de pretensão e direitos das obrigações (BAPTISTA DA SILVA, Ovídio Araújo. *Jurisdição e execução na tradição romano-canônica*. 3. ed. Rio de Janeiro: Forense, 2007. p. 6).
(508) De acordo com Mazzilli, as funções do Ministério Público resumem-se em promover a aplicação e a execução da ordem jurídica (Direito objetivo): "a) no zelo de interesses sociais ou individuais indisponíveis; b) no zelo de interesses transindividuais, de suficiente expressão ou abrangência social" (MAZZILLI, Hugo Nigro. *Introdução ao Ministério Público*. 5. ed. São Paulo: Saraiva, 2005. p. 117). Nos direitos com objeto difuso, têm--se ambas as hipóteses.
(509) OLIVEIRA, Eugênio Pacelli de. *Curso de processo penal*. 9. ed. Rio de Janeiro: Lumen Juris, 2008. p. 357.

Tratando do assunto, Lima dos Santos[510] acrescenta que "o Ministério Público ao agir, o faz sempre no cumprimento de um dever, de uma missão constitucional, na tutela do interesse alheio (da sociedade, de coletividade, de incapazes etc.) que lhe foi confiado, deles jamais podendo dispor, ainda que sejam materialmente disponíveis por seus titulares".

Em artigo específico sobre o tema, Mazzilli[511] defende que há diferença na atuação do Ministério Público de acordo com a área (penal ou civil), sustentando que, nas ações envolvendo processo civil, o Ministério Público não é obrigado a propor a ação civil pública, diferentemente do que ocorre com a ação penal pública, pelas seguintes razões: primeiro, porque, ao contrário do que ocorre na ação penal pública, na esfera civil, o Ministério Público não é legitimado exclusivo para a ação civil pública (na ação civil pública ou coletiva, a legitimação ativa é concorrente e disjuntiva). Assim, havendo diversos colegitimados para a ação civil pública ou coletiva, se o Ministério Público não age ou não recorre, outros colegitimados podem agir ou recorrer; segundo, porque a própria Lei da Ação Civil Pública admite que possa haver desistências fundadas da ação civil pública (art. 5º, § 3º, da Lei n. 7.347/1985, a *contrario sensu*). Em suma, o princípio da indesistibilidade da ação pública não recebe o mesmo tratamento no Processo Penal e no Processo Civil.

O Ministério Público tem por função institucional, entre outras, a defesa dos interesses sociais, a teor do mesmo art. 127, *caput*, da Constituição Federal, dentre as quais se insere a proteção, através de ação coletiva, dos direitos com objeto difuso (art. 129, III, da Constituição Federal).

É de fundamental importância a noção de função no âmbito do Direito, surgindo, primeiramente, no âmbito do denominado direito público, acompanhando os desdobramentos da ideia de democracia e da necessidade de controle do poder, como explica Facchini.[512]

A ideia de função está presente no Direito, no plano da compreensão global, quando se pensa em que o conjunto de regras positivas deve ter um tipo de finalidade e buscar alcançar certos objetivos.[513]

---

(510) SANTOS, Ronaldo Lima dos. Notas sobre a impossibilidade de depoimento pessoal de membro do Ministério Público nas ações coletivas. *Revista da Faculdade de Direito da Universidade Federal de Minas Gerais*, Belo Horizonte, n. 58, p. 291-310, em especial p. 302, jan./jun. 2011.
(511) MAZZILLI, Hugo Nigro. O princípio da obrigatoriedade e o Ministério Público. *Complexo Jurídico Damásio de Jesus*, São Paulo, jun. 2007. Disponível em: <www.damasio.com.br>. Acesso em: 1º nov. 2012. De acordo com Hugo Nigro Mazzilli, "o que tem iluminado a atuação do Ministério Público, de forma predominante, é a indisponibilidade do interesse; fora daí, estamos no campo da *conveniência* da atuação ministerial em favor dos interesses da comunidade como um todo [...]. Ou seja, se num processo judicial estiver em jogo interesse indisponível, deverá haver a intervenção ministerial — quer se trate de interesse individual indisponível ou social indisponível; por isso se diz que a indisponibilidade é nota marcante ou predominante da atuação do Ministério Público [...]. Mas também legitima a iniciativa ou intervenção do Ministério Público a presença de interesses que, embora não indisponíveis, tenham suficiente abrangência ou larga expressão social" (MAZZILLI, Hugo Nigro. *Introdução ao Ministério Público*. 5. ed. São Paulo: Saraiva, 2005. p. 115).
(512) FACCHINI NETO, Eugênio. A função social do direito privado. *Revista da Ajuris*, Porto Alegre: Ajuris, n. 105, p. 153-187, em especial p. 157, mar.2007.
(513) SILVA, Luis Renato Ferreira da. A função social do contrato no novo Código Civil e sua conexão com a solidariedade social. In: SARLET, Ingo Wolfgang (org.). *O novo Código Civil e a Constituição*. Porto Alegre: Livraria do Advogado, 2003. p. 134.

Neste sentido, fala-se em função promocional do Direito. Esta nova função não se limita a proteger e repreender, mas visa a promover, utilizando a "técnica do encorajamento", buscando tornar particularmente atrativos os atos obrigatórios. Conforme Bobbio[514], ao ordenamento promocional interessam, sobretudo, "os comportamentos socialmente desejados, onde o seu objetivo é o de provocar o cumprimento do ordenamento".

De fato, "hoje mais do que nunca o Direito possui *uma função diretiva da mudança social*. E esta função pode ser desempenhada por todos aqueles que pensam ser sempre possível a melhoria das relações sociais", destaca Facchini[515]. Nesse cenário, os legitimados das ações coletivas exercem função social.

Ao supor-se que um determinado instituto jurídico esteja funcionalizado, atribui-se a ele uma determinada finalidade a ser cumprida, restando estabelecido pela ordem jurídica que há uma relação de dependência entre o reconhecimento jurídico do instituto e o cumprimento da função[516].

Esse mecanismo de atuação se dá com todos os legitimados das ações coletivas (não apenas o Ministério Público) nos direitos com objeto difuso, da seguinte forma: o Direito objetivo outorga aos legitimados o poder de promover ações coletivas e, ao mesmo tempo, atribui a essa função pública uma determinada finalidade, qual seja, o cumprimento dos direitos com objeto difuso. Essa faculdade outorgada aos legitimados está umbilicalmente ligada ao cumprimento do fim por conta do qual foi criada pelo Direito objetivo.

O poder dos legitimados — nas ações relativas a direitos com objeto difuso — segue a linha sustentada por Marinoni[517], segundo a qual o processo deve se estruturar de maneira tecnicamente capaz de permitir a prestação das formas de tutela prometidas pelo direito material.

No sentido ora proposto, Tesheiner[518] sustenta que, nas ações envolvendo os chamados direitos com objeto difuso, os legitimados exercem função pública: "nas ações relativas a interesses difusos, o Ministério Público, assim como os demais legitimados, não é substituto processual. A hipótese é de legitimação autônoma e de exercício de função pública". Portanto, se alega em Juízo um direito subjetivo público de natureza difusa.

---

(514) BOBBIO, Norberto. Sulla funzione promozionale del diritto. *Rivista Trimestrale di Diritto e Procedura Civile*, Milano: Giuffrè, p.1313-1435, em especial p. 1324, set.1969.
(515) FACCHINI NETO, Eugênio. O Judiciário no mundo contemporâneo. *Revista da Ajuris*, Porto Alegre: Ajuris, n. 108, p. 139-165, em especial p. 153, dez.2007.
(516) SILVA, Luis Renato Ferreira da. A função social do contrato no novo Código Civil e sua conexão com a solidariedade social. In: SARLET, Ingo Wolfgang (org.). *O novo Código Civil e a Constituição*. Porto Alegre: Livraria do Advogado, 2003. p. 134.
(517) MARINONI, Luiz Guilherme. Da ação abstrata e uniforme à ação adequada à tutela de direitos. In: MACHADO, Fábio Cardoso; AMARAL, Guilherme Rizzo (orgs.). *Polêmica sobre a ação:* a tutela jurisdicional na perspectiva das relações entre direito e processo. Porto Alegre: Livraria do Advogado, 2006. p. 197-252, em especial p. 209-215.
(518) TESHEINER, José Maria Rosa. O Ministério Público não é nunca substituto processual (uma lição heterodoxa). *Páginas de Direito*, Porto Alegre, 26 abr. 2012. Disponível em: <http://www.tex.pro.br/tex/listagem-de-artigos/353-artigos-abr-2012/8468-o-ministerio-publico-nao-e-nunca-um-substituto-processual-uma-licao-heterodoxa>. Acesso em: 14 nov. 2012.

Na tutela jurisdicional de direitos com objeto difuso, é irrelevante a vontade dos titulares dos respectivos direitos e até mesmo a existência de titulares, pouco importando se os destinatários querem ou mesmo aceitam a tutela jurisdicional. E os legitimados para exercerem a tutela jurisdicional dos direitos com objeto difuso têm o poder jurídico de agir, derivado do Direito objetivo, sempre que lesionados ou ameaçados de lesão tais direitos.[519]

Assim, nos processos envolvendo direitos individuais, a legitimação para a causa se dá por meio da verificação de quem detém o direito subjetivo (titularidade do direito subjetivo); e, nos processos coletivos, a legitimação para a causa se dá *ope legis*, por força do Direito objetivo. Nesse sentido, Tesheiner assevera[520] que, "pensada a tutela jurisdicional dos interesses difusos como aplicação — eventualmente criação — do Direito objetivo, resta afastada, como corolário, a ideia de substituição processual".

Retratando a "legitimidade ontem e hoje", Cabral[521] defende a "despolarização do processo", tendo em vista que "o direito moderno apresenta situações que não conseguem ser transpostas ao modelo tradicional da legitimidade, um modelo tipicamente privatista do autor-credor contra o réu-devedor, com base num direito subjetivo e em interesses materiais privados contrapostos".

Com o exame dos direitos e dos deveres com objeto difuso a partir da Constituição e dos direitos fundamentais, chegou-se à premissa de que eles devem ser pensados sob a perspectiva objetiva dos direitos fundamentais. Conjuntamente com essa perspectiva, pensa-se que a forma mais adequada de se trabalhar com os direitos com objeto difuso é por meio da tutela de Direito objetivo, utilizando-se como exemplo o direito coletivo do trabalho, que há muito trabalha com ideia de aplicação e criação de Direito objetivo ("normas" coletivas de trabalho). Dessas premissas surgem algumas respostas e muitas perguntas, as quais se procurou enfrentar acima, tendo em conta que são questões necessárias para que se possa analisar o item final pertinente à incidência ou não de prescrição nos direitos com objeto difuso.

26.4. Direitos com objeto difuso no tempo: incidência ou não de prescrição

Existem diferenças conceituais entre os direitos individuais homogêneos e os direitos transindividuais — direitos coletivos *stricto sensu* e direitos difusos — e tais diferenças repercutem no que tange à prescrição.

De um lado, os direitos individuais homogêneos, que são um feixe de direitos individuais, reunidos de forma coletiva para fins processuais (tutela coletiva de direitos, na expressão

---

(519) Certo é que "no espaço público não reinam a livre-iniciativa e a autonomia da vontade, estrelas do regime jurídico de direito privado", conforme BARROSO, Luís Roberto. *Curso de direito constitucional contemporâneo*: os conceitos fundamentais e a construção do novo modelo. 2. ed. São Paulo: Saraiva, 2010. p. 70.
(520) TESHEINER, José Maria Rosa. Revista eletrônica sobre os chamados "direitos difusos". *Processos Coletivos*, Porto Alegre, v. 3, n. 4, out./dez. 2012. Disponível em: <http://www.processoscoletivos.net/~pcoletiv/component/jcomments/feed/com_content/724>. Acesso em: 24 out. 2012.
(521) CABRAL, Antônio do Passo. Despolarização do processo e zonas de interesse: sobre a migração entre polos da demanda. *Revista Forense*, Rio de Janeiro: Forense, v. 404, p. 3-41, em especial p. 8, jul./ago. 2009.

de Zavascki[522]). Cada indivíduo é titular de um direito subjetivo, que pode ser perseguido de forma individual ou coletiva, tendo o ordenamento jurídico viabilizado a tutela coletiva apenas para permitir tratamento uniforme das pretensões e para diminuir o número de ações individuais sobre a mesma matéria. Os direitos individuais (homogêneos ou não) são pensados sob a luz da perspectiva subjetiva.

Por outro lado, os direitos coletivos *stricto sensu* e os direitos difusos (tutela de direitos coletivos, na expressão de Zavascki[523]) têm por titular uma coletividade e possuem objeto que transcende aos indivíduos, não sendo passíveis de apropriação individual. Nesse sentido, por exemplo, o Supremo Tribunal Federal[524] pronunciou que o direito ao ambiente ecologicamente equilibrado tem "titularidade coletiva e caráter transindividual", sendo atribuído "não ao indivíduo identificado em sua singularidade, mas, num sentido mais abrangente, à própria coletividade social".

Essa distinção é importante ser repisada, pois, de uma parte, os direitos individuais homogêneos geram pretensões individuais e independentes, reunidas no processo coletivo apenas para que tenham tratamento processual uniforme. De outra parte, os direitos com objeto difuso não geram pretensão individual, nem pretensão de direito material.

Conforme referido no item precedente, nos direitos com objeto difuso, não há pretensão de direito material porque o conceito de pretensão de direito material está, historicamente, ligado ao conceito de direito subjetivo individual. Nos direitos com objeto difuso, tem-se outro mundo, norteado pela indivisibilidade e pela indisponibilidade do objeto, com a indeterminação dos sujeitos, conjunto de características que torna o conceito de pretensão de direito material imprestável em se tratando dos chamados direitos difusos.

A adequada tutela de direitos transindividuais exige "redimensionar e repensar inúmeros institutos do processo civil clássico[525], porquanto vários deles foram imaginados para operar — e somente conseguem operar adequadamente — no plano individual, tendo reduzida ou nenhuma função no plano coletivo", conforme adverte Arenhart[526], referindo-se às novas perspectivas de tutela em face das atuais dimensões do direito material.

Essa exigência se estende ao direito material, em que vários institutos tradicionais foram pensados tendo em vista tão somente direitos individuais, como ocorre com a prescrição.

---

(522) ZAVASCKI, Teori Albino. *Processo coletivo:* tutela de direitos coletivos e tutela coletiva de direitos. 4. ed. São Paulo: Revista dos Tribunais, 2009. p. 145.
(523) *Ibidem*, p. 53.
(524) SUPREMO TRIBUNAL FEDERAL. Tribunal Pleno, ADI n. 3.540-1/DF, Relator Min. Celso de Mello, DJ 1º.9.2005.
(525) Nesse sentido, referindo-se ao processo coletivo, Macedo e Macedo observam que ainda "serve-se de institutos próprios do processo voltado a compor os conflitos individuais, sem o menor cuidado: legitimidade de partes, ativas e passivas, sentença, coisa julgada. Trata-se, contudo, de conflito que está a merecer um tratamento autônomo, abrindo passagem para sua identidade desvinculada do conflito individual" (MACEDO, Elaine Harzheim; MACEDO, Fernanda dos Santos. O direito processual civil e a pós-modernidade. *Revista de Processo,* São Paulo: Revista dos Tribunais, v. 204, p. 351-367, em especial p. 363, fev. 2012).
(526) ARENHART, Sérgio Cruz. *Perfis da tutela inibitória coletiva.* São Paulo: Revista dos Tribunais, 2003. p. 41-42.

O instituto da prescrição fica sem função no plano coletivo, tendo em vista que nos direitos com objeto difuso, não há, no plano de direito material, as "três posições em vertical: o direito subjetivo, a pretensão e a ação, separáveis"[527], especialmente a pretensão (objeto da prescrição).

O exame da incidência ou não de prescrição relativamente aos direitos com objeto difuso deve ser pensado exclusivamente a partir da chamada perspectiva objetiva dos direitos fundamentais, que valoriza o ponto de vista da sociedade, da comunidade na sua totalidade, pois tais direitos dizem respeito a valores e fins que ultrapassam a esfera do indivíduo tanto em direitos como em deveres.[528]

Retomadas algumas premissas e delimitações importantes, a partir da perspectiva objetiva dos direitos fundamentais, nos direitos com objeto difuso, não há incidência de prescrição, pois, de acordo com a melhor técnica jurídica,[529] o objeto da prescrição é a pretensão de direito material e, nos direitos com objeto difuso, não há pretensão de direito material, conforme fundamentado.

Note-se que adotar a tutela individual ou coletiva dos direitos com objeto difuso não é uma escolha de quem ingressa com a ação. Depende da natureza do direito violado.[530] Ocorre que um mesmo fato pode ensejar ofensa a direitos difusos e a direitos individuais, como ocorre, por exemplo, com a contaminação de um curso de água por carreamento de produto químico nocivo, da qual poderão coexisitir danos difusos e danos individuais aos proprietários ribeirinhos que tenham, por exemplo, sofrido a perda de criações.

Em relação aos danos individuais que atingem bens particulares (perspectiva subjetiva), parece não haver dúvida de que incide prescrição, pois está se tratando de direitos individuais e patrimoniais, passíveis de subjetivação e dotando seus titulares de pretensão material, sobre a qual incidem os prazos prescricionais definidos pelo direito material.

Feita essa observação, que, para fins de comparação, é importante, cabe deixar claro que o estudo da prescrição dos direitos individuais (homogêneos ou não) não é objeto do presente trabalho.[531]

---

(527) PONTES DE MIRANDA, Francisco Cavalcanti. *Tratado de direito privado*. Rio de Janeiro: Borsoi, 1955. t. 5, p. 451.
(528) SARLET, Ingo Wolfgang. *A eficácia dos direitos fundamentais:* uma teoria geral dos direitos fundamentais na perspectiva constitucional. 10. ed. Porto Alegre: Livraria do Advogado, 2011. p. 141.
(529) Conforme entendimento consagrado por Windscheid (WINDSCHEID, Bernard, La "actio" del derecho romano, desde el punto de vista del derecho actual. In: *Polemica sobre la "actio"*. Buenos Aires: Europa-America, 1974. p. 58) e seguido pelo Código Civil brasileiro de 2002.
(530) Para Luciano Timm, sob uma perspectiva de direito e economia, as ações coletivas são a maneira mais eficiente de prover os direitos fundamentais coletivos e transindividuais, "onde justamente os direitos não devem ser apropriados por um indivíduo em prejuízo de toda a sociedade" (TIMM, Luciano Benetti. Qual a maneira mais eficiente de prover direitos fundamentais: uma perspectiva de direito e economia? In: SARLET, Ingo Wolfgang; TIMM, Luciano Benetti (orgs.). *Direitos fundamentais:* orçamento e "reserva do possível". Porto Alegre: Livraria do Advogado, 2008. p.55-68, em especial p. 67).
(531) Para uma análise da prescrição no âmbito dos direitos individuais homogêneos, ver: TESHEINER, José Maria Rosa. Prescrição nas ações homogeneizantes ou relativas a direitos individuais homogêneos: comentário

Orlando Gomes lecionava que a imprescritibilidade "decorre da lei ou da natureza de um direito".[532] A importância da verificação da natureza e do objeto do direito em cada caso é ressaltada por Sarlet[533]: "é preciso enfatizar que a convencional distinção estrita entre direitos individuais (terminologia habitualmente utilizada para designar os direitos civis e políticos) e direitos e deveres sociais, econômicos e culturais, atualmente ampliada pela inserção dos direitos e deveres em matéria ambiental, não encontra sua razão principal de ser na titularidade dos direitos, isto é, na condição de ser, ou não, a pessoa individualmente considerada um sujeito de direitos humanos e fundamentais, mas sim, mais propriamente na natureza e no objeto do direito em cada caso".

Conforme estudado no item 2.1, durante muito tempo, o instituto da prescrição foi completamente estranho ao Direito Romano, sendo as ações civis imprescritíveis. Quando os pretores inseriram ações inteiramente novas, no período formulário[534], condicionaram seu uso a que fossem exercitadas dentro do ano (*intra annum judicium dabo*), constituindo uma exceção à antiga regra de duração perpétua desse exercício.[535] O caráter de generalidade da prescrição se deu, pela primeira vez, com o surgimento da *longi temporis praescriptio*.[536] No caminhar da história do Direito Romano, novos tipos de ações passaram a ter prazo prescricional, chegando-se ao ponto de inverter-se a regra geral da imprescritibilidade para a prescritibilidade das ações. A prescritibilidade das pretensões deixou de ser a exceção e passou a ser a regra geral.[537]

Nesse contexto, no ordenamento jurídico brasileiro, a imprescritibilidade é excepcional, conforme destaca Pontes de Miranda.[538] Tendo em conta o seu conceito de que a prescrição atinge as pretensões de direito material e as ações de direito material, o autor[539] lista como imprescritíveis: a) as pretensões de direito de família, sempre que tenham por fim restabelecer ou estabelecer para o futuro situação que corresponda a relações jurídicas de família; b) a pretensão para dividir a coisa comum; c) a pretensão oriunda de direitos registrados

---

ao acórdão do Resp. 1.070.896. *Revista de Processo*, São Paulo: Revista dos Tribunais, v. 207, p. 327-344, maio 2011; ARENHART, Sérgio Cruz. O regime da prescrição em ações coletivas. In: GOZZOLI, Maria Clara; CIANCI, Mirna; CALMON, Petrônio; QUARTIERI, Rita (coord.). *Em defesa de um novo sistema de processos coletivos:* estudos em homenagem a Ada Pellegrini Grinover. São Paulo: Saraiva, 2010. p. 599-617, em especial p. 610-617.
(532) GOMES, Orlando. *Introdução ao direito civil*. 18. ed. Rio de Janeiro: Forense, 2001. p. 498.
(533) SARLET, Ingo Wolfgang. Direitos fundamentais e processo: o direito à proteção e promoção da saúde entre tutela individual e transindividual. *Revista de Processo*, São Paulo: Revista dos Tribunais, v. 199, p. 13-39, em especial p. 21, set. 2011.
(534) AMELOTTI, Mario. Prescrizione (dir. rom.). *Enciclopedia del Diritto*, Milano: Giuffrè, XXXV, p. 36-46, em especial p. 38, 1986.
(535) SAVIGNY, M. F. C. de. *Sistema de derecho romano actual*. 2. ed. Madrid: Centro Editorial de Góngora, [s.d.]. v. 1, p. 181 e 185.
(536) AMELOTTI, Mario. Prescrizione (dir. rom.). *Enciclopedia del Diritto*, Milano: Giuffrè, XXXV, p. 36-46, em especial p. 40, 1986.
(537) SAVIGNY, M. F. C. de. *Sistema de derecho romano actual*. 2. ed. Madrid: Centro Editorial de Góngora, [s.d.]. v. 1, p. 181.
(538) PONTES DE MIRANDA, Francisco Cavalcanti. *Tratado de direito privado*. Rio de Janeiro: Borsoi, 1955. t. 6, p. 127.
(539) *Ibidem*, p. 127-130.

no registro de imóveis, exceto a pretensão à reparação do dano, a pretensão de enriquecimento injustificado e as pretensões a juros; d) as pretensões que nascem das relações de vizinhança; e) a ação de regulação do exercício de direito, em caso de concorrência; f) a ação de demarcação. Após essa primeira lista, o autor, na sequência, dispõe uma segunda: a) à declaração; b) a decretação da nulidade; c) sobre direito formativo gerador, modificativo ou extintivo (se bem que possa haver, na espécie, prazo de preclusão); d) a cessação da comunhão e a partilha; entre outras.

Câmara Leal[540], seguindo Beviláqua, faz a seguinte enumeração dos "direitos" imprescritíveis: a) os imanentes à personalidade; b) os de autor; c) o nome ou a firma comercial; d) os bens públicos de uso comum; e) as ações de estado; f) as ações que derivam das relações de família e tendem a exigir um fato ou uma omissão correspondente a um determinado estado familiar.

De acordo com Amorim Filho[541], "são perpétuas (ou imprescritíveis) tôdas as ações declaratórias, e também aquelas ações constitutivas para as quais a lei não fixa prazo especial de exercício".

A transcrição dessas listas de imprescritibilidades tem basicamente três objetivos: o primeiro é mostrar que nelas não há hipóteses de direito com objeto difuso, evidenciando que os direitos transindividuais nunca foram levados em consideração nos grandes estudos jurídicos sobre prescrição no Brasil; o segundo, é demonstrar que, embora o nosso ordenamento jurídico compreenda a imprescritibilidade como exceção, não são poucas as situações de imprescritibilidade; o terceiro, é salientar que o Direito objetivo não prescreve, nem cabe falar em pretensão de direito material nos direitos com objetos difusos, que devem ser pensados apenas sob a perspectiva objetiva.

No âmbito do Direito Ambiental, que é um exemplo típico de direito com objeto difuso (mas não o único), na falta de norma sobre prescrição para determinadas situações como ocorrem com os danos ambientais, pois a Lei n. 6.938/1981, que instituiu um novo regime de responsabilidade civil pelo dano ambiental, foi omissa acerca de prescrição, pode-se apontar a existência de três correntes: a) há prescrição nos prazos definidos na lei civil; b) há prescrição no prazo de cinco anos estabelecido para o microssistema dos processos coletivos, mais especificamente, pela Lei da Ação Popular (Lei n. 4.717/1965); c) não há incidência de prescrição (são imprescritíveis).

Para a primeira corrente, incidiria sobre as supostas pretensões dos direitos com objeto difuso ambientais o prazo prescricional de 3 (três) anos, estabelecido para a pretensão de reparação civil, entendida esta como a indenização a ser paga normalmente em dinheiro, dos danos decorrentes do ato ilícito não contratual[542] — art. 206 do Código

---

(540) CAMARA LEAL, Antônio Luíz da. *Da prescrição e da decadência.* 2. ed. Rio de Janeiro: Forense, 1959. p. 51.
(541) AMORIM FILHO, Agnelo. Critério científico para distinguir a prescrição da decadência e para identificar as ações imprescritíveis. *Revista Forense,* Rio de Janeiro: Forense, n. 193, p. 30-49, em especial p. 47, jan./fev./mar. 1961.
(542) Conforme CARNEIRO, Athos Gusmão. Prescrição trienal e reparação civil. *Revista de Direito Bancário e do Mercado de Capitais,* v. 49, p. 15, jul. 2010.

Civil[543]; ou, assim não se entendendo, a do prazo geral de 10 (dez) anos, estabelecido pelo art. 205 do mesmo Código[544], quando a lei não lhe haja fixado prazo menor (regra geral de fechamento), estabelecendo um prazo geral de prescrição, incidente nos casos omissos.

Essa linha de pensamento parte da premissa de que não há, em regra, pretensões imprescritíveis, salvo norma especial expressa.[545] Defende Luís Roberto Barroso[546] que o fato de não haver uma norma dispondo especificamente acerca do prazo prescricional, em determinada hipótese, não confere a qualquer pretensão a nota da imprescritibilidade. Conforme Antônio Herman Benjamin[547], caberá ao intérprete buscar, no sistema normativo, por interpretação extensiva ou por analogia, o prazo aplicável.

Nega, porém, Barroso[548], a aplicação supletiva do Direito Civil, sob o argumento de que, com o fenômeno da publicização das relações privadas, sobretudo, pela introdução de normas de ordem pública na sua disciplina, tem-se verificado fenômeno oposto à subsidiariedade do direito civil nas relações de direito público.

Todavia, não constitui impedimento absoluto a aplicação do Código Civil como lei geral supletiva, nem da premissa se pode extrair a conclusão da inexistência de prescrição no âmbito do Direito público.

A aplicação, ao Direito Ambiental, das regras de prescrição do Direito Privado, conforme aventa Barbosa[549], implicaria garantir à geração atual um direito adquirido de poluir. De acordo com Tesheiner, "é falso, porém, que a tese da prescrição no Direito Ambiental implica reconhecimento do direito de poluir, tanto quanto é falso afirmar-se que o Direito Civil assegura o direito de causar dano a outro, por sujeitar à prescrição a pretensão de ressarcimento".[550]

A segunda corrente sustenta que se aplica aos direitos com objeto difuso a prescrição quinquenal, sendo que, sempre que os fatos e os fundamentos jurídicos da ação civil pública, forem referentes a uma relação de Direito Administrativo, incidirá o Decreto n. 20.910/1932 e, nos demais casos, incide o prazo prescricional fixado na Lei da Ação Popular, igualmente pelo período de cinco anos, conforme esclarece e defende Facci.[551]

---

(543)   Código Civil, Art. 206. "Prescreve: [...]
§ 3º Em três anos:
[...]
V — a pretensão de reparação civil; [...]".
(544)   Código Civil, Art. 205. "A prescrição ocorre em dez anos, quando a lei não lhe haja fixado prazo menor".
(545)   PONTES DE MIRANDA. *Tratado de direito privado*. Rio de Janeiro: Borsoi, 1955. t. 6, p. 127.
(546)   BARROSO, Luís Roberto. Prescrição administrativa: autonomia do direito administrativo e inaplicabilidade da regra geral do civil. *Revista dos Tribunais*, v. 779, p. 113, set.2000.
(547)   BENJAMIN, Antônio Herman. Responsabilidade civil pelo dano ambiental. *Revista de Direito Ambiental*, São Paulo: Revista dos Tribunais, v. 9. p. 5, jan. 1998.
(548)   BARROSO, Luís Roberto. Prescrição administrativa: autonomia do direito administrativo e inaplicabilidade da regra geral do Código Civil. *Revista dos Tribunais*, v. 779, p. 113, set.2000.
(549)   BARBOSA, Haroldo Camargo. O instituto da prescrição aplicado à reparação dos danos ambientais. *Revista de Direito Ambiental*, v. 59, p. 124-149, jul.-set. 2010.
(550)   Artigo inédito cedido gentilmente pelo autor.
(551)   FACCI, Lúcio Picanço. Do prazo prescricional para o ajuizamento de ação civil pública. RAGU 20/217.

O Decreto n. 20.910/1932 estabelece:

Art. 1º As dívidas passivas da União, dos Estados e dos Municípios, bem assim todo e qualquer direito ou ação contra a Fazenda federal, estadual ou municipal, seja qual for a sua natureza, prescrevem em (cinco) anos, contados da data do ato ou fato do qual se originarem.

Os termos desse Decreto são suficientemente amplos para submeter à prescrição quinquenal pretensões a condenações da Fazenda Pública, inclusive, quando fundadas em dano ambiental. Dispõem Didier e Zaneti[552] que, "ocorrendo previsão de prazo específico na legislação extravagante, como ocorre no caso da prescrição das ações em face da Fazenda Pública, disciplinada pelo Decreto n. 20.910/1932 (art. 1º) e complementado pelo Decreto-Lei n. 4.597/1942, este é o prazo aplicável".

Tesheiner[553] questiona a adequação dessa norma, "para abranger, por analogia, pretensões contra pessoas físicas e pessoas jurídicas de Direito privado, tendo em vista o tratamento especial e diferenciado de longa data estabelecido pelo nosso Direito para a Fazenda Pública". Frise-se que a aplicação do prazo prescricional previsto no Decreto n. 20.910/1932 supõe ação contra o Poder Público.

Andrade[554] sustenta que a prescrição ocorre no prazo de cinco anos, mas, por outros argumentos, dentre os quais o princípio da dignidade humana, "se o art. 146, III, *b*, da CF/1988 prevê a prescrição de créditos tributários e se a ordem constitucional vigente prevê o respeito profundo ao princípio da dignidade humana, à segurança jurídica e à duração razoável do processo, não se pode admitir que o dano causado ao erário fique imune à prescrição. A prescrição da pretensão de ressarcimento de dano ao erário ocorrerá em cinco anos".

Em sentido contrário, Daniel Amorim Assumpção Neves[555] sustenta que "a doutrina majoritária, entretanto, reconhece que a única interpretação possível do art. 37, § 5º, da Constituição, independentemente do método adotado, é pela imprescritibilidade da pretensão de ressarcimento de danos suportados pelo Erário".

De acordo com Tesheiner[556], "a Hermenêutica tem limites, e não pode ir ao ponto de transformar uma negação em afirmação, e vice-versa, nem pode destruir a Constituição, fundamento de nosso sistema jurídico, paradoxalmente afirmando a inconstitucionalidade da própria Constituição".

Nas relações que não forem de Direito Administrativo (em que incidiria o Decreto n. 20.910/1932), a segunda corrente entende que incide o prazo prescricional fixado na Lei da Ação Popular (Lei n. 4.717/1965, art. 21), igualmente pelo período de cinco anos.

---

(552) DIDIER JÚNIOR, Fredie; ZANETI JÚNIOR, Hermes. *Curso de direito processual civil:* processo coletivo. 5. ed. Salvador: Juspodivm, 2010. v. 4, p. 286.
(553) Artigo inédito cedido gentilmente pelo autor.
(554) ANDRADE, Marcelo Santiago de Pádua. *Revista de Processo*, São Paulo: Revista dos Tribunais, n. 197, p. 145-163, jul. 2011.
(555) NEVES, Daniel Amorim Assumpção. *Manual de processo coletivo*. Rio de Janeiro: Forense; São Paulo: Método, 2014. p. 479. Volume único.
(556) Artigo inédito cedido gentilmente pelo autor.

Na ação popular, o cidadão é legitimado para a defesa de direitos com objeto difuso que visem a anular ato lesivo: a) ao patrimônio público ou de entidade de que o Estado participe; b) à moralidade administrativa; c) ao meio ambiente; d) ao patrimônio histórico e cultural, conforme art. 5º, LXXIII, da Constituição Federal e art. 1º da Lei n. 4.717/1965.

Ainda que "qualquer cidadão" seja parte legítima para propor essa ação[557], ela visa a tutelar os direitos com objeto difuso acima elencados, que transcendem os direitos individuais do(s) cidadão(s) que ajuízam essa ação, alcançando toda uma coletividade formada por pessoas indeterminadas.[558]

De acordo com o art. 21 da Lei n. 4.717/1965, que regula ação popular: "A ação prevista nesta Lei prescreve em 5 (cinco) anos".

O equívoco do legislador da Lei n. 4.717/1965 possui reflexos significativos e, por isso, causa tantas controvérsias. O legislador da Lei n. 4.717/1965 confunde os planos de direito material e de direito processual, visto que a prescrição situa-se no plano de direito material, uma vez que seu objeto é a pretensão de direito material, e a "ação" processual situa-se no plano de direito processual. Ademais, a ação em sentido processual não prescreve. O que prescreve é a pretensão de direito material, quando existir.

Parte da doutrina e da jurisprudência, tentando salvar o art. 21 da Lei n. 4.717/1965, tem sustentado que se trata de prazo de decadência, em vez de prescrição.

Nesse sentido, segundo Tesheiner[559], "esse prazo nem sequer é de prescrição, mas de decadência. Trata-se de perda do direito de obter a decretação da nulidade de ato administrativo, motivo por que incabível sua aplicação para reger a prescrição de pretensões ressarcitórias". De fato, não há como falar de prescrição de direitos que não são "armados" de pretensão de direito material.

Separando os institutos com base nas tutelas jurisdicionais, Didier e Zaneti[560] entendem que, "por óbvio, no caso da ação popular teremos prescrição, quanto ao pedido condenatório, e decadência do pedido constitutivo (mais exatamente, desconstitutivo)".

Nessa linha, o Superior Tribunal de Justiça[561] entendeu que esse prazo é decadencial sob o fundamento de que o pronunciamento jurisdicional proferido na ação popular tem

---

(557) TESHEINER, José Maria Rosa; ROCHA, Raquel Heck Mariano da. Partes e legitimidade nas ações coletivas. *Revista de Processo*, São Paulo: Revista dos Tribunais, n. 180, p. 14-15, fev. 2010.
(558) ZAVASCKI, Teori Albino. *Processo coletivo:* tutela de direitos coletivos e tutela coletiva de direitos. 4. ed. São Paulo: Revista dos Tribunais, 2009. p. 79. Nesse sentido, também: SILVA, José Afonso da. *Ação popular constitucional*. São Paulo: Revista dos Tribunais, 1968. p. 2.
(559) Artigo cedido gentilmente pelo autor.
(560) DIDIER JÚNIOR, Fredie; ZANETI JÚNIOR, Hermes. *Curso de direito processual civil: processo coletivo*. 5. ed. Salvador: Juspodivm, 2010. v. 4, p. 283. Acerca do dissenso sobre a natureza prescricional ou decadencial do prazo do art. 21 da Lei n. 4.717/65, ver também MANCUSO, Rodolfo de Camargo. *Ação popular*. São Paulo: Revista dos Tribunais, 1998. p. 265.
(561) SUPERIOR TRIBUNAL DE JUSTIÇA. 2ª Turma, REsp 258.122-PR, Rel. Min. João Otávio de Noronha, DJ 27.2.2007.

natureza constitutiva e condenatória, mas a condenação para reparação do patrimônio público atingido pelo ato impugnado apresenta-se com efeito subsequente e dependente da desconstituição por ato tido por ilegal e, por consequência, de sua lesividade. Isso porque a hipótese versada nas ações populares cuida de alterar uma situação jurídica criada pelos sujeitos passivos à coletividade, situação essa que se busca seja desconstituída, gerando, consequentemente, uma sentença constitutiva. Esse entendimento averba que a eficácia preponderante, principal, na ação popular, é constitutiva negativa (desconstituição do ato ilegal) e, por isso, o prazo de cinco anos é decadencial, não prescricional.

De acordo com Arenhart[562], não se trata de prescrição, mas de um prazo para utilização do procedimento da ação popular: "é evidente, portanto, que não há prescrição em cinco anos da ação popular, pois isso implicaria dizer que uma determinada pretensão pode ser extinta nesse prazo. A intenção da lei, porém, é bem outra, buscando simplesmente dizer que o emprego daquele tipo definido de procedimento só pode ser utilizado em até cinco anos".

As matérias passíveis de cabimento em ação popular (acima elencadas) são, por vezes, veiculadas em ações civis públicas. Note-se que a Lei n. 7.347/1985 e as demais leis que dispõem sobre a ação civil pública[563] nada dispõem sobre a existência de prescrição ou decadência nas ações civis públicas e, em caso positivo, qual seria o respectivo prazo.[564]

Ao relatar o julgamento do Recurso Especial n. 1.084.916/RS, ocorrido em 29.6.2009, o Ministro Luiz Fux[565] fez um paralelo entre as ações civis públicas e as ações populares e entendeu que tais ações compõem um microssistema de tutela de direitos difusos e, por isso, devem ter o mesmo prazo prescricional.[566]

---

(562) ARENHART, Sérgio Cruz. O regime da prescrição em ações coletivas. In: GOZZOLI, Maria Clara; CIANCI, Mirna; CALMON, Petrônio; QUARTIERI, Rita (coord.). *Em defesa de um novo sistema de processos coletivos:* estudos em homenagem a Ada Pellegrini Grinover. São Paulo: Saraiva, 2010. p. 599-617, em especial p. 608.
(563) Quanto à classificação da ação civil pública quanto ao plano topográfico-normativo, ver MORAES, Voltaire de Lima. *A ação civil pública:* alcance e limites da atividade jurisdicional. Porto Alegre: Livraria do Advogado, 2007. p. 35-38.
(564) COIMBRA, Rodrigo. A prescrição e a decadência na tutela de direitos transindividuais. In: TESHEINER, José Maria Rosa (org.). *Processos coletivos.* Porto Alegre: HS, 2012. p. 226-257, em especial p. 245.
(565) "[...] 2. A Ação Civil Pública e a Ação Popular compõem um microssistema de tutela dos direitos difusos onde se encartam a moralidade administrativa sob seus vários ângulos e facetas. Assim, à míngua de previsão do prazo prescricional para a propositura da Ação Civil Pública, inafastável a incidência da analogia *legis*, recomendando o prazo quinquenal para a prescrição das Ações Civis Públicas, tal como ocorre com a prescritibilidade da Ação Popular, porquanto *ubi eadem ratio ibi eadem legis dispositio*. In: SUPERIOR TRIBUNAL DE JUSTIÇA. Precedentes do STJ: Resp. n. 890.552-MG, relator Ministro José Delgado, DJ DE 22.3.2007, e Resp. 406.545-SP, relator Ministro Luiz Fux, DJ de 9.12.2002 [...]".
(566) Esse entendimento é embasado pela doutrina de Hely Lopes Meirelles, que, após explicitar importantes diferenças entre as ações civis públicas e as ações populares, também as considera parte de um mesmo sistema de defesa dos interesses difusos e coletivos, concluindo pela aplicabilidade em relação às ações civis públicas, por analogia, do prazo prescricional de cinco anos, previsto para as ações populares: "A natureza distinta das sentenças proferidas nesses dois tipos de ações, aliadas às diferenças na legitimidade para as causas numa e noutra hipótese, nos leva à conclusão de que não cabe ação civil pública com pedido típico de ação popular, e vice e versa. Não obstante, vem se repetindo na prática diária do foro casos em que essas distinções não são observadas pelos autores de ações civis públicas, e já existe jurisprudência considerável sobre o tema. Apesar das diferenças entre as ações civis públicas e as ações populares, que não podem ser desprezadas, é inegável, porém,

De qualquer forma, "certo é que é remota a semelhança entre uma pretensão à decretação da nulidade de um ato administrativo e uma pretensão que é de ressarcimento e exercida contra uma pessoa física ou jurídica de direito privado. Nessas condições, cabe a aplicação analógica somente na falta de outra melhor", conforme destaca Tesheiner.[567]

Portanto, a ação processual não está sujeita nem à prescrição nem à decadência. O legislador, ao dizer que a ação popular "prescreve em 5 (cinco) anos" (art. 21 da Lei n. 4.717/1965), confundiu os planos de direito material e de direito processual, pois *a prescrição extingue a pretensão*[568] *(a anulação de ato administrativo, por exemplo), que se encontra no plano de direito material.*

Para a terceira corrente, no que concerne às violações ao meio ambiente (direitos difusos por excelência) o entendimento é de que sobre eles não incide prescrição.

Predomina, na doutrina especializada em Direito Ambiental, a ideia de que não há incidência de prescrição somente em relação ao chamado dano ambiental coletivo ou dano ambiental propriamente dito — causado ao ambiente globalmente considerado, em sua concepção difusa.

Partindo da compreensão de que o dano ambiental pode ser subjetivo quando atinge bens particulares, e somente objetivo quando atinge o chamado "macrobem", Barbosa[569] afirma que incidem as regras de direito civil referentes à prescrição, quando o dano atinge bens particulares (dano ambiental subjetivo) e, ocorrendo dano ao macrobem (dano patrimonial objetivo), aplicam-se as normas do microssistema do direito ambiental, donde a imprescritibilidade, porque nele inexistente regra como a do art. 205 do Código Civil.

Observando essa distinção, Milaré[570] sustenta a imprescritibilidade da pretensão reparatória do dano ambiental coletivo mediante os seguintes argumentos: a) não consta nosso ordenamento jurídico com disciplina específica em matéria prescricional; b) o direito ao meio ambiente ecologicamente equilibrado não é um direito patrimonial — muito embora seja passível de valoração, para efeito indenizatório — e só a pretensão envolvendo patrimoniais é que está sujeita à prescrição; e c) o direito ao meio ambiente ecologicamente equilibrado é direito fundamental e indisponível do ser humano (indisponibilidade).

---

que ambas fazem parte de um mesmo sistema de defesa dos interesses difusos e coletivos. As regras aplicáveis a ambas, assim, devem ser compatibilizadas e integradas numa interpretação sistemática. Dentro deste esforço de aproximação e coordenação das duas modalidades de ações, em virtude do silêncio da Lei n. 7.347/85, é de se ter como aplicável às ações civis públicas, por analogia, o prazo prescricional de cinco anos, previsto para as ações populares" (MEIRELLES, Hely Lopes. *Mandado de segurança*. 31. ed. São Paulo: Malheiros, 2008. p. 166-167).
(567) Artigo inédito gentilmente cedido pelo autor.
(568) WINDSCHEID, Bernard. La "actio" del derecho romano, desde el punto de vista del derecho actual. In: *Polemica sobre la "actio"*. Buenos Aires: Europa-America, 1974. p. 58.
(569) BARBOSA, Haroldo Camargo. O instituto da prescrição aplicado à reparação dos danos ambientais. *Revista de Direito Ambiental*, v. 59. p. 124-149, jul./set. 2010.
(570) MILARÉ, Édis. *Direito do ambiente:* a gestão ambiental em foco. 6. ed. São Paulo: Revista dos Tribunais, 2009. p. 1457.

Também nessa mesma linha de entendimento, Morato Leite[571] esclarece que a prescrição atinge apenas a pessoa individualizável, titular de um direito, que, pela sua inércia num determinado lapso temporal, tem a pretensão desse direito extinta. Todavia, "o meio ambiente ecologicamente equilibrado e sua tutela jurisdicional diz respeito precipuamente a interesses difusos, portanto indetermináveis quanto aos sujeitos".

Nery[572] sustenta que, "como os direitos difusos não têm titular determinável, não seria correto transportar-se para o sistema de indenização dos danos causados ao meio ambiente o sistema individualístico do Código Civil, apenando, dessa forma, toda a sociedade, que, em *ultima ratio*, é a titular ao meio ambiente sadio".

Por fundamentos diferentes, Arenhart[573] conclui pela não incidência de prescrição: "ao que parece, a tese mais adequada é sustentar a aplicação, ao caso, do regime oferecido pelo Código Civil para os direitos cujos titulares não podem exercer pretensão (a exemplo do que ocorre com o art. 198, inc. I, do CC). Nesse caso específico, embora o direito exista, porque o titular não pode exercer pessoalmente a pretensão –, como na hipótese do Código Civil, por ser absolutamente incapaz – não se pode cogitar de prescrição".

Partilhando do argumento da indisponibilidade dos direitos com objeto difuso, o Superior Tribunal de Justiça[574] julgou pela imprescritibilidade da pretensão de reparação de danos ambientais, destacando: "o direito ao pedido de reparação de danos ambientais, dentro da logicidade hermenêutica, está protegido pelo manto da imprescritibilidade, por se tratar de direito inerente à vida, fundamental e essencial à afirmação dos povos, ainda que não esteja expresso em texto legal".

Nesse julgamento, o Superior Tribunal de Justiça[575] destacou que "em matéria de prescrição, cumpre distinguir qual o bem jurídico tutelado: se eminentemente privado seguem-se os prazos normais das ações indenizatórias; se o bem jurídico é indisponível, fundamental, antecedendo a todos os demais direitos, pois sem ele não há vida, nem saúde, nem trabalho, nem lazer, considera-se imprescritível o direito à reparação". Segundo esse julgado, o dano ambiental inclui-se dentre os direitos indisponíveis e como tal está dentre os poucos acobertados pelo manto da imprescritibilidade a ação que visa reparar o dano ambiental.

Assevera Arenhart[576] que "pouco importa se o direito metaindividual em questão seja de caráter privado ou público. Porque seu titular é uma coletividade que não tem condições

---

(571) LEITE, José Rubens Morato. *Dano ambiental:* prevenção, repressão, reparação. São Paulo: Revista dos Tribunais, 1993. p. 291.
(572) NERY JUNIOR, Nelson; NERY, Rosa Maria de Andrade. *Código Civil anotado e legislação extravagante.* 2. ed. São Paulo: Revista dos Tribunais, 2003. p. 261; NERY, Rosa Maria de Andrade. *Indenização do dano ambiental: responsabilidade civil e ação civil pública.* Dissertação de mestrado. Pontifícia Universidade Católica de São Paulo, 1993. p. 56-57.
(573) ARENHART, Sérgio Cruz. O regime da prescrição em ações coletivas. In: GOZZOLI, Maria Clara; CIANCI, Mirna; CALMON, Petrônio; QUARTIERI, Rita (coord.). *Em defesa de um novo sistema de processos coletivos:* estudos em homenagem a Ada Pellegrini Grinover. São Paulo: Saraiva, 2010. p. 599-617, em especial p. 609.
(574) SUPERIOR TRIBUNAL DE JUSTIÇA. 2ª Turma, REsp. 1.120.117, Relatora: Min. Eliana Calmon, DJ 10.11.2009.
(575) SUPERIOR TRIBUNAL DE JUSTIÇA. 2ª Turma, REsp. 1.120.117, Relatora: Min. Eliana Calmon, DJ 10.11.2009.
(576) ARENHART, Sérgio Cruz. O regime da prescrição em ações coletivas. In: GOZZOLI, Maria Clara; CIANCI, Mirna; CALMON, Petrônio; QUARTIERI, Rita (coord.). *Em defesa de um novo sistema de processos coletivos:* estudos em homenagem a Ada Pellegrini Grinover. São Paulo: Saraiva, 2010. p. 599-617, em especial p. 609.

de expressar-se pessoalmente (tal qual um incapaz), não se lhe pode ser imputado o ônus da prescrição".

O conteúdo não patrimonial dos interesses difusos e o entendimento de que apenas pretensões de caráter patrimonial se sujeitam à prescrição é bastante ressaltado pela doutrina e pela jurisprudência, que defendem a imprescritibilidade do direito ao meio ambiente, afirmando Barbosa[577] que "as regras especiais de prescrição no âmbito do direito privado se referem a direitos patrimoniais, não havendo um só exemplo de direitos não patrimoniais prescritíveis". Morato Leite[578] relaciona o conteúdo não patrimonial à indisponibilidade do ser humano, que não está diante de direito patrimonial, mas de direito não patrimonial, indisponível ao ser humano, por isso, não atingível pela prescrição.

Esse viés também é aceito por Tesheiner[579], que afirma: "Certo, o direito ao meio ambiente sadio não tem caráter patrimonial e é imprescritível", advertindo, contudo, que "a proibição de poluir pode ser imposta sempre, porque tem em conta a situação atual, e não fatos ocorridos no passado", pois, do contrário, "se poderia imaginar que os poluidores antigos estariam sempre cobertos pela cláusula constitucional do direito adquirido, daí concluindo que, uma vez autorizada administrativamente determinada atividade que se revelasse prejudicial ao meio ambiente, nenhuma alteração ou limitação se lhe poderia impor posteriormente".

Enfrentando essa matéria, o Superior Tribunal de Justiça[580] levou em consideração a distinção acima explicitada e salientou que não se pode aplicar aos direitos difusos o mesmo raciocínio jurídico que se utiliza para os direitos patrimoniais em termos de prescrição: "Não se pode aplicar entendimento adotado em ação de direitos patrimoniais em ação que visa à proteção do meio ambiente, cujos efeitos danosos se perpetuam no tempo. Tratando-se de direito difuso — proteção ao meio ambiente — a ação é imprescritível".

Do ponto de vista da adequada compreensão do binômio direito e processo — aqui são relações entre processo e "direitos fundamentais", conforme Molinaro Milhoranza[581] —, o Superior Tribunal de Justiça, ao dizer nesse julgado que "a ação é imprescritível", confunde

---

(577) BARBOSA, Haroldo Camargo. O instituto da prescrição aplicado à reparação dos danos ambientais. *Revista de Direito Ambiental,* v. 59, p. 124-149, jul./set. 2010.
(578) LEITE, José Rubens Morato. O dano moral ambiental e sua reparação. *Revista de Direito Ambiental*, São Paulo: Revista dos Tribunais, n. 4, p. 61, out.1996.
(579) Artigo inédito gentilmente cedido pelo autor.
(580) SUPERIOR TRIBUNAL DE JUSTIÇA. 2ª Turma, Ag. Reg. no REsp. 1.150.479, Relator: Min. Humberto Martins, DJ 4.10.2011.
(581) MOLINARO, Carlos Alberto; MILHORANZA, Mariângela Guerreiro. Processo e direitos fundamentais — brevíssimos apontamentos. *Revista Brasileira de Direito Processual*, Belo Horizonte: Fórum, n. 79, p. 127-145, em especial p. 128, jul./set. 2012. No contexto das relações entre processo e direitos fundamentais, os autores destacam a prescrição e a decadência: "O processo tem curso no tempo, nele progride e se expande, mas por vezes se contrai, para novamente dilatar-se, são os seus ritmos. Os direitos, deveres, pretensões, obrigações, ações e exceções (a clássica sena pontiana), postos na ambiência processual, são exercidos ao longo do tempo; neste cenário é da sua incidência as determinantes, *v. g.*, da prescrição ou da decadência (institutos sabidamente de direito material, mas que se realizam e se concretizam dentro do processo). Nesse sentido, a temporalidade e o acesso ao processo justo e célebre induz a presente reflexão sobre as relações entre processo e direitos fundamentais" (p. 128).

os planos de direito material e de direito processual, pois a prescrição pertence ao plano de direito material, e ação em sentido processual — que se encontra no plano de direito processual — não prescreve.

Assim, observada a melhor técnica jurídica[582], nem seria própria a expressão "pretensão", quando se trata de direitos com objeto difuso.

O direito ao meio ambiente é um direito com objeto difuso típico, e a doutrina e a jurisprudência especializada já perceberam a importância e a necessidade de enfrentar o tema da prescrição, conforme acima exposto.

Em relação a outras áreas do Direito, a matéria ainda não tem tido a mesma repercussão, como, por exemplo, nos casos de direito com objeto difuso nas relações de consumo e nas relações de trabalho.

Embora das relações de consumo emanem frequentes casos de direitos individuais homogêneos, delas emanam também direitos com objeto difuso, como no exemplo da propaganda enganosa ou abusiva (prevista nos arts. 6º, IV, e 37 do Código de Defesa do Consumidor), que atinge um número indeterminado de pessoas. Outro exemplo é a colocação no mercado de produtos com alto grau de nocividade ou periculosidade à saúde ou à segurança dos consumidores, o que é vedado pelo art. 10 do Código de Defesa do Consumidor. [583]

Em outro exemplo, apreciando caso de comercialização de cerveja com teor alcoólico, ainda que inferior a 0,5% em cada volume, com informação ao consumidor, no rótulo do produto, de que se trata de bebida sem álcool, o Superior Tribunal Superior de Justiça[584] entendeu que tal informação, a par de inverídica, vulnera o disposto nos arts. 6º e 9º do CDC, ante o risco à saúde de pessoas indeterminadas, impelidas ao consumo.

Nesses casos, o direito é indivisível e os titulares são indeterminados, não havendo entre eles uma relação jurídica base, mas mera circunstância de fato.

Em todos esses casos e nos demais em que haja violação de direito do consumidor com objeto difuso, havendo a presença das típicas características de indivisibilidade e indisponibilidade do objeto, bem como indeterminação dos sujeitos, não há incidência de prescrição por ausência de pretensão material dos sujeitos do direito.

Nas relações de trabalho, ainda que o Direito Coletivo do Trabalho contemple os exemplos talvez mais típicos de direito coletivo *stricto sensu* — de que seja titular categoria ou grupo de pessoas ligadas entre si ou com a parte contrária por uma relação jurídica base, que, no caso, geralmente é o contrato de emprego —, há também direitos com objeto difuso.

---

(582) Conforme entendimento consagrado por Windscheid (WINDSCHEID, Bernard. La "actio" del derecho romano, desde el punto de vista del derecho actual. In: *Polemica sobre la "actio"*. Buenos Aires: Europa-America, 1974. p. 58) e seguido pelo Código Civil brasileiro de 2002.
(583) WATANABE, Kazuo et al. *Código brasileiro de defesa do consumidor*: comentado pelos autores do anteprojeto. 6. ed. Rio de Janeiro: Forense Universitária, 1999. p. 720.
(584) SUPERIOR TRIBUNAL DE JUSTIÇA. 3ª Turma, REsp 1181066, Relator Ministro Vasco Della Giustina, DJ 15.3.2011.

Vejam-se alguns exemplos de direitos com objeto difuso oriundos das relações de trabalho: a) greve em serviços ou atividades essenciais, em que as atividades inadiáveis da comunidade não são atendidas pelos sujeitos da relação de trabalho — empregados e empregadores, causando prejuízos à coletividade[585]; b) tutela inibitória (obrigação de não fazer) com relação a uma empresa que exige dos inúmeros e indeterminados candidatos a emprego (portanto, antes de haver vínculo jurídico) certidão negativa da Justiça do Trabalho sobre a inexistência do ajuizamento de eventual ação trabalhista[586]; c) discriminação na seleção para vaga de emprego (portanto, antes de haver vínculo jurídico de emprego), atingindo pessoas indeterminadas, como em relação a negros ou portadores de deficiências físicas, mulheres grávidas, idosos, índios, estrangeiros, menores, ou a prática de qualquer outro tipo de discriminação vedada pela Constituição Federal.[587]

Outro exemplo de direitos com objeto difuso na área trabalhista é a situação de redução análoga à condição de escravo, com atuação dos Auditores Fiscais do Trabalho, do Ministério Público do Trabalho e de Juízes do Trabalho.[588] Conforme Fava[589], "dispensável é ponderar a impossibilidade de defesa individual dos interesses desses trabalhadores, semicidadãos, isolados, desamparados e combalidos pela submissão escravocrata. As

---

(585) A coletividade organizada historicamente se revelou apta para contrabalançar o poder negocial do empregador e possui papel de destaque na formação do Direito do Trabalho. "Sem a luta dos sindicatos, possivelmente sequer existiria o Direito do Trabalho, ao menos tal como se o conhece hoje" (DORNELES, Leandro do Amaral D. de. O direito das relações coletivas de trabalho e seus fundamentos principais: a liberdade associativa laboral. *Revista do Tribunal Superior do Trabalho*, Brasília, v. 76, n. 2, p. 84-108, em especial p. 90, abr./jun. 2010).
(586) Trata-se da prática conhecida por "listas negras" de empregados que litigam na Justiça do Trabalho, os quais, ante a divulgação de seus nomes, perdem a chance de conquista de novo posto de trabalho. O Tribunal Superior do Trabalho, buscando evitar a utilização de sua base de dados para esse fim, proibiu, a partir de 2003, a consulta de processos a partir do nome do reclamante.
(587) Esses exemplos, entre outros, são indicados por MELO, Raimundo Simão de. *Ação civil pública na Justiça do Trabalho*. 4. ed. São Paulo: LTr, 2012. p. 31-32. A discriminação nas relações de trabalho se dá quando o empregador aplica critérios irrelevantes para desempenho de determinado trabalho (não reconhecendo a contribuição objetiva do trabalho realizado), ofendendo a dignidade humana do trabalhador, conforme COIMBRA, Rodrigo; ARAUJO, Francisco Rossal de. *Direito do Trabalho — I*. São Paulo: LTr, 2014. p. 170; Nessa trilha, Luciane Cardoso Barzotto pondera que "o ser trabalhador não quer ser identificado por suas peculiaridades além trabalho, como homem ou mulher, crente ou não" (BARZOTTO, Luciane Cardoso. Trabalho e igualdade: tipos de discriminação no ambiente de trabalho. In: BARZOTTO, Luciane Cardoso (coord.). *Igualdade e discriminação no ambiente de trabalho*. Porto Alegre: Livraria do Advogado, 2012. p. 37).
(588) O Projeto de Lei n. 146/2012, de iniciativa do Senado Federal, visa a alterar a Lei n. 9.008, de 21 de março de 1995, para incluir, dentre as finalidades do Fundo de Defesa de Direitos Difusos, a reparação dos danos causados no âmbito das relações do trabalho, e a Lei n. 7.347, de 24 de julho de 1985, para dispor sobre a destinação dos recursos financeiros provenientes de multas fixadas em condenação de ações civis públicas que envolvam danos causados a bens e direitos coletivos ou difusos de natureza trabalhista em ações de prevenção e de combate ao trabalho escravo. Conforme a exposição de motivos desse Projeto de Lei, segundo o Ministério Público do Trabalho, há cerca de 20 mil trabalhadores atuando em condição análoga à escravidão. O trabalho escravo, no Brasil, atinge a população mais vulnerável, composta por analfabetos, sendo a forma de ocorrência mais comum a servidão por dívida, sucessora imediata da clássica escravidão dos afrodescendentes. Sobre o tema, ver: MATTJE, Emerson Tyrone. *Expressões contemporâneas de trabalho escravo:* sua repercussão penal no Brasil. Santa Cruz: EDUNISC, 2006. p. 11-25.
(589) FAVA, Marcos Neves. *Ação civil pública trabalhista*. São Paulo: LTr, 2005. p. 104.

hipóteses de violação encetam direitos difusos — resumidos pela proteção da ordem jurídica justa — e individuais homogêneos — consistentes nos créditos individuais dos trabalhadores, para quitação de salário, descanso remunerado, adicionais de pagamento por trabalho insalubre ou perigoso etc.".

Quando se tratar de direito trabalhista com objeto difuso, com todas as características típicas de indivisibilidade e indisponibilidade do objeto e de indeterminação dos sujeitos, igualmente não haverá incidência de prescrição, por ausência de pretensão material dos sujeitos do direito.

Corroborando com parte da fundamentação ora exposta, Xisto Tiago de Medeiros Neto[590] sustenta que na seara dos direitos transindividuais "já que não se traduzem como direitos equivalentes 'a crédito', é inconcebível, pois, falar-se em aplicação do instituto da prescrição, diante do sistema e modelo teórico que lhes são peculiares". O autor destaca que a indisponibilidade dos direitos transindividuais está ligada à indiscutível fundamentalidade dos bens e valores tutelados, razões pela qual "não poderiam submeter-se, quanto à possibilidade de tutela judicial, a uma limitação extintiva de natureza temporal", uma vez que "traduziria um *non sense*, a ferir a lógica e os princípios que imantam o sistema jurídico, aceitar-se a inviabilidade de serem tutelados, pelo decurso do tempo, direitos que, direta ou indiretamente, postam-se na órbita de proteção reconhecidas à dignidade humana, de maneira especial aqueles de dimensão coletiva".

Outro aspecto que deve ser ressaltado é a continuidade das lesões aos direitos transindividuais no tempo, de forma que seus efeitos danosos comumente perpetuam-se no tempo, revelando a incompatibilidade da aplicação do instituto da prescrição em tais casos[591].

Conforme o disposto no art. 7º, inciso XXIX, da Constituição Federal, os trabalhadores urbanos e rurais[592] têm direito de "ação, quanto aos créditos resultantes das relações de trabalho, com prazo prescricional de cinco anos para os trabalhadores urbanos e rurais, até o limite de dois anos após a extinção do contrato de trabalho".

Trata-se de prazos sucessivos, sendo que o prazo de dois anos é contado da data de extinção do contrato de trabalho (portanto, esse prazo só incide sobre contratos extintos), e o prazo de cinco anos é contado da data de ajuizamento da ação trabalhista, tudo conforme o disposto na Súmula n. 308, I, do Tribunal Superior do Trabalho.[593]

---

(590) MEDEIROS NETO, Xisto Tiago de. *Dano moral coletivo*. 3. ed. São Paulo: LTr, 2012. p. 243-244.
(591) *Ibidem*, p. 244.
(592) Os rurais passaram a ter a mesma normatização de prescrição dos urbanos a partir da EC n. 28/2000.
(593) TRIBUNAL SUPERIOR DO TRABALHO, Súmula n. 308: PRESCRIÇÃO QUINQUENAL (Resolução n. 129/2005 do TST, DJ 20, 22 e 25.4.2005): "I. Respeitado o biênio subsequente à cessação contratual, a prescrição da ação trabalhista concerne às pretensões imediatamente anteriores a cinco anos, contados da data do ajuizamento da reclamação e, não, às anteriores ao quinquênio da data da extinção do contrato".

A hipossuficiência ou vulnerabilidade dos trabalhadores[594] merece atenção na análise concreta da violação dos direitos com objeto difuso no âmbito trabalhista também no que tange a análise de prescrição, especialmente no que diz respeito ao marco inicial da contagem para quem entende pela incidência de prescrição.

Note-se que a Constituição alude à "ação quanto aos créditos resultantes da relação de trabalho"[595], conceito incompatível com a natureza extrapatrimonial e transindividual dos direitos com objeto difuso, conforme já estudado. Dito de outro modo, os prazos prescricionais para as relações de trabalho, tal como determinado pela Constituição Federal, incidem sobre os "créditos" resultantes da relação de trabalho e as ações coletivas que tutelam direitos trabalhistas com objeto difuso não pleiteiam "créditos" (direitos patrimoniais), portanto, mais uma razão para a imprescritibilidade nesses casos também, demonstrando que o dispositivo constitucional que prevê a regra geral dos prazos prescricionais trabalhistas no Brasil foi pensado exclusivamente para direitos patrimoniais, sendo inadequado para ser aplicado aos direitos com objeto difuso.

Neste sentido, Vera Regina Loureiro Winter[596], tratando de ações civis públicas na Justiça do Trabalho, sustenta que as ações civis públicas são imprescritíveis porque "apenas os direitos patrimoniais são passíveis de prescrição".

O fato de, na ação coletiva, existir pedido de indenização por dano moral coletivo[597] não significa que a demanda trate de direitos patrimoniais e muito menos de direitos individuais disponíveis. A indisponibilidade do objeto do direito tutelado é essencial para a tese de imprescritibilidade dos direitos trabalhistas com objeto difuso.[598]

---

(594)   Alguns autores preferem a expressão vulnerabilidade, sob o argumento que ela seria mais ampla que a de hipossuficiência econômica, pois abrange um maior número de variáveis na sua definição, sendo mais adequada para abranger a maior diversificação e complexidade das relações de trabalho pós-industriais, na linha de proteção dos vulneráveis do novo Direito Privado: MARQUES, Lima Cláudia. MIRAGEM, Bruno. *O novo direito privado e a proteção dos vulneráveis*. São Paulo: Revista dos Tribunais, 2012; DORNELES, Leandro do Amaral Dorneles de. O direito das relações coletivas de trabalho e seus fundamentos principais: a liberdade associativa laboral. *Revista do Tribunal Superior do Trabalho*, Brasília, v. 76, n. 2, p. 84-108, em especial p.88, abr./jun. 2010.
(595)   Art. 7º, inciso XXIX, da Constituição Federal de 1988.
(596)   WINTER, Vera Regina Loureiro. *Síntese Trabalhista*, n. 65, Porto Alegre: Síntese, p. 17-26, nov. 1994.
(597)   Sobre o dano moral coletivo na esfera trabalhista, ver: MEDEIROS NETO, Xisto Tiago de. *Dano moral coletivo*. 3. ed. São Paulo: LTr, 2012. p. 187-188; ROMITA, Arion Saião. Dano moral coletivo. *Revista do Tribunal Superior do Trabalho*, v. 73, n. 2, p. 79-87, abr./jun. 2007; BELMONTE, Alexandre Agra. Responsabilidade por danos morais nas relações de trabalho. *Revista do Tribunal Superior do Trabalho*, Brasília, v. 73, n. 2, p. 158-185, abr./jun. 2007; DALLEGRAVE NETO, José Affonso. Controvérsias sobre o dano moral trabalhista. *Revista do Tribunal Superior do Trabalho*, v. 73, n. 2, p. 186-202, abr./jun. 2007; MARTINEZ, Luciano. O dano moral social no âmbito trabalhista. *Revista do Tribunal Regional do Trabalho da 14ª Região*, Porto Velho, v. 6, n. 2, p. 553-572, jul./dez. 2007; Sobre a reparação dos danos trabalhistas e a extensão da ideia de dano a fim de compreender uma conduta de estatal de repressão adequada ver SOUZA, Rodrigo Trindade de. *Punitive damages* e o direito do trabalho brasileiro: adequação das condenações punitivas para a necessária repressão da delinquência patronal. *Revista do Tribunal Regional do Trabalho da 4ª Região*, Porto Alegre, v. 38, p. 173-202, em especial p. 190-194, 2010.
(598)   LEITE, Carlos Henrique Bezerra. *Ministério Público do Trabalho:* doutrina, jurisprudência e prática. 2. ed. rev. e atual. São Paulo: LTr, 2002. p. 230-231; OLIVEIRA, Francisco Antônio de. Da ação civil pública: instrumento de cidadania. *Revista LTr*, São Paulo: LTr, v. 61, n. 7, p. 885, jul. 1997.

Nesse sentido, a 1ª Turma do Tribunal Superior do Trabalho[599] entendeu que "a imprescritibilidade da Ação Civil Pública justifica-se pela natureza indisponível do direito tutelado" e que "a eventual celebração de acordo pelo Ministério Público não tem o condão de transformar a natureza do direito indisponível, tutelado de forma a torná-lo um direito disponível".

Também nessa linha, em ação civil pública envolvendo dano moral coletivo, a 1ª Turma do Tribunal Regional do Trabalho da 4ª Região[600] manteve a sentença de origem que afastou a prescrição arguida pela ré pelo fundamento de que a demanda não tratava "de direitos patrimoniais, mas de direitos difusos, e não envolvia direitos individuais disponíveis, mas direitos difusos indisponíveis". A empresa ré recorreu sustentando que a demanda envolve direito patrimonial na medida em que houve condenação ao pagamento de indenização por dano moral coletivo, requerendo a aplicação dos prazos prescricionais previstos no art. 7º, XXIX, da Constituição e a consequente extinção do processo com julgamento do mérito. O Tribunal Regional decidiu que "os direitos coletivos não se sujeitam à prescrição", pelo fundamento de que "não se poderia cogitar da perda do direito de ação pelo transcurso do tempo, instituto este calcado no princípio da segurança das relações sociais, quando o lesado é a própria coletividade".

Em sentido contrário, por exemplo, a 8ª Turma do Tribunal Superior do Trabalho, no Processo RR n. 2302-73.2014.5.17.0014[601], reformou decisão do Tribunal Regional do Trabalho da 17ª Região, para declarar prescrição quinquenal em uma ação civil pública de fatos ocorridos em junho de 2009, nos quais o MPT teve ciência dos fatos em 17 de junho de 2009, mas a presente ação foi proposta somente em 28 de julho de 2014, ou seja, há mais de cinco anos.

O principal fundamento desta decisão é de ter a Constituição de 1988 institucionalizado um microssistema de tutela de interesses públicos, difusos e coletivos, constituído pelo Mandado de Segurança Coletivo, pela Ação Popular e pela Ação Civil Pública, e, com isso eventuais lacunas normativas no regime específico de um desses instrumentos devem ser supridas à luz das normas aplicáveis aos demais mecanismos processuais de tutela de tais direitos, por meio de uma análise sistemática dos diplomas legais correlatos. Nesse sentido, ainda que a legislação de regência não disponha sobre o prazo prescricional aplicável às Ações Civis Públicas, deve ser aplicado o prazo prescricional quinquenal previsto para a ação popular (art. 21 da Lei n. 4.717/65), conforme esse julgamento.

---

(599) TRIBUNAL SUPERIOR DO TRABALHO. 1ª Turma, RR 21242/2002/-900-10-00, Relator Ministro Lélio Benites Corrêa, DJ 16.4.2004.
(600) TRIBUNAL REGIONAL DO TRABALHO DA 4ª REGIÃO. 1ª Turma, RO 0001309-02.2010.5.04.0121, Relator Desembargador José Felipe Ledur, DJ 16.5.2012.
(601) TRIBUNAL SUPERIOR DO TRABALHO. 8ª Turma, RR 2302-73.2014.5.17.0014, Relatora Ministra Maria Cristina Irigoyen Peduzzi, DEJT 6.5.2016; Neste sentido também: TRIBUNAL SUPERIOR DO TRABALHO. 6ª Turma, RR 94700-18.2007.5.05.0661, Relator Ministro Aloysio Correa da Veiga, DEJT 19.12.2016; TRIBUNAL SUPERIOR DO TRABALHO. 3ª Turma, RR 312-04.2013.5.03.0004, Relator Ministro Alberto Luiz Bresciani de Fontan Pereira, DEJT 3.7.2017.

Além disso, importa lembrar que a tutela dos direitos com objeto difuso só pode ser buscada pelos legitimados e, portanto, não seria adequado punir os titulares se não lhes cabe o exercício de tais direitos. Nesse sentido, Simão de Melo[602] refere que há vedação legal impedindo a tutela individual por parte dos sujeitos dos direitos trabalhistas com objeto difuso, razão pela qual "a falta de exercício desses direitos não pode jamais ser considerada como inércia, desleixo ou negligência dos seus titulares" e averba: "trata-se, ao contrário, de uma vedação legal que obstaculiza a sua defesa individualmente".

Cabe sublinhar que o ajuizamento de ação judicial para tutelar direitos trabalhistas com objeto difuso independe da vontade e mesmo da ciência dos titulares, devendo ser efetuado pelos legitimados legais (sindicatos ou Ministério Público do Trabalho), que, nesses casos, buscam a aplicação do Direito objetivo — tendo em vista a perspectiva objetiva dos direitos fundamentais —, pertinente a valores de indiscutíveis direitos fundamentais[603].

Nos direitos com objeto difuso oriundos das relações de trabalho não há que se falar em prescrição, tendo em vista a sua relevância social, a sua indisponibilidade e indivisibilidade, o seu caráter não patrimonial e o fato de seus titulares não terem pretensão de direito material, que, historicamente, está ligada à concepção de direito subjetivo, noções incompatíveis com a natureza dos direitos com objeto difuso postulados por meio de ações civis públicas.

---

[602] MELO, Raimundo Simão de. *Ação civil pública na Justiça do Trabalho*. 4. ed. São Paulo: LTr, 2012. p. 262. Nesse sentido, também: MEDEIROS NETO, Xisto Tiago de. *Dano moral coletivo*. 3. ed. São Paulo: LTr, 2012. p. 243-244.
[603] Como ocorre nos casos de qualquer forma de discriminação, vedada pelo art. 7º, incisos XXX, XXI e XXII, da Constituição Federal de 1988, bem como pela Lei n. 9.029/95.

REFERÊNCIAS BIBLIOGRÁFICAS

ALPA, Guido. Interessi diffusi. *Revista de Processo,* São Paulo: Revista dos Tribunais, n. 81, p. 146-159, jan./mar.1996.

ÁLVARO DE OLIVEIRA, Carlos Alberto. A ação coletiva de responsabilidade civil e seu alcance. In: BITTAR, Carlos Alberto (coord.). *Responsabilidade civil por danos a consumidores.* São Paulo: Saraiva, 1992.

_____ . Efetividade e processo de conhecimento. In: *Do formalismo no processo civil.* 2. ed. São Paulo: Saraiva, 2003.

_____ . O processo civil na perspectiva dos direitos fundamentais. *Revista de Processo,* São Paulo: Revista dos Tribunais, n. 113, fev. 2004.

_____ . Efetividade e tutela jurisdicional. In: MACHADO, Fábio Cardoso; AMARAL, Guilherme Rizzo (orgs.). *Polêmica sobre a ação:* a tutela jurisdicional na perspectiva das relações entre direito e processo. Porto Alegre: Livraria do Advogado, 2006.

_____ . *Teoria e prática da tutela jurisdicional.* Rio de Janeiro: Forense, 2008.

ALVES, Vilson Rodrigues. *Da prescrição e da decadência do novo Código Civil.* 2. ed. Campinas: Bookseller, 2003.

ALVIM, Arruda. Lei n. 11.280, de 16.2.2006: análise dos arts. 112, 114 e 305 do CPC e do § 5º do art. 219 do CPC. *Revista do Processo,* n. 143, ano 32, jan. 2007.

AMARAL, Francisco. *Direito civil:* introdução. 3. ed. Rio de Janeiro: Renovar, 2000.

AMARAL, Guilherme Rizzo. A polêmica em torno da "ação de direito material". In: MACHADO, Fábio Cardoso; AMARAL, Guilherme Rizzo (orgs.). *Polêmica sobre a ação:* a tutela jurisdicional na perspectiva das relações entre direito e processo. Porto Alegre: Livraria do Advogado, 2006.

_____ . *Cumprimento e execução da sentença sob a ótica do formalismo-valorativo.* Porto Alegre: Livraria do Advogado, 2008.

AMELOTTI, Mario. Prescrizione (dir. rom.). *Enciclopedia del Diritto,* Milano: Giuffrè, XXXV, p. 36-46, 1986.

AMORIM FILHO, Agnelo. Critério científico para distinguir a prescrição da decadência e para identificar as ações imprescritíveis. *Revista Forense,* Rio de Janeiro: Forense, n. 193, jan./fev./mar. 1961.

ANDRADE, José Carlos Vieira de. *Os direitos fundamentais na Constituição portuguesa de 1976.* 3. ed. Coimbra: Almedina, 2004.

ANDRADE, Manuel A. Domingues de. *Teoria geral da relação jurídica.* Coimbra: Almedina, 1987. v. I.

ANDRADE, Marcelo Santiago de Pádua. *Revista de Processo,* São Paulo: Revista dos Tribunais, n. 197, p. 145-163, jul. 2011.

ANTUNES, Letícia Pereira. Protesto Interruptivo da prescrição no processo do trabalho. *Revista Justiça do Trabalho,* ano 22, n. 258, p. 92, jun. 2005.

ANTUNES, Luís Felipe Colaço. *A tutela dos interesses difusos em direito administrativo:* para uma legislação procedimental. Coimbra: Almedina, 1989.

ARAÚJO, Francisco Rossal de. *O novo CPC e o processo do trabalho*: a Instrução Normativa n. 39/2016 — TST: referências legais, jurisprudenciais e comentários. São Paulo: LTr, 2017.

ARENHART, Sérgio Cruz. *Perfis da tutela inibitória coletiva.* São Paulo: Revista dos Tribunais, 2003.

_____ . O regime da prescrição em ações coletivas. In: GOZZOLI, Maria Clara; CIANCI, Mirna; CALMON, Petrônio; QUARTIERI, Rita (coords.). *Em defesa de um novo sistema de processos coletivos:* estudos em homenagem a Ada Pellegrini Grinover. São Paulo: Saraiva, 2010.

ASSIS, Araken de. *Cumulação de ações.* 4. ed. São Paulo: Revista dos Tribunais, 2002.

_____ . Direito subjetivo, pretensão de direito material e ação. *Revista da Ajuris*, Porto Alegre: Ajuris, n. 29, p. 99-126, nov. 1983.

ASSIS, Araken de; ARAÚJO, Ovídio. *Jurisdição e execução na tradição romano-canônica.* 2. ed. São Paulo: Revista dos Tribunais, 1997.

BAPTISTA DA SILVA, Ovídio Araújo. *Curso de processo civil.* 7. ed. Rio de Janeiro: Forense, 2005. v. 1.

_____ . Direito subjetivo, pretensão de direito material e ação. In: MACHADO, Fábio Cardoso; AMARAL, Guilherme Rizzo (orgs.). *Polêmica sobre a ação:* a tutela jurisdicional na perspectiva das relações entre direito e processo. Porto Alegre: Livraria do Advogado, 2006.

_____ . *Processo e ideologia:* o paradigma racionalista. Rio de Janeiro: Forense, 2004.

_____ . *Jurisdição e execução na tradição romano-canônica.* 3. ed. Rio de Janeiro: Forense, 2007.

BARBOSA, Haroldo Camargo. O instituto da prescrição aplicado à reparação dos danos ambientais. *Revista de Direito Ambiental*, v. 59, p. 124-149, jul./set. 2010.

BARROS, Alice Monteiro de. Aspectos jurisprudenciais da prescrição trabalhista. In: *Curso de direito do trabalho* — estudos em memória de Célio Goyatá. 2. ed. São Paulo: LTr, 1994. v. 1.

_____ . *Curso de direito do trabalho.* 4. ed. São Paulo: LTr, 2008.

BARROSO, Luís Roberto. Prescrição administrativa: autonomia do direito administrativo e inaplicabilidade da regra geral do Código Civil. *Revista dos Tribunais*, v. 779, p. 113, set. 2000.

_____ . *Curso de direito constitucional contemporâneo:* os conceitos fundamentais e a construção do novo modelo. 2. ed. São Paulo: Saraiva, 2010.

_____ . Em algum lugar do passado. Segurança jurídica, direito intertemporal e o novo Código Civil. In: *Temas de direito constitucional.* Rio de Janeiro: Renovar, 2005, t. 3.

BARZOTTO, Luciane Cardoso. Trabalho e igualdade: tipos de discriminação no ambiente de trabalho. In: BARZOTTO, Luciane Cardoso (coord.). *Igualdade e discriminação no ambiente de trabalho.* Porto Alegre: Livraria do Advogado, 2012.

BEDAQUE, José Roberto dos Santos. *Direito e processo:* influência do direito material sobre o processo. 4. ed. São Paulo: Malheiros, 2006.

BELMONTE, Alexandre Agra. Responsabilidade por danos morais nas relações de trabalho. *Revista do Tribunal Superior do Trabalho,* Brasília, v. 73, n. 2, p. 158-185, abr./jun. 2007.

BENJAMIN, Antônio Herman. Responsabilidade civil pelo dano ambiental. *Revista de Direito Ambiental*, São Paulo: Revista dos Tribunais, v. 9, p. 5, jan. 1998.

BEVILÁQUA, Clóvis. *Teoria geral do direito civil.* 2. ed. Rio de Janeiro: Francisco Alves, 1976.

BOBBIO, Norberto. Sulla funzione promozionale del diritto. *Rivista Trimestrale di Diritto e Procedura Civile*, Milano: Giuffrè, p. 1313-1435, set. 1969.

BONAVIDES, Paulo. *Teoria constitucional da democracia participativa*. São Paulo: Malheiros, 2001.

BOTELHO, Guilherme. *Direito ao processo qualificado:* o processo civil na perspectiva do estado constitucional. Porto Alegre: Livraria do Advogado, 2010.

BUZAID, Alfredo. *A ação declaratória no direito brasileiro*. São Paulo: Saraiva, 1943.

CABRAL, Antônio do Passo. Despolarização do processo e zonas de interesse: sobre a migração entre polos da demanda. *Revista Forense,* Rio de Janeiro: Forense, v. 404, p. 3-41, jul./ago. 2009.

CÂMARA LEAL, Antônio Luís da. *Da prescrição e da decadência*. 2. ed. Rio de Janeiro: Forense, 1959.

_____ . *Da prescrição e da decadência*. Rio de Janeiro: Forense, 1982.

CÂMARA, Alexandre Freitas. Reconhecimento de ofício da prescrição: uma reforma descabeçada e inócua. *Revista IOB de Direito Civil e Processual Civil*, ano 8, n. 43, set./out. 2006.

CAMINO, Carmem. *Direito individual do trabalho*. 4. ed. Porto Alegre: Síntese, 2003.

CAMPITELLI, Adriana. Prescrizione (dir. interm.). *Enciclopedia del Diritto*, Milano: Giuffrè, XI, p. 46-56, 1962.

CANNADA-BARTOLI, Eugenio. Prescrizione (Interesse dir. amm.). *Enciclopedia del Diritto*, Milano: Giuffrè, XXII, p. 1-28, 1972.

CANOTILHO, José Joaquim Gomes. *Direito constitucional*. 5. ed. Coimbra: Almedina, 1991.

_____ . O direito ao ambiente como direito subjectivo. In: *Estudos sobre direitos fundamentais*. Coimbra: Coimbra, 2004.

CAPPELLETTI, Mauro. Libertà individuale e giustizia sociale nel processo civile italiano. *Rivista di Diritto Processuale*, Padova: Cedam, v. 27, 2. serie, p. 11-34, 1972.

_____ . Formazioni sociali e interessi di gruppo davanti alla giustizia civile. *Rivista di Diritto Processuale*, Padova: Cedam, v. 30, 2. serie, p. 361-402, 1975.

_____ . *Juízes legisladores?* Tradução de Carlos Alberto Álvaro de Oliveira. Porto Alegre: Fabris, 1993.

CAPPELLETTI, Mauro; GARTH, Bryant. *Acess to Justice:* a world survey. Milano: Giuffrè, 1978.

CARNELUTTI, Francesco. Saggio di una teoria integrale dell'azione. *Rivista di Diritto Processuale Civile*, Padova: Cedam, v. 1. p. 5-18, jan./mar. 1946.

_____ . *Instituciones del proceso civil*. Buenos Aires: Europa-America, 1973, v.1.

_____ . *Teoria geral do direito*. São Paulo: Lejus, 1999.

CARRION, Valentin. *Comentários à Consolidação das Leis do Trabalho*. 31. ed. São Paulo: Saraiva, 2006.

CHAVES, Luciano Athayde. *A recente reforma no processo comum e seus reflexos no direito judiciário do trabalho*. São Paulo: LTr, 2007.

_____ . Prescrição e decadência. In: CHAVES, Luciano Athayde (org.). *Curso de processo do trabalho*. São Paulo: LTr, 2009.

CHIOVENDA, Giuseppe. L'azione nel sistema del diritti. In: *Saggi di dirittto processuale civile* (1894-1937). Milano: Giuffrè, 1993. v. 1.

CIANCI, Mirna. A prescrição na Lei n. 11.280/2006. *Revista de Processo,* ano 32, n. 148, jun. 2007.

COIMBRA, Rodrigo. A prescrição e a decadência na tutela de direitos transindividuais. In: TESHEINER, José Maria Rosa (org.). *Processos coletivos*. Porto Alegre: HS, 2012.

_____ . Jurisdição trabalhista coletiva e direito objetivo. *Justiça do Trabalho*, Porto Alegre: HS, n. 340, p. 88-107, abr. 2012.

COIMBRA, Rodrigo; ARAÚJO, Francisco Rossal de. Equilíbrio instável das fontes formais do direito do trabalho. *Justiça do Trabalho*, Porto Alegre: HS, n. 324, dez. 2010.

_____ . *Direito do trabalho* — I. São Paulo: LTr, 2014.

COMOGLIO, Luigi Paolo. Tulela differenziata e pari effetivà nella giustizia civile. *Rivista di Diritto Processuale*, Padova: Cedam, v. 63, n. 6, nov./dez. 2008.

COSTA, Coqueijo. *Direito judiciário do trabalho*. Rio de Janeiro: Forense, 1978.

COUTO E SILVA, Almiro do. Atos jurídicos de direito administrativo praticados por particulares e direitos formativos. *Revista de Jurisprudência do Tribunal de Justiça do Estado do Rio Grande do Sul*, Porto Alegre, n. 9, p. 19-37, 1968.

COUTO E SILVA, Clóvis Veríssimo do. O conceito de dano no Direito brasileiro e comparado. In: FRADERA, Vera Jacob (org.). *O direito privado brasileiro na visão de Clóvis do Couto e Silva*. Porto Alegre: Livraria do Advogado, 1997.

CRETELLA JÚNIOR, José. *Controle jurisdicional do ato administrativo*. 3. ed. Rio de Janeiro: Forense, 1993.

DABIN, Jean. *Le droit subjectif*. Paris: Dalloz, 1952.

DALLEGRAVE NETO, José Affonso. Controvérsias sobre o dano moral trabalhista. *Revista do Tribunal Superior do Trabalho*, v. 73, n. 2, p. 186-202, abr./jun. 2007.

DE CUPIS, Adriano. *Os direitos da personalidade*. Lisboa: Morais, 1961.

DELGADO, José Augusto. Interesses difusos e coletivos: evolução conceitual. Doutrina e jurisprudência do STF. *Revista de Processo*, São Paulo: Revista dos Tribunais, n. 98, p. 81, abr./jun. 1999.

DELGADO, Maurício Godinho. *Curso de direito do trabalho*. 5. ed. São Paulo: LTr, 2006.

_____ . A prescrição na justiça trabalho: novos desafios. *Revista Trabalhista: Direito e Processo*, n. 25, Brasília: Anamatra, 2008.

_____ . *Curso de direito do trabalho*. 8. ed. São Paulo: LTr, 2009.

_____ . *Curso de direito do trabalho*. 10. ed. São Paulo: LTr, 2011.

DENTI, Vittorio. Sul concetto di funzione cautelare. *Studia Ghisleriana:* studi giuridici in memoria id Pietro Ciapessoni. Pavia: Tipografia del Libro, 1948.

_____ . *Processo civile e giustizia sociale*. Milano: Comunità, 1971.

_____ . Aspetti processuali della tutela dell'ambiente. In: *Studi in memória di Salvatore Satta*. Padova: Cedam, 1982. v. 1.

_____ . Valori costituzionali e cultura processuale. *Rivista di Diritto Processuale,* Padova: Cedam, v. 39, 2. serie, p. 443-464, 1984.

DI PIETRO, Maria Sylvia Zanella. *Discricionariedade administrativa na Constituição de 1988*. São Paulo: Atlas, 1991.

DIDIER JÚNIOR, Fredie; ZANETI JÚNIOR, Hermes. *Curso de direito processual civil:* processo coletivo. 5. ed. Salvador: JusPodivm, 2010. v. 4.

DIEZ-PICAZO, Luis; GULLON, Antonio. *Instituciones de derecho civil*. Madrid: Tecnos, 1973. v. I.

DINAMARCO, Cândido Rangel. *A instrumentalidade do processo*. 6. ed. São Paulo: Malheiros, 1998.

_____ . *Fundamentos do processo civil moderno*. 6. ed. São Paulo: Malheiros, 2010. t. 1.

DORNELES, Leandro do Amaral D. de. O direito das relações coletivas de trabalho e seus fundamentos principais: a liberdade associativa laboral. *Revista do Tribunal Superior do Trabalho*, Brasília, v. 76, n. 2, p. 84-108, abr./jun. 2010.

FACCHINI NETO, Eugênio. A função social do direito privado. *Revista da Ajuris,* Porto Alegre: Ajuris, n. 105, p. 153-187, mar. 2007.

FACCI, Lúcio Picanço. Do prazo prescricional para o ajuizamento de ação civil pública. *RAGU,* 20/217.

FAGUNDES, M. Seabra. *O controle dos atos administrativos pelo poder judiciário.* 5. ed. Rio de Janeiro: Forense, 1979.

FAVA, Marcos Neves. Três aspectos da prescrição trabalhista. *Revista Trabalhista: Direito e Processo,* n. 30, Brasília: Anamatra, 2009.

FERRAJOLI, Luigi. *Principia iuris:* teoria del diritto e della democrazia. Roma: Laterza, 2007. v. 1.

FIGUEIREDO, Antonio Borges de. *Prescrição trabalhista.* Porto Alegre: Síntese, 2002.

FILHO, Manoel Carlos Toledo. O novo § 5º do art. 219 do CPC e o processo do trabalho. *Revista do Tribunal Superior do Trabalho,* v. 72, n. 2, maio/ago. 2006.

FISCHER, Brenno. *A prescrição nos tribunais.* Rio de Janeiro: Konfino, 1957. v. 1, t. 1.

FRANCO SOBRINHO, Manoel de Oliveira. *O princípio constitucional da moralidade administrativa.* Curitiba: Genesis, 1993.

GARCIA, Gustavo Filipe Barbosa. Prescrição de ofício: da crítica ao direito legislado à interpretação da norma jurídica em vigor. *Revista de Processo,* n. 145, ano 32, mar. 2007.

GIDI, Antônio. *Coisa julgada e litispendência em ações coletivas.* São Paulo: Saraiva, 1995.

GIGLIO, Wagner. *Direito processual do trabalho.* 8. ed. São Paulo: LTr, 1994.

GOMES, Carla Amado. *Risco e modificação do acto autorizativo concretizador de deveres de protecção do ambiente.* Lisboa: Faculdade de Direito de Lisboa, 2007.

GOMES, Orlando. *Ensaios de direito civil e de direito do trabalho.* Rio de Janeiro: Aide, 1986.

_____ . *Introdução ao direito civil.* 18. ed. Rio de Janeiro: Forense, 2001.

_____ . *Introdução ao direito civil.* 10. ed. Rio de Janeiro: Forense, 1991.

_____ . *Memória justificativa do anteprojeto de reforma do Código Civil.* Brasília: Departamento de Imprensa Nacional, 1963.

GONÇALVES, Carlos Roberto. *Direito civil brasileiro.* São Paulo: Saraiva, 2003. v. I.

GRADI, Marco. Il principio del contraddittorio e le questioni rilevabili d'ufficio. *Revista de Processo,* São Paulo: Revista dos Tribunais, n. 186, ago. 2010.

GUASTINI, Ricardo. *La sintassi del diritto.* Torino: Giappichelli, 2011.

GUIMARÃES, Carlos da Rocha. *Prescrição e decadência.* 2. ed. Rio de Janeiro: Forense, 1984.

GUIMARÃES, Hahnemann. Estudo comparativo do anteprojeto do código das obrigações e do direito vigente. *Revista Forense,* v. 97, fev. 1944.

HESSE, Konrad. *Elementos de direito constitucional da República Federal da Alemanha.* Tradução de Luís Afonso Heck. Porto Alegre: Fabris, 1998.

HOBBES, Thomas. *Leviatã ou matéria, forma e poder de uma república eclesiástica e civil.* São Paulo: Matins Fontes, 2008.

HOHFELD, Wesley Newcomb. *Some fundamental legal conceptions as applied in judicial reasoning.* Yale: Yale Law Journal Company, 1913.

IGLESIAS, Juan. *Derecho romano.* 5. ed. Barcelona: Ariel, 1965.

JHERING, Rudolf Von. *A luta pelo direito.* 16. ed. Rio de Janeiro: Forense, 1998.

_____ . *La dogmática jurídica.* Buenos Aires: Losada, 1946.

KELSEN, Hans. *Teoria pura do direito*. 2. ed. São Paulo: Martins Fontes, 1960.

KROST, Oscar. Crítica ao pronunciamento de ofício da prescrição e sua incompatibilidade com o processo do trabalho. *Justiça do Trabalho,* ano 23, n. 268, abr. 2006.

LARENZ, Karl. *Derecho civil* — parte general. Madrid: EDERSA, 1978.

_____. *Derecho civil.* Madrid: Revista de Derecho Privado, 1978.

LEDUR, José Felipe. *Direitos fundamentais sociais. Efetivação no âmbito da democracia participativa.* Porto Alegre: Livraria do Advogado, 2009.

LEITE, Carlos Henrique Bezerra. *Ministério Público do Trabalho:* doutrina, jurisprudência e prática. 2. ed. rev. e atual. São Paulo: LTr, 2002.

_____. *Curso de direito processual do trabalho.* 9. ed. São Paulo: LTr, 2011.

_____. *Curso de direito processual do trabalho.* 5. ed. São Paulo: LTr, 2007.

LEITE, José Rubens Morato. *Dano ambiental:* prevenção, repressão, reparação. São Paulo: Revista dos Tribunais, 1993.

_____. *Dano ambiental:* do individual ao coletivo extrapatrimonial. São Paulo: Revista dos Tribunais, 2000.

LEITE, Luciano Ferreira. *Discricionariedade administrativa e controle judicial.* São Paulo: Revista dos Tribunais, 1991.

LEME, Lino de Morais. O anteprojeto do código das obrigações. *Revista Forense*, v. 97, fev. 1944.

LEONEL, Ricardo de Barros. *Manual do processo coletivo.* São Paulo: Revista dos Tribunais, 2002.

LORENZETTI, Ari Pedro. *A prescrição no direito do trabalho.* São Paulo: LTr, 1999.

MACEDO, Elaine Harzheim; MACEDO, Fernanda dos Santos. O direito processual civil e a pós-modernidade. *Revista de Processo*, São Paulo: Revista dos Tribunais, v. 204, p. 351-367, fev. 2012.

MACHADO, Fábio Cardoso. "Ação" e ações: sobre a renovada polêmica em torno da ação de direito material. In: MACHADO, Fábio Cardoso; AMARAL, Guilherme Rizzo (orgs.). *Polêmica sobre a ação:* a tutela jurisdicional na perspectiva das relações entre direito e processo. Porto Alegre: Livraria do Advogado, 2006.

MAIOR, Jorge Luiz Souto. Reflexos das alterações do Código de Processo Civil no processo do trabalho. *Revista da Justiça do Trabalho,* ano 23, n. 271, jul. 2006.

MAIOR, Jorge Luiz Souto; SEVERO, Valdete Souto. A garantia contra dispensa arbitrária como condição de eficácia da prescrição no curso da relação de emprego. *Justiça do Trabalho*, n. 318, p. 18-24, em especial p. 19, jun. 2010.

MALLET, Estêvão. O processo do trabalho e as recentes modificações do Código de Processo Civil. *Revista LTr,* v. 70, n. 6, p. 673, mar. 2006.

MANCUSO, Rodolfo de Camargo. *Interesses difusos:* conceito e legitimação para agir. 2. ed. São Paulo: Revista dos Tribunais, 1991.

MARANHÃO, Délio et al. *Instituições de direito do trabalho.* 20. ed. São Paulo: LTr, 2002. v. 2.

MARDER, Alexandre Salgado. *Das invalidades no direito processual civil.* São Paulo: Malheiros, 2010.

MARINONI, Luiz Guilherme. *Tutela inibitória:* individual e coletiva. 2. ed. São Paulo: Revista dos Tribunais, 2000.

_____. *Técnica processual e tutela dos direitos.* São Paulo: Revista dos Tribunais, 2004.

_____. Da ação abstrata e uniforme à ação adequada à tutela de direitos. In: MACHADO, Fábio Cardoso; AMARAL, Guilherme Rizzo (orgs.). *Polêmica sobre a ação:* a tutela jurisdicional na perspectiva das relações entre direito e processo. Porto Alegre: Livraria do Advogado, 2006.

_____. *Teoria geral do processo*. 4. ed. São Paulo: Revista dos Tribunais, 2010.

MARQUES, Lima Cláudia; MIRAGEM, Bruno. *O novo direito privado e a proteção dos vulneráveis*. São Paulo: Revista dos Tribunais, 2012.

MARTINEZ, Luciano. O dano moral social no âmbito trabalhista. *Revista do Tribunal Regional do Trabalho da 14ª Região,* Porto Velho, v. 6, n. 2, p. 553-572, jul./dez. 2007.

MARTINS, Manoel Soares. A declaração de ofício da prescrição no contexto do processo civil e trabalhista. *Revista IOB: Trabalhista e Previdenciária,* São Paulo, v. 21, n. 242, ago. 2009.

MARTINS, Mílton dos Santos. Prescrição e decadência no anteprojeto de Código Civil. *Revista de Direito Civil,* p. 17-22, jul./set. 1981.

MARTINS, Sergio Pinto. *Direito do trabalho*. 21. ed. São Paulo: Atlas, 2005.

_____. *Direito processual do trabalho*. 25. ed. São Paulo: Atlas, 2006.

_____. *Dano moral decorrente do contrato de trabalho*. São Paulo: Atlas, 2007.

_____. *Comentários às súmulas do TST*. 4. ed. São Paulo: Atlas, 2008.

MATA-MACHADO, Edgar de Godoi da. *Elementos de teoria geral do direito*. Belo Horizonte: Vega, 1976.

MATTJE, Emerson Tyrone. *Expressões contemporâneas de trabalho escravo:* sua repercussão penal no Brasil. Santa Cruz: EDUNISC, 2006.

MAZZILLI, Hugo Nigro. *Introdução ao Ministério Público*. 5. ed. São Paulo: Saraiva, 2005.

_____. O princípio da obrigatoriedade e o Ministério Público. *Complexo Jurídico Damásio de Jesus,* São Paulo, jun. 2007. Disponível em: <www.damasio.com.br>. Acesso em: 1º nov. 2012.

MEDEIROS NETO, Xisto Tiago de. *Dano moral coletivo*. 3. ed. São Paulo: LTr, 2012.

MEIRELLES, Hely Lopes. *Mandado de segurança*. 31. ed. São Paulo: Malheiros, 2008.

MELLO, Celso Antônio Bandeira de. *Discricionariedade e controle jurisdicional*. São Paulo: Malheiros, 1992.

MELLO, Marcos Bernardes de. *Teoria do fato jurídico:* plano da existência. 8. ed. São Paulo: Saraiva, 1998.

MELO, Raimundo Simão de. *Ação civil pública na Justiça do Trabalho*. 4. ed. São Paulo: LTr, 2012.

_____. *Direito ambiental do trabalho e a saúde do trabalhador*. 2. ed. São Paulo: LTr, 2006.

MENDES, Gilmar Ferreira; BRANCO, Paulo Gustavo Gonet. *Curso de direito constitucional*. 6. ed. São Paulo: Saraiva, 2011.

MEROI, Andrea. *Procesos coletivos:* recepcións y problemas. Santa Fe: Rubinzal-Culzoni, 2008.

MICHELLI, Gian Antonio. Sentenza di annullamento di un atto giuridicco e riscarcimento del danno patrimoniale derivante della lesione di interessi legitimi. *Rivista di Diritto Processuale,* Padova: Cedam, v. 19, p. 396-434, giu./set. 1964.

MILARÉ, Edis. *Ação civil pública na nova ordem constitucional*. São Paulo: Saraiva, 1990.

_____. *Direito do ambiente:* a gestão ambiental em foco. 6. ed. São Paulo: Revista dos Tribunais, 2009.

MITIDIERO, Daniel. A pretensão de condenação. *Revista de Processo,* São Paulo: Revista dos Tribunais, v. 129, p. 51-65, em especial p. 52, nov. 2005.

_____. Polêmica sobre a teoria dualista da ação (ação de direito material "ação processual): uma resposta a Guilherme Rizzo Amaral. In: MACHADO, Fábio Cardoso; AMARAL, Guilherme Rizzo (orgs.). *Polêmica sobre a ação:* a tutela jurisdicional na perspectiva das relações entre direito e processo. Porto Alegre: Livraria do Advogado, 2006.

_____. *Processo civil e estado constitucional*. Porto Alegre: Livraria do Advogado, 2007.

_____. *Colaboração no processo civil:* pressupostos sociais, lógicos e éticos. São Paulo: Revista dos Tribunais, 2009.

_____. *O processualismo e a formação do código Buzaid*. Revista de Processo, São Paulo: Revista dos Tribunais, n. 183, p. 165-194, maio 2010.

_____. *Colaboração no processo civil:* pressupostos sociais, lógicos e éticos. 2. ed. São Paulo: Revista dos Tribunais, 2011.

_____. *Antecipação de tutela:* da tutela cautelar à técnica antecipatória. São Paulo: Revista dos Tribunais, 2013.

MITIDIERO, Daniel; ÁLVARO DE OLIVEIRA, Carlos Alberto. *Curso de processo civil:* teoria geral do processo civil e parte geral do direito processual civil. São Paulo: Atlas, 2010.

MITIDIERO, Daniel; MARINONI, Luiz Guilherme. *O projeto do CPC:* crítica e propostas. São Paulo: Revista dos Tribunais, 2010.

MITIDIERO, Daniel; ZANETI JÚNIOR, Hermes; *Processo constitucional:* relações entre processo e constituição. Porto Alegre: Fabris, 2004.

MOLINARO, Carlos Alberto. A jurisdição na proteção da saúde: breves notas sobre a instrumentalidade processual. *Revista da Ajuris,* Porto Alegre: Ajuris, n. 115, p. 49-72, set. 2009.

MOLINARO, Carlos Alberto; MILHORANZA, Mariângela Guerreiro. Processo e direitos fundamentais — brevíssimos apontamentos. *Revista Brasileira de Direito Processual*, Belo Horizonte: Fórum, n. 79, p. 127-145, jul./set. 2012.

MONACHE, Stefano Delle. Profili dell'attuale normativa del codice civile tedesco in tema di prescrizione. *Rivista Trimestrale di Diritto e Procedura Civile*, Milano: Giuffrè, v. 49, n. 2, p. 179-199, mar./apr. 2003.

MONTEIRO, Washington de Barros. *Curso de direito civil:* parte geral. 39. ed. São Paulo: Saraiva, 2003. v. 1.

MORAES, Voltaire de Lima. *A ação civil pública:* alcance e limites da atividade jurisdicional. Porto Alegre: Livraria do Advogado, 2007.

MORAIS, José Luis Bolzan de. *Do direito social aos interesses transindividuais*: o estado e o direito na ordem contemporânea. Porto Alegre: Livraria do Advogado, 1991.

MOREIRA, José Carlos Barbosa. A ação popular no direito brasileiro como instrumento de tutela jurisdicional dos chamados interesses difusos. In: *Temas de direito processual.* São Paulo: Saraiva, 1977.

_____. Os temas fundamentais do direito brasileiro nos anos 80: direito processual civil. In: *Temas de direito processual*. 4. série. São Paulo: Saraiva, 1989.

MUTHER, Theodor. Sobre la doctrina de la "actio" romana, del derecho de accionar actual, de la 'litiscontestatio' y de la sucesión singular en las obligaciones. In: *Polemica sobre la "actio"*. Buenos Aires: Europa-America, 1974.

NABAIS, José Casalta. *O dever fundamental de pagar impostos*. Coimbra: Almedina, 1998.

NERY JUNIOR, Nelson; NERY, Rosa Maria de Andrade. *Código Civil anotado e legislação extravagante*. 2. ed. São Paulo: Revista dos Tribunais, 2003.

NERY, Ana Luíza Barreto de Andrade Fernandes. O fenômeno jurídico de interesse transindividual. *Revista de Direito Privado*, v. 36, p. 33-49, out. 2008.

NERY, Rosa Maria de Andrade. *Indenização do dano ambiental:* responsabilidade civil e ação civil pública. Dissertação de mestrado. Pontifícia Universidade Católica de São Paulo, 1993.

_____. *Noções preliminares de direito civil*. São Paulo: Revista dos Tribunais, 2002.

NEVES, Celso. Mandado de segurança, mandado de segurança coletivo e mandado de injunção. *Revista LTr*, v. 52, n. 11, p. 1315-1320, nov. 1998.

NEVES, Daniel Amorim Assumpção. *Manual de processo coletivo*. Rio de Janeiro: Forense; São Paulo: Método, 2014. Volume único.

NEVES, Gustavo Kloh Muller. Prescrição e decadência no Código Civil. In: TEPEDINO, Gustavo (org.). *A parte geral do novo Código Civil*: estudos na perspectiva civil-constitucional. 3. ed. Rio de Janeiro: Renovar, 2007.

NIGRO, Mario. *Guistizia amministrativa*. 4. ed. Bologna: Mulino, 1994.

OLIVEIRA, Eugênio Pacelli de. *Curso de processo penal*. 9. ed. Rio de Janeiro: Lumen Juris, 2008.

OLIVEIRA, Francisco Antônio de. Da ação civil pública: instrumento de cidadania. *Revista LTr*, São Paulo: LTr, v. 61, n. 7, jul. 1997.

_____ . *Tratado de direito do trabalho*. São Paulo: LTr, 2008. v. II.

OTEIZA, Eduardo. La constitucionalización de los derechos colectivos y la ausência de un proceso que los "ampare". In: OTEIZA, Eduardo (coord.). *Procesos colectivos*. Santa Fe: Rubinzal-Culzoni, 2006.

PASSOS, José Joaquim Calmon. *Mandado de segurança coletivo, mandado de injunção e habeas data*. Rio de Janeiro: Forense, 1989.

PATTI, Salvatore. Certezza e giustizia nel diritto della prescrizione in Europa. *Rivista Trimestrale di Diritto e Procedura Civile*, Milano: Giuffrè, v. 64, n. 1, p. 21-36, mar. 2010.

PEREIRA, Caio Mário da Silva. *Instituições de direito civil*. 5. ed. Rio de Janeiro: Forense, 1980. v. 1.

PICARDI, Nicola. *Audiatur et altera pars*: as matrizes histórico-culturais do contraditório. In: *Jurisdição e processo*. Rio de Janeiro: Forense, 2008.

_____ . La vocazione del nostro tempo per la giurisdizione. *Rivista Trimestrale di Diritto e Procedura Civile*, Milano: Giuffrè, v. 58, n. 1, p. 41-71, mar. 2004.

PINTO, Carlos Alberto da Mota. *Teoria geral do direito civil*. 3. ed. Coimbra: Coimbra, 1994.

PINTO, José Augusto Rodrigues. Reconhecimento *ex officio* da prescrição e processo do trabalho. *Revista LTr*, v. 70, n. 4, p. 391, mar. 2006.

PINTO, Raymundo A. Carneiro; BRANDÃO, Cláudio Mascarenhas Brandão. *Orientações jurisprudenciais do TST comentadas*. São Paulo: LTr, 2008.

PISANI, Andrea Proto. Appunti sui rapporti tra i limiti tra i limiti soggettivi di efficacia della sentenza civile e la garanzia costituzionale del diritto di difesa. *Rivista Trimestrale di Diritto e Procedura Civile*, Milano: Giuffrè, p. 1216-1308, set. 1971.

_____ . Sulla tutela giurisdicionale differenziata. *Rivista di Diritto Processuale,* Padova: Cedam, v. 34, n. 4, p. 537, out./dez. 1979.

PISARELLO, Gerardo. *Los derechos sociales y sus garantias*. Madrid: Trotta, 2007.

PONTES DE MIRANDA, Franscisco Cavalcanti. *Tratado de direito privado*. Rio de Janeiro: Borsoi, 1955. t. 5.

_____ .*Tratado de direito privado*. Rio de Janeiro: Borsoi, 1955. t. 6.

_____ . *Tratado da ação rescisória*. 3. ed. Rio de Janeiro: Borsoi, 1957.

_____ . *Tratado de direito privado*. Rio de Janeiro: Borsoi, 1964. v. 47.

_____ . *Tratado de direito privado*. 3. ed. Rio de Janeiro: Borsoi, 1970. t. 2.

_____ . *Tratado das ações*. 2. ed. São Paulo: Revista dos Tribunais, 1972. t. 1.

_____ . *Tratado de direito privado*. 3. ed. Rio de Janeiro: Borsoi, 1972. t. 48.

_____. *Tratado de direito privado*. 4. ed. São Paulo: Revista dos Tribunais, 1974. t. 1.

_____. *Comentários ao Código de Processo Civil*. Rio de Janeiro: Forense, 1999. t. 1.

_____. *Tratado de direito privado*. Rio de Janeiro: Borsoi, 1954. t. 2.

PORTO, Sérgio Gilberto. Classificação de ações, sentenças e coisa julgada. *Revista de Processo*, São Paulo: Revista dos Tribunais, v. 73, p. 37-46, 1994.

PRUNES, José Luiz Ferreira. *Tratado sobre prescrição e a decadência no direito do trabalho*. São Paulo: LTr, 1998.

RAPISARDA, Cristina. Premesse allo studio della tutela civile preventiva. *Rivista di Diritto Processuale*, Padova: Cedam, v. 35, 2. serie, p. 92-154, 1980.

REALE, Miguel. Visão geral do projeto do Código Civil. *Miguel Reale.com*. [s.l.], [s.d.]. Disponível em: <http://www.miguelreale.com.br/index.html>. Acesso em: 12 out. 2017.

_____. *Lições preliminares de direito*. 13. ed. São Paulo: Saraiva, 1986.

_____. *Revogação e anulamento do ato administrativo*. 2. ed. Rio de Janeiro: Forense, 1980.

RIBEIRO, Darci Guimarães. *La pretensión procesal y la tutela judicial efectiva:* hacia uma teoría procesal del derecho. Barcelona: Bosch, 2004.

ROMITA, Arion Sayão. Pronúncia de ofício de prescrição trabalhista. *Justiça do Trabalho*, Manaus: Notadez, n. 279, mar. 2007.

ROUBIER, Paul. *Droits subjectifs et situations juridiques*. Paris: Dalloz, 1963.

SAAD, Eduardo Gabriel. *Consolidação das Leis do Trabalho comentada*. 42. ed. São Paulo, 2009.

SANTOS, Ronaldo Lima dos. Notas sobre a impossibilidade de depoimento pessoal de membro do Ministério Público nas ações coletivas. *Revista da Faculdade de Direito da Universidade Federal de Minas Gerais*, Belo Horizonte, n. 58, p. 291-310, jan./jun. 2011.

SARLET, Ingo Wolfgang. *A eficácia dos direitos fundamentais*. 5. ed. Porto Alegre: Livraria do Advogado, 2005.

_____. *A eficácia dos direitos fundamentais:* uma teoria geral dos direitos fundamentais na perspectiva constitucional. 10. ed. Porto Alegre: Livraria do Advogado, 2011.

_____. Direitos fundamentais e processo: o direito à proteção e promoção da saúde entre tutela individual e transindividual. *Revista de Processo*, São Paulo: Revista dos Tribunais, v. 199, p. 13-39, set. 2011.

SARLET, Ingo Wolfgang; FENSTERSEIFER, Tiago. *Direito constitucional ambiental:* estudos sobre a constituição, os direitos fundamentais e a proteção do ambiente. São Paulo: Revista dos Tribunais, 2011.

SARLET, Ingo Wolfgang; MARINONI, Luiz Guilherme; MITIDIERO, Daniel. *Curso de direito constitucional*. São Paulo: Revista dos Tribunais, 2012.

SAVIGNY, M. F. C. de. *Sistema de derecho romano actual*. 2. ed. Madrid: Centro Editorial de Góngora, [s.d.]. v. 1.

SILVA, José Afonso da. *Ação popular constitucional*. São Paulo: Revista dos Tribunais, 1968.

SILVA, Luis Renato Ferreira da. A função social do contrato no novo Código Civil e sua conexão com a solidariedade social. In: SARLET, Ingo Wolfgang (org.). *O novo Código Civil e a Constituição*. Porto Alegre: Livraria do Advogado, 2003.

SOUZA, Rodrigo Trindade de. *Punitive damages* e o direito do trabalho brasileiro: adequação das condenações punitivas para a necessária repressão da delinquência patronal. *Revista do Tribunal Regional do Trabalho da 4ª Região*, Porto Alegre, v. 38, p. 173-202, 2010.

STÜRMER, Gilberto. *A liberdade sindical na constituição da República Federativa do Brasil de 1988 e sua relação com a Convenção n. 87 da Organização Internacional do Trabalho.* Porto Alegre: Livraria do Advogado, 2007.

SÜSSEKIND, Arnaldo et al. *Instituições de direito do trabalho.* 19. ed. São Paulo: LTr, 2000. v. 1.

TARZIA, Giuseppe. Il giusto proceso di esecuzione. *Rivista di Diritto Processuale,* Padova: Cedam, v. 57, n. 2, p. 329-350, abr. 2002.

TEDESCHI, Vittorio. Decadenza (dir. e proc. civ.). *Enciclopedia del Diritto,* Milano: Giuffrè, XI, p. 770-792, 1962.

TEIXEIRA FILHO, Manoel Antônio. *Execução no processo do trabalho.* 7. ed. São Paulo: LTr, 2001.

_____ . As novas leis alterantes do processo civil e sua repercussão no processo do trabalho. *Revista LTr,* v. 70, n. 3, p. 298, mar. 2006.

TEPEDINO, Gustavo; BARBOZA, Heloisa Helena; MORAES, Maria Celina Bodin de. *Código Civil interpretado conforme a Constituição da República.* Rio de Janeiro: Renovar, 2004.

TESHEINER, José Maria Rosa. *Elementos para uma teoria geral do processo.* São Paulo: Saraiva, 1993.

_____ . Reflexões politicamente incorretas sobre direito e processo. *Revista da Ajuris,* Porto Alegre: Ajuris, n. 110, jun. 2008.

_____ . Jurisdição e direito objetivo. *Justiça do Trabalho,* n. 325, jan. 2011.

_____ . Prescrição nas ações homogeneizantes ou relativas a direitos individuais homogêneos: comentário ao acórdão do Resp 1.070.896. *Revista de Processo,* São Paulo: Revista dos Tribunais, v. 207, p. 327-344, maio 2011.

_____ . Ação de direito material. *Páginas de Direito,* Porto Alegre, 4 nov. 2004. Disponível em: <http://tex.pro.br/tex/listagem-de-artigos/237-artigos-nov-2004/5020-acao-de-direito-material>. Acesso em: 20 set. 2012.

_____ . O Ministério Público não é nunca substituto processual (uma lição heterodoxa). *Páginas de Direito,* Porto Alegre, 26 abr. 2012. Disponível em: <http://www.tex.pro.br/tex/listagem-de-artigos/353-artigos-abr-2012/8468-o-ministerio-publico-nao-e-nunca-um-substituto-processual-uma-licao-heterodoxa>. Acesso em: 14 nov. 2012.

_____ . Doutrina de Duguit a respeito do direito subjetivo. *Páginas de Direito,* Porto Alegre, 15 maio 2002. Disponível em: <http://www.tex.pro.br/tex/listagem-de-artigos/267-artigos-mai-2002/4705-doutrina-de-duguit-a-respeito-do-direito-subjetivo>. Acesso em: 14 nov. 2012.

_____ . Revista eletrônica sobre os chamados "direitos difusos". *Processos Coletivos,* Porto Alegre, v. 3, n. 4, out./dez. 2012. Disponível em: <http://www.processoscoletivos.net/~pcoletiv/component/jcomments/feed/com_content/724>. Acesso em: 24 out. 2012.

TESHEINER, José Maria Rosa; ROCHA, Raquel Heck Mariano da. Partes e legitimidade nas ações coletivas. *Revista de Processo,* São Paulo: Revista dos Tribunais, n. 180, fev. 2010.

THEODORO JUNIOR, Humberto. *Comentários ao novo Código Civil:* dos defeitos do negócio jurídico ao final do livro III. Rio de Janeiro: Forense, 2003. v. 3, t. 2.

THEODORO JUNIOR, Humberto. Exceção de prescrição no processo civil. Impugnação do devedor e decretação de ofício pelo juiz. *Revista IOB Direito Civil e Processual Civil,* n. 41, mai./jun. 2006.

TIMM, Luciano Benetti. Qual a maneira mais eficiente de prover direitos fundamentais: uma perspectiva de direito e economia? In: SARLET, Ingo Wolfgang; TIMM, Luciano Benetti (orgs.). *Direitos fundamentais:* orçamento e "reserva do possível". Porto Alegre: Livraria do Advogado, 2008.

TOLEDO FILHO, Manoel Carlos. O novo § 5º do art. 219 do CPC e o processo do trabalho. *Revista do Tribunal Superior do Trabalho,* v. 72, n. 2, maio/ago. 2006.

TROCKER, Nicolò. *Processo civile e costituzione* — problemi di diritto tedesco e italiano. Milano: Giuffrè, 1974.

TUCCI, José Rogério Cruz e. *Tempo e processo:* uma análise empírica das repercussões no tempo na fenomenologia processual (civil e penal). São Paulo: Revista dos Tribunais, 1997.

TUCCI, Rogério Lauria. *Da ação e do processo civil na teoria e na prática.* 2. ed. Rio de Janeiro: Forense, 1985.

VARGAS, Luiz Alberto de; FRAGA, Ricardo Carvalho. Prescrição de ofício. *Justiça do Trabalho*, ano 23, n. 276, dez. 2006.

VIGORITI, Vicenzo. *Interessi collettivi e processo*: la legittimazione ad agire. Milão: Giuffrè, 1979.

VILHENA, Paulo Emílio Ribeiro de. Os prejulgados, as súmulas e o TST. *Revista de Informação Legislativa*, Brasília, v. 14, n. 55, p. 83-100, jul./set. 1977.

VOCINO, Corrado. Sui cosiddetti interessi diffusi. *Studi in memoria di Salvatore Satta*, Padova: Cedam, 1982. v. 2.

WATANABE, Kazuo et al. *Código Brasileiro de Defesa do Consumidor:* comentado pelos autores do anteprojeto. 6. ed. Rio de Janeiro: Forense Universitária, 1999.

WIEACKER, Franz. *História do direito privado moderno.* 2. ed. Lisboa: Calouste Gulbenkian, 1993.

_____ . *História do direito privado moderno.* Lisboa: Calouste Gulbenkian, 1980.

WINDSCHEID, Bernard; La "actio" del derecho romano, desde el punto de vista del derecho actual. In: *Polemica sobre la "actio"*. Buenos Aires: Europa-America, 1974.

WINTER, Vera Regina Loureiro. *Síntese Trabalhista*, n. 65, Porto Alegre: Síntese, p. 17-26, nov. 1994.

ZAGREBELSKY, Gustavo. *Il diritto mite.* Torino: Einaudi, 1992.

_____ . *El derecho dúctil:* ley, derechos, justicia. 7. ed. Madrid: Trotta, 2007.

ZANCANER, Weida. *Da convalidação e da invalidação dos atos administrativos.* 2. ed. São Paulo: Malheiros, 1993.

ZANETI JÚNIOR, Hermes. *Mandado de segurança coletivo:* aspectos processuais controversos. Porto Alegre: Fabris, 2001.

_____ . A teoria circular dos planos (direito material e direito processual). In: MACHADO, Fábio Cardoso; AMARAL, Guilherme Rizzo (orgs.). *Polêmica sobre a ação:* a tutela jurisdicional na perspectiva das relações entre direito e processo. Porto Alegre: Livraria do Advogado, 2006.

_____ . *Direitos coletivos lato sensu:* a definição conceitual dos direitos difusos, dos direitos coletivos *stricto sensu* e dos direitos individuais homogêneos. Disponível em: <http://www.abdpc.org.br/abdpc/artigos/Hermes%20Zaneti%20Jr(2)%20-%20formatado.pdf>. Acesso em: 14 nov. 2012.

ZIMMERMANN, Reinhard. *Comparative foundations of a European law of set-off and prescription.* Cambridge: Cambridge University, 2002.

LOJA VIRTUAL
www.ltr.com.br

E-BOOKS
www.ltr.com.br